岩 波 文 庫

38-126-5

近代日本の政治家

岡　義武著

岩 波 書 店

まえがき

この書物において、わたくしはわが国近代史上それぞれ異る意味においてにせよ重要な役割を荷った五人の政治家をとり上げて、考察することを試みた。

本書旧版のはしがきに、わたくしは次のように記した。「伊藤博文、大隈重信、原敬、西園寺公望、犬養毅などというこれらの名前は、戦前にはひとびとの耳に親しいものであった。これらの政治家が世の耳目を集めた時代は、しかし、いつか遠い過去のことになった。そして、満洲事変、五・一五事件以来わが国政治が辿っためまぐるしい転変、それにつづく破局によって、われわれは彼らの生きた時代から大きく引き離されたので、その時代は実際の時間の経過した以上に古い昔のように今日では感ぜられる。彼らはいつか静かに歴史の殿堂の中に退き、その薄明の中で彼らの風丰《ふうぼう》もうすれてしまった。……わたくしは、彼らの政治的生涯を辿りながら、曽《かつ》ての日の彼らの面影を再現しようと試みた」。

この書物において、わたくしは以上の政治家たちの性格に焦点を置きつつ、その当面した政治状況における彼らの行動・役割・運命を跡づけたいと考えた。従って、わたくしが意図したところはこれら政治家の小伝を述べることではなく、また彼らについて人物評論を行うことでもなかった。さらにまた、彼らの性格・行動・役割に図式や型や法則的なものなどを適用して抽象化しつつ、政治学的分析を試みることでもなかった。わたくしはかねてから政治におけるリーダーシップの問題に関心を抱き、それについての研究を歴史的事実を基礎として試みることに興味をもって来た。この書物に収めた五つの文章も亦《また》、実はそのためのケース・スタディとしての意味を同時にもつものであった。しかし、以上の政治家たちについてのわたくしの考察が、もしもわが国戦前の政治に若干の照明を与えているとすれば、また今日の、さらには明日のわが国政治を考える上に幾分とも役だち得るとすれば、それは著者にとって大きな幸せである。

一九八九年一二月

著　者

目　次

近代日本の政治家

初代首相・伊藤博文

その若き日

伊藤博文は天保一二年(一八四一年)九月長州に生れた。家柄は士分よりも低い卒族であった。吉田松陰の松下村塾に学び、「尊王攘夷の志士」となったが、この頃以来松陰に対する伊藤の畏敬の念はまことにふかく、それは終生変ることがなかった。天下尊攘の叫びに騒然たる中で、文久二年一二月(一八六三年一月)高杉晋作、久坂玄瑞《くさかげんずい》、井上馨(当時の志道聞多《しじもんた》)以下の長州藩血気の者たちが品川御殿山のイギリス公使館焼打ちを演じたとき、二二歳(数え年。以下同じ)の伊藤もこの挙に参加した。

翌文久三年、伊藤は井上の勧めで井上ほか三人の同藩の青年とともに海軍研究のためイギリスに渡航した。「ますらをのはぢをしのびてゆくたびはすめらみくにのためとこそしれ」の一首を出発に際して彼は詠じた。このイギリス行は、いわば敵情視察が目的であったわけである。横浜を出帆して五日後、一行を乗せたイギリス汽船は上海に入港した。上海に着いて、西洋諸国の軍艦や汽船がこの港にさかんに出入りしている光景を目の当りにみたとき、井上は日本から僅かはなれたこの地にこれ程までに沢山の西洋の艦船がすでに来ているのでは、日本の沿海防備などは到底容易でない、攘夷は国を誤る、むしろ開国和親を積極的にはかって、商工業の発達に力《つと》めるとともに、海軍をさかんにして国の守りを固めるべきだと考えた。そのことを井上が伊藤に語ると、伊藤は憤然として、日本をでて上海に来た位で攘夷の宿志《しゅくし》を早くも変えるとは何事であるかと烈しくなじり、二人は激論を交えた。しかし、この伊藤も、やがて攘夷の誤謬を覚えるようになった。そして、一行がロンドンの旅窓でこの文久三年の下関海峡における長州藩の外国艦船砲撃のこと、また薩英戦争のことをきいたとき、彼らは日本は攘夷によって自滅の途を突き進んでいる、長州の藩論を一刻も早く開国和親に転換させなければならないとして、憂慮いたたまれず、協議のすえ伊藤が井上とともに急ぎ帰国することになった。この両人が横浜に帰着したのは翌元治元年六月で、そのときは、あたかもイギリス、フランス、アメリカ、オランダの四国連合艦隊が前年の下関海峡における外国艦船砲撃事件に関して長州藩を膺懲《ようちょう》するため出動しようとする正にその直前であった。そこで、伊藤、井上は長州に急行した。そして、藩当局に対して事態の平和的解決をはかるよう百方説得に力めた。しかし、及ばず、ついに四国連合艦隊の下関砲撃となり、長州側は実に惨憺たる敗北を喫した。

その後、時勢は「薩長の和解連合」、第二次長州戦争、大政奉還、いわゆる「一二月九日の政変」、鳥羽伏見の戦争とまことにめまぐるしい展開を重ね、ついには明治の開幕となるが、時代のこの烈しい風雪の中で伊藤は薩長の提携・協力のため周旋、奔走に力めた。ただし、維新にあたって彼の荷った役割は、世に維新の三傑とよばれた木戸孝允《たかよし》、大久保利通、西郷隆盛のそれに比すれば、第二義的なものにとどまった。

明治新政府が成立をみた後、伊藤はやがて外国事務掛を命ぜられ、ついで参与・外国事務局判事に任ぜられた。時に二八歳である。明治四年に岩倉具視を正使とする使節団が条約改正と欧米視察とのため海外に派遣されることになるが、当時工部大輔であった伊藤は岩倉の要請をうけて、参議木戸孝允、大蔵卿大久保利通、外務少輔山口尚芳とともに副使の一人となって、この使節団に加わった。なお、伊藤はこの頃から岩倉の信任をうけるようになりつつあった。幕末維新の際のいきさつから岩倉が薩人と親しく長州人とは疎遠であったことを考えれば、このことは異例といえよう。ところで、この欧米巡遊中に伊藤は自藩の先輩である木戸から離れて薩摩藩出身の大久保に接近するようになり、爾来大久保に重用されることになった。伊藤は大久保に対して敬慕の気持を生涯抱きつづけた。周知のように、維新後薩長両藩の出身者は薩派・長派という閥を形づくり、互に他に対して優位に立とうとしてとかく烈しく争った。そのことを考えれば、伊藤・大久保の以上のような関係は注目に価する。明治六年使節の一行は帰国、つづく征韓論争による政府の大分裂後、大久保は初代の内務卿(参議兼任)となり、政府の柱石にも喩《たと》うべき巨大な勢威を擁するようになった。そして、伊藤も参議兼工部卿に任ぜられて、大隈重信(参議兼大蔵卿)とともにこの大久保のいわば羽翼として彼を補佐した。西南戦争後の明治一一年に大久保が暗殺されると、伊藤はそのあとを襲って参議兼内務卿の重職に就いた。明治政府における彼の存在は、ここにいたって遂にきわめて重いものになった。木戸、西郷、大久保亡き後、彼は参議首席の大隈と協力しつつ太政大臣三条実美《さねとみ》、右大臣岩倉具視を補佐することになる。

西南戦争後自由民権運動が急激に高揚して、全国に奔騰する有様となるが、そのような中で伊藤は井上馨、大隈重信とともに立憲政体実施の問題にふかい関心を寄せ、三人の間には種々協議が重ねられた。しかし、やがて「明治一四年の政変」となって、大隈は失脚し、それと同時に、明治二三年を期して国会を開設するとの詔勅が渙発された。この政変後伊藤は参議首席となり、彼の地位はますます重きを加えた。

天皇制の定礎

政府としては、ついで、国会の開設に備えて憲法制定の準備に着手することになったが、太政大臣三条実美、左大臣有栖川宮熾仁《ありすがわのみやたるひと》親王、右大臣岩倉具視の奏請によってこの重大な仕事は伊藤が担当することになり、彼は勅命をうけて明治一五年から翌一六年にかけてヨーロッパに赴いて、諸国の立憲政の組織と運用との調査にあたった。ついで、近づきつつある立憲政の実施に備えて、明治一八年にはこれまでの太政官制に代えて新たに内閣制度が施行されることになったが、それとともに太政大臣三条実美は新たに設けられた内大臣に任ぜられて宮中に入り、伊藤がわが国最初の内閣総理大臣として内閣を組織した。徳富蘇峰は数年後にその評論において次のように論じた。「過去の経歴より察すれば、伊藤伯の生涯ほど多幸多運なるは非ざりしなり。伯や微《び》賤《せん》より起り総理大臣と為れり。鎌足公以来明治十八年に至る迄、藤氏〔藤原氏〕に非ずして総理大臣――当時の所謂関白太政大臣と為りたる者は、足利義満、豊臣太閤、徳川家斉《いえなり》、伊藤博文の四人あるのみ。豈亦《あにま》た栄なりと云はざる可《べ》けん哉」。伊藤が総理大臣に就任したことは、当時の世上では実に正に画期的な出来事としてうけとられたのであった。ついで、翌明治一九年から伊藤の下で憲法草案の起草がはじめられた。同二一年に完了をみると、伊藤は首相の地位を黒田清隆に譲って当時新設された枢密院に入り、最初の枢密院議長となり、憲法草案はこの枢密院に付議され幾分の修正を加えられた上で、明治二二年(一八八九年)二月に発布された。

旧大日本帝国憲法の制定に当って、伊藤はこうしてきわめて大きな役割を荷った。上に述べたヨーロッパ滞在中に彼はグナイスト(R. v. Gneist)、シュタイン(L. v. Stein)などの講義をきいて、プロイセン王国の憲法とその運用とに強く心をひかれるにいたった。彼は当時岩倉具視にあてた手紙の中でその心境を述べて、自分は今「皇室の基礎を固定し、大権を不レ墜の大眼目」を会得することができた、自由民権論者が「英米仏の自由過激論者の著述」を「金科玉条」と考え、「殆んど国家を傾けんとする」勢であるが、これに対抗し、これを克服できる「道理と手段」とを身につけることができて、「心私《ひそか》に死処を得るの心地」がしている、と記した。これは、有名な話である。伊藤はそのような満々たる自信の下に憲法草案の起草にあたったのであった。この明治二二年憲法はプロイセン王国憲法を多分に参考にしたものであり、そして、これによって戦前天皇制の巨大な礎石がここに据えられたのであった。

「超然主義」の放棄

明治二三年の帝国議会の開設に際して伊藤は第一代の貴族院議長に就任したが、その後明治二五年から同二九年にかけて再び首相となって政局を担当した。この第二次内閣の下で過去多年にわたって国民的願望とされて来た条約改正がようやく部分的に実現をみて、治外法権制度が撤廃され、輸入品の一部については関税自主権を獲得することができた。ついで、彼のこの内閣の下で日清戦争が戦われた。そして、連戦連勝の中に下関講和条約が結ばれたものの、その直後に三国干渉を迎えたことは、ひとのよく知るところである。伊藤は明治二九年八月に内閣総辞職を行った。彼は明治元年以来実に約三〇年の間つねに政府内に何らかの地位を占めて来たが、このときに初めて官職を離れた。但し、それも長くはつづかず、明治三一年一月には第三次内閣を組織した。その後明治三三年(一九〇〇年)には伊藤は立憲政友会を創立して、総裁に就任した。ひとの知るように、憲法発布の当時においては、藩閥政治家たちは立憲政運用の方式として政党内閣制をしりぞけ、内閣は議会の政党・政派と全くかかわりなく組織されて、施政にあたるべきである、とした。当時においては、伊藤も例外ではなく、このいわゆる超然主義の熱心な主張者であった。しかし、議会開設後の立憲政運用の実状から考えて、又さらに彼自身政権を担当したその苦い数々の経験に鑑みて、みずから政党を組織することの必要を次第に痛感するようになった。そして、議会開設から一〇年後のこの明治三三年に、彼は超然主義を依然信奉している藩閥出身の元老たちの間における強い異議を排して政党を組織し、それによって彼は超然主義をともかくも放棄したのである。この政友会創立後まもなく彼はこの政友会を基礎としてその第四次内閣をつくった。しかし、この内閣は七カ月余の短命で終った。それは彼が組織した最後の内閣である。

日露戦争前後

これより先、一八九九年(明治三二年)の義和団の騒擾《そうじょう》を機会にロシアは満州を軍事占領下に置いて、爾来撤兵しようとせず、しかも、さらに韓国へもその勢力を浸透、拡大させようと企てる有様であった。そこで、第四次伊藤内閣のあとを襲った桂(太郎)内閣は元老たちと協議の上、イギリスとの間に同盟を結んでロシアを牽制し、それによってこの重大事態に対処しようと考えるにいたった。但し、当時元老の中でも伊藤は井上馨とともに、イギリスと同盟することが却《かえ》ってロシアを刺戟する結果となることを強く惧《おそ》れた。そして、むしろロシアと交渉して満州および韓国に関して互譲的な協定を結び、このいわゆる日露協商によって局面を収拾することが最善であると信じた。伊藤はそのような意図の下に彼自身ロシアに赴いてロシア側の意向打診を試みたが、しかし、結局桂内閣は元老多数の賛成の下に日英同盟を結ぶにいたった(明治三五年〔一九〇二年〕)。

この日英同盟は、しかし、ロシアを牽制することには結局役立たず、明治三七年(一九〇四年)二月ついに日露戦争の勃発を迎えることになった。この戦争は、わが国側の軍事的優勢の中に進められたのち、翌三八年九月講和の成立をみた。このポーツマス講和条約により、わが国は韓国を保護国とすることになるが、ついで伊藤は初代の統監として京城に赴任し、爾来韓国の統治に参画した。明治四二年(一九〇九年)六月に統監を辞任した彼は、その年の秋に満州視察の旅行に赴いたが、途中ハルビンにおいて韓国独立運動者のピストルによって射殺され、六九年にわたるその生涯を閉じた。

政敵・山県有朋

以上に伊藤博文の経歴をきわめて要約して述べたが、彼の長い生涯における最大の政敵は、山県有朋であった。この二人は共に松下村塾に学び、そして、明治の時代において元老中でも最も有力な元老として並び称せられた。ただ、維新以後伊藤は初めから政治の世界を一路進んで、初代の首相、初代の枢密院議長、初代の貴族院議長となった。それに対して、山県は武人としてわが国近代陸軍の建設に力を注いだ。そして、明治六年には最初の陸軍卿、明治一一年には最初の参謀本部長(参謀総長の前身)となり、明治二三年には陸軍大将に進み、明治三一年に元帥府が設置されるとともに小松宮彰仁《こまつのみやあきひと》親王、大山巌、西郷従道《つぐみち》とともに最初の元帥の一人となった。そのような彼は、やがて世に「陸軍の大御所」とよばれた巨大な勢力を陸軍部内に築くことになった。このように武人として出発した山県は、政治の舞台へのその登場はいきおい伊藤に遅れた。たとえば、内務卿には明治一六年に、首相には明治一八年に、枢密院議長には明治二六年になった。しかし、彼は陸軍を背景にもちえた。また伊藤と異って、自己を中心とした巨大な派閥網をひろく宮中・政界・官僚の世界に張りめぐらし、この派閥網の維持と拡大とをつねにはかりつつ、この派閥網を操作して政治を大きく左右することを試みるようになる。そのようにして、彼はついに伊藤と正に拮抗する勢力を政界に擁することになるのである。

ところで、この二人の政治家は、後にふれるように性格において対蹠的であった。それればかりではない。政治上の意見を大きく異にした場合が少くない。そこで、伊藤・山県両人の間にはとかく烈しい反目・衝突がくり返された。とりわけ、伊藤が前述のように政党樹立の必要を次第に強く考えるようになり、ついに立憲政友会を作ることになるが、超然主義を終生堅くその信条とした山県は伊藤のこのような考えと行動とに甚だしくあきたらず、これがために両人の間の疎隔は一段と大きなものとなった。そして、日英同盟の締結に際しても亦、日露協商論を唱える伊藤と熱心な日英同盟論者であった山県とは正面から対立したのであった。その後明治三六年、山県は彼の派閥の直系である当時の桂首相と協議の上で明治天皇に働きかけ、その結果伊藤を天皇の「至高顧問の府」である枢密院議長に任ずる旨の御沙汰が発せられ、それによって伊藤は政友会総裁の地位を去ることを余儀なくされた。これは、一つの陰謀であった。すなわち、当時伊藤は一面では元老の資格において、他面では政友会総裁としていわば両面から政府を掣肘《せいちゅう》しうる地位にあり、桂は首相としてこれを施政上堪えがたいと考えた。そこで、山県としては、伊藤を政友会総裁の地位から去らせることは、彼の庇護する配下・桂を救うことになるとともに、政友会の勢力にも大きな打撃を与えることになり得ると考えたのであった。この後の点は、実に彼の超然主義の信念、従って政党に対する烈しい反情に発したものである。伊藤は山県らのこの策謀に激怒した。しかし、結局は御沙汰に従う以外には途はなかった。

伊藤と山県との相剋に今ここではこれ以上立入ることは避けるが、伊藤は陰性で策謀に長じた山県の動きをつねに警戒し、抜きがたい猜疑《さいぎ》の気持を山県に対して抱きつづけた。同時に、伊藤に対する山県の反情も並々ではなかった。尾崎行雄は述べて、自分が曽《か》つて山県と昔のことを雑談していたとき、山県はしきりに「お気に召さなかつた」とか、「御意にかなはなかつた」というような敬語を連発しながら力をこめて話すので、自分は明治天皇に関することかと思って、念のため聞き直したところ、それは伊藤との衝突の話であった、丁寧な言葉は嘲弄《ちょうろう》の意味で用いたのであろう、伊藤に対する山県の対抗意識はきわめて烈しくて、一たび話が伊藤のことに及ぶと、必ず態度を緊張させ、つねに「反抗的」であった、といっている。(1)

自負心

つぎに、上に述べたような政治的閲歴をもった伊藤博文は、どのような性格の持主であったであろうか。同じ長州出身の三浦梧楼《ごろう》(観樹)は曽つて山県と比較しつつ評して、山県は自分は「一介《いっかい》の武弁《ぶべん》」にすぎないという調子で表面「詰らぬもの」のように見せかけていた。これに対して、伊藤は自分のえらいことを世人の多くが知らないと考え、それをいつも気にしていた、と述べているが、(2)伊藤がきわめて強い自負心の所有者であったことは、甚だ有名である。そして、彼はよくいえば天真爛漫、悪くいえば多分に稚気があり、しかも、無造作・磊落《らいらく》であった。そこで、強い自負心は自制されることなく、とかく露骨に外に溢れ出た。

彼が好んで賦した漢詩の中にも、自己を誇ったものが散見される。その二、三を挙げてみよう。たとえば、「豪気堂々横《ハル》大空《ニ》、日東誰使《カム》帝威《ヲ》隆《ナラ》、高楼傾《ケ》尽《ス》三杯酒《ノ》、天下《ノ》英雄在《リ》眼中《ニ》」というのがある。世上によく知られたこの詩は、彼が明治二年兵庫県知事をしていた頃の作で、国是に関して彼の行った建白が当時諸藩の間に烈しい物議をひき起したときのものである。また、明治二二年二月一一日の紀元節に帝国憲法が発布されたが、この日の彼の詩にいう、「万機献替二十年、典憲編成《シテ》奏《ス》御前《ニ》、放《チテ》眼《ヲ》泰西《ニ》明《ニシ》得失《ヲ》、馳《セテ》心《ヲ》上世《ニ》極《ム》精研《ヲ》、中興《ノ》大業縄《シ》天祖《ヲ》、開国《ノ》宏謨駕《しのグ》昔賢《ヲ》、更始偕《ともニスルハ》民《ト》至尊《ノ》志、千秋瞻仰《せんぎょうス》帝威宣《ブルヲ》」。また、明治三八年ポーツマス講和条約の成立後、彼は特派大使として京城に赴き、韓国政府と折衝して日韓協約を結び、それによって韓国を保護国にした。この使命を果して帰国したとき、次のような詩を賦している。「老去何辞《ゾ》済《センヲ》万艱《ヲ》、新盟繋《グヲ》得《タリ》両邦間《ノ》、芙蓉一別三旬日、迎《ヘテ》我《ヲ》天辺《ニ》開《ク》笑顔《ヲ》」。

伊藤は、三条実美、岩倉具視、木戸孝允、大久保利通の四人の先達をふかく尊敬していた。それとともに、彼らの後継者をもってみずから任じていた。それ故にひとと国事を語る場合に、かくかくでは自分としてはこの四人に地下で顔を合せることができない、としばしばいった。(3) そして、大磯の彼の別荘滄浪閣《そうろうかく》の邸内に四人を祀った堂をつくって、四賢堂と名づけた。滄浪閣にいるときには、伊藤は愛用のシガーを手にしたまま時折堂内に入って、瞑想の一時をそこで過した。ところで、この四賢堂の壁には三島中洲《ちゅうしゅう》の書いた額が掲げられていた。それは「四賢堂歌、応《ズ》二伊藤公《ノ》徴《ニ》一」と題した三島の詩で、次のようなものである。

四賢之堂誰《カ》新修《スル》、春畝枢相伊藤侯、楣間高《ク》掲《グ》四賢《ノ》像、晨夕景仰《シテ》為《ス》二良儔《ト》一、条岩二公《ハ》搢紳《ノ》傑《ナリ》、或《ハ》如《ク》二珠玉《ノ》一或《ハ》金鉠、温粋剛毅相調和《シ》、更《ニ》薦《メテ》二衆賢《ヲ》一輔《ク》二鴻烈《ヲ》一、尤《モ》推《ス》木保両侯《ノ》賢、身《ハ》起《ツテ》二陪隷《ニ》一参《ス》二大権《ニ》一、或《ハ》以《テシ》二学徳《ヲ》一或《ハ》才略、房杜《ノ》功業千古《ニ》伝《フ》、回《セバ》レ首《ヲ》天鈞委《シ》二武弁《ニ》一、六百余年幾叛乱、幸《ニシテ》頼《リ》二四賢廻瀾《ノ》力《ニ》一、日月再《ビ》明《カニシテ》　王政煥《タリ》、誰《カ》能《ク》継《ギテ》レ之《ヲ》更《ニ》拡張《スル》、有《リテ》二我《ガ》藤侯一協《フ》二民望《ニ》一、始《メテ》敷《キ》二憲法《ヲ》一弘《メ》二文治《ヲ》一、扶《ケ》レ韓《ヲ》屈《シ》レ清《ヲ》武亦揚《ル》、於《あ》戯《あ》四賢之堂永《ク》不レ壊《レ》、幷《セテ》レ侯《ヲ》応《ニ》レ呼《ブ》二五賢堂《ト》一。

曽つて山路愛山は四賢堂のこの詩について述べて、「詩の意は伊藤公の意を承けて作りたるものに非らざれば、少くとも伊藤公が之を壁間に掲ぐることを黙許したるもの」である、「左様の詩を四賢堂の壁間に掲げさせて平気にて居たる所を見れば、公は随分自負心の強かりし人なりと云ふも、誰れか然らずと云ふことを得ん」と評したが、(4) たしかにこのことの中にも伊藤の面目は躍如としている。

伊藤にふかく寵愛された樋田千穂は、後年伊藤についての思い出を記した中に次のように述べている。「公〔伊藤〕は手紙を書かれる場合、決して一度で済んだことがありません。必ず何遍も書直しをされる。私が、「御前さま、どうしてそんなにお書き直しになるのですか」と伺ひましたら、「おのし〔お前〕にはかういふ気持は分るまい。わしの手紙を受取る人は、いつまでも残しておくかも知れない。破つて棄てて呉れればいいが、残さうと思へばいつまでも残るものだから、決しておろそかに書けないのだよ」とおつしやいました」。

伊藤の歿後、『東京朝日新聞』に匿名の追憶談がでている。筆者は、林茂淳と思われるが、その中には伊藤の演説のことについて述べて、伊藤公は偉の字が大変好きであったようで、偉大、偉業、偉勲などという言葉をしきりに用いた、そればかりではない、「偉常の功勲」――異常の功勲ではない――などという奇妙な用語を用いたとある。(5) これも興味がある。英雄、偉人らしい詩を好んでつくった伊藤は、英雄、偉人が好きで、偉の字が好きであったのであろう。

自負心の強い彼は、訪客に対してもとかく談論風発、自説を滔々と述べて気焔万丈であった。伊藤が引き立てた陸奥宗光は、明治三〇年に匿名で「諸元老談話の習癖」という文章を書いているが、その中に次のように述べている。伊藤は話好きで、来客に対して数時間にわたって語って倦むことがない。しかし、彼の話の癖は、「其《その》談話が講釈様なる所多く、他人をして自己に聴かしむるを好み、他人をして何等発言するの機会を有せしめず。故に、或者は其の卓論に感服し多少の利益を獲たりと思ふ者も多かるべけれども、間〻其長談を聞くに倦む者なきに非ず。特に彼は屢〻《しばしば》自家既往の経歴を談ずる癖あり」といっているが、(6)そのような点は晩年まで変ることがなかった。山県は一般の訪客に対しては口癖のように、自分は単に「一介の武弁」であり、政治のことは判らないと称して、寡黙、控え目で多くを語らず、むしろ客のいうところに謹厳な態度で耳を傾けるか、或いは耳を傾けているように装った。そして、それによって訪客に満足を与えた。伊藤はそれとはいわば対蹠的であった。

このように自負心の強い伊藤は、上に引用した彼の詩にも現われているように、国家の運命は正に自分の双肩にかかっているというような、「乃公《だいこう》出でずんば此の蒼生を如何せん」というごとき考えをもっていた。それ故に、たとえば、明治二四年山県有朋が首相として政権投出しを決意し、伊藤を後継首班に奏薦した。そこで、明治天皇は伊藤を招いて組閣の勅命を下されたが、彼はこの御沙汰を辞退した。そして、その際奏上して、わが国に立憲政が布かれてはいるが、今日の有様をみると、「民度猶低く、憲法政治を施く事実に困難なり。誰をして総理大臣の重任に当《あたら》しむるとも、永く椅子を保つ事難からん。博文を総理に任ぜらる、ならば、暗殺に遭ふか爆裂弾に中《あた》るか、奇禍に罹りし後は、誰か帝室を輔け政府を維持する者あるや。深く将来を慮れば憂慮に不レ耐」(圏点著者)、どうか西郷従道か松方正義かに組閣をお命じ頂きたい、と述べた(7)。自らを重しとすることも、又きわまるものといってよい。

この頃に、明治天皇は側近の佐佐木高行に次のように語っておられる。「伊藤は才力に任せ、随分我儘《わがまま》なり。今日他に伊藤ぐらいの人物あらば、互に相制して都合宜しきも、其の人なし。何分人物は乏しきものなり。……伊藤は気高《きだか》くなり、欧洲にてはビスマーク、支那にては李鴻章、日本にては自分と、愈《いよい》よ大天狗となりたり。……斯《かく》の如き事になりたれば却々《なかなか》難かしく、追々善き人物を見立て、役に立つやうに致したきも、未だ考へ付かず(8)」。伊藤に対する明治天皇の信任は、後にもふれるように、きわめて厚かったが、しかし、彼の自負心は天皇にも時には目に余るものと感ぜられたのである。

なお、元来維新後の代表的な藩閥政治家たちは、幕末のその若き日々を黒船の出現によって高揚するにいたった深刻な民族的危機感の中に生き、又その多くは「尊攘の志士」、尊王倒幕論者として活躍した。そして、幕府打倒に成功した後は明治新政府に参加して、わが国を近代国家へと変革するという、まことに巨大かつ困難な緊急の課題の達成に身をもって当った。そこで、その結果として、明治維新から生れ出た新しい日本は彼らにとってはきわめて身近かなもの、喩えていえば彼らの分身とも感ぜられた。一つには国家に対するこのようなふかい親近感が、後の世代の政治家たちとは違って国家に対する彼らの忠誠心の大きな源になったと考えられる。そして、伊藤の場合についていえば、そのような心情に加えて以上のような自負心がこれに結びつき、彼の国家観念はそれらによって強く支えられていたといってよいであろう。且つ、彼の大きな自負心は又、国家に対する彼の態度を大きく浄化する効果をもったと思われる。伊藤の死後に尾崎行雄は評して、伊藤のしたことには過失はあっても悪意はなかった、「公明正大な見地」から国政にあたったことは、よく判っていた、「あの位公平に国家の為を思へば、まづ立派な政治家といつてよからう」といっている。(9) 伊藤と政治上終始反対の立場に立ち又その毒舌をもって有名であった犬養毅も、伊藤が暗殺された当時に述べて、伊藤は長州閥に属していたが、政治家として比較的公平であった、といっている。(10) 国家に対する伊藤の以上のような態度が、このような評価を生んだのであろう。

後年岡崎邦輔は伊藤を偲んで、次のように述べている。あるとき伊藤公を訪ねた折に公は自分のなしとげたことについて大いに自慢話をした。岡崎が、短い間によくも数々の業績を挙げられたものであると感心すると、公はこれに答えて、それはその筈である、他の者たちは皆一家の計を考える、役所にいるときは国のことを考えるが、帰宅すれば半分は自家のことを考える、「俺は芸妓と遊んで居る時でも、酒を飲んで居る時でも、人と冗談を言うて居る時でも、俺の頭からは始終国家と云ふ二字が離れた事は無い。……どんな場合でも俺は子孫の為めに物事を考へた事は無い。一家の計を考へた事は無い。考へて居るのは、何時でも如何なる場合でも国家の事ばかりだ。少しも不思議はない」といった、という。(11) 伊藤のこのような言葉も、全くの一場の気焔とばかりもいえないであろう。

その名誉心

強い自負心をもった伊藤は、前に述べた三浦観樹の言葉にもあるように、自分がすぐれた人間であることを世間のひとびとが認めて、彼を尊敬することをつねに期待した。従って、名誉への欲望はきわめて強かった。そして、その持前の稚気は、内心のこのような欲求を行動の上にも露骨に表明させることになった。大隈重信の側近であった市島謙吉は次のようなことを記している。かつて自分(市島)が熱海に滞在していたときに、伊藤が同地に来たので町民は伊藤の歓迎会をひらいた、席上で町長たちが伊藤にむかって讃辞を述べたが、その折に伊藤は一段小高い丘の上から得意そうに町民を見下ろして、歓迎の言葉にはただうなずいただけで一言の答辞をも述べようとしなかった、自分(市島)はこのとき町民の側に加わっていたが、伊藤のこのような態度を傲慢《ごうまん》で、平民的ではないと考えた。市島はそのように述べて、伊藤は要するに官僚的な人であった、と評している。この挿話も、世人の尊敬を期待する伊藤の人柄を物語るものとして興味をひく。

名誉心の強い伊藤は、胸間に勲章をきらめかして勿体ぶって振舞うことが甚だ好きであった。このことは、彼の生前有名であった。晩年に統監になったとき、彼は韓国統監府の制服を制定した。制服には、勅任官、奏任官、判任官の別に応じて、袖章として金筋あるいは銀筋を入れ、且つその筋の本数に区別をつけ、さらに金または銀の星と星の数との区別を設けた。そして、礼装の場合には、さらに地位によりそれぞれ相当の肩章をつけ、且つ帯剣することに定められていた。統監の礼装というのは、袖章としては幅のひろい金モールに金色の星三つを付し、金色燦然たる肩章を付したものであった。伊藤はこのいかめしい統監服を沢山の勲章で飾り立て、帯剣して、さまざまの式典に意気揚々として臨席した。統監旗も制定された。そして、統監官邸への出入りには護衛兵が堵列《とれつ》して、陸軍大将に準ずる送迎を行った。これらは、すべて伊藤の好みであった。尾崎行雄はいう、伊藤がその第二次または第三次内閣を組織した頃に、神鞭知常《こうむちともつね》は尾崎に、伊藤の今後の望みは軍服を着て帯剣することだろうといった、その後伊藤が統監になり、軍服のような統監服を着け剣を帯びて得意気に宴会などにでて来るのをみて、自分(尾崎)は神鞭の言葉を思い出して、おかしくて堪らなかった(12)。

伊藤のこのような趣味を考えると、明治一七年宮中に制度取調局が設けられて、彼がその長官になり、ついで宮内卿を兼任して、皇室制度の整備に苦心し、また華族令の制定にあたったことなども、彼に甚だふさわしいことであった。名誉への強い欲望をもつ彼が、厳粛荘重な「栄誉の秩序」をつくり出したことは、怪しむべきことではない。後年に西園寺公望は述懐していっている、「皇室を尊ぶことにした事には伊藤に功があると、山本権兵衛が評したが、わたしも同感だ。尤《もっと》も皇室を尊ぶということには一致しても、わたしと伊藤とは少し考え方が違っていたがね。わたしどもは、自然的にリベラールに皇室を敬うと共にもっと親しみのあるようにしたい考えであったが、伊藤の方は――全体あの人は荘重文雅というようなことがすきでね――皇室に対しては言語から改める。わたくしと云ってい丶場合にも、臣がとか、臣博文がとか云う。伊藤の奏議を聞くには漢学の稽古からしてか丶らなければ――と陛下〔明治天皇〕が笑われた。先ずそういう心持で、宮中の制度をも儀式をも荘厳にして、厳明に君臣上下の席を定めるという考えであった[13]」。

ここで、伊藤と皇室との関係についてなお幾分つけ加えて置きたい。伊藤を含めて代表的な藩閥政治家のきわめて多くは、前にもふれたように、幕末に尊攘運動・尊王倒幕運動に従事したひとびとであったが、これらの運動において天皇は高貴な燦然たるシムボルであった。そして、つづく明治維新においては王政復古の建前がとられ、彼らによって天皇は新しき日本に君臨する支配者の地位に厳かに定置されて、天皇制の巨大な国家体制が構築されることになった。このようにして、幕末には彼らの運動の理由づけを、維新後には藩閥の政治支配の根拠を天皇の意志に求めることがなされたのである。こうして、天皇はつねに彼らにとって至聖至高の存在とされた。藩閥政治家の皇室観念なり皇室に対する彼らの態度なりは、実に以上これらの事情によって大きく規定されたのである。伊藤の場合も亦、例外ではない。秘書として伊藤に長く仕えた古谷《ふるや》久綱《ひさつな》の記すところでは、伊藤が伊勢神宮に正式に参拝したことは前後五回あり、その一回は明治三五年一一月で、伊藤はその際の参拝の目的を後日古谷に述べて、当時自分は政友会総裁として「陛下の内閣」である第一次桂内閣に公然反対の立場をとらねばならなくなったので、その心中を大神に奉告するためであったと語った。伊藤のこの参拝は、彼の皇室観念から推して、それは単なるポーズではないであろう。

さらに、伊藤が宮中の深い信任をえていたことは、よく知られているところである。たとえば、明治天皇が謁見の際にいわゆる椅子を賜わったのは、伊藤と田中光顕とだけであったといわれている。また、皇后は明治四二年の二月に「天津神《あまつかみ》しろしめすらんまめやかに君につかふる臣《おみ》の心は」の直筆の御製を伊藤に贈っておられる。

なお、宮内省に勤め、明治天皇に奉仕した栗原広太は、伊藤について回顧して、次のように記している。伊藤公は葉巻が好きでつねに手から離すことがなかった。ある日公がいつものように葉巻をくわえて宮殿の廊下を歩いていたところ、仕人《つこうど》が公とは知らず呼びとめて、喫煙は禁制になっている旨を注意したところ、公は答えて、貴下は宮中の廊下で喫煙が禁ぜられている理由を多分知らないのだろう、それは煙草の火が落ちでもしては危険だからだ、しかし、僕の葉巻はそんな火や灰の落ちるような粗末な品ではない、絶対に安全であるから少しも心配に及ばない、といって通り過ぎた。そのあと拝謁の際にこのことを奏上したようで、公は退出のとき宮内省に立寄って、大臣や私たちのいる前で廊下での出来事を語り、「役人には叱られたが、陛下には申上げて御許しを蒙むつたよ」といった。栗原は又述べて、ある年の天長節のとき、文武百官が大礼服で参内する中を伊藤公も統監の礼装で参内して来た。そのとき、ある式部官が公の勲章佩用《はいよう》の仕方を違式として公に注意した。当時の勲章佩用規則では、大勲位の菊花章頸飾を佩用する場合には菊花大綬章の本綬をかけてはならないことになっていた。ところが、公は頸飾を頸部につけ、大勲位の大綬を肩からかけていたのであった。そのため、式部官が違式として注意したのである。しかし、そのとき伊藤は激怒して、大勲位の本綬をかけてはいけないのなら、勲一等の大綬でも佩用するほかはない、それは不合理である、そのような不合理なことを定めている佩用規則はすぐ改めるべきである、とその式部官に答えた。そして、公はその後以上のような意見を奏上したので、賞勲局に御沙汰が伝えられ、菊花章頸飾については菊花大綬章の本綬と併せて佩用して差支えないということに佩用規則が改正された。栗原は付記している、「私は当時、伊藤公の意見にも一理はあると思つたが、それは姑《しばら》く措いて、明治天皇におかせられては、何事によらず、伊藤公の進奏なれば、必ず御採用になることに深く感歎したのであつた」。なお、山県は伊藤に対する明治天皇の深い信任を羨《うらや》み、伊藤をそれほどまで御信用になるのはいかがかと思う旨を奏上したこともある、と伝えられている。それはともかく、伊藤は宮中においてこのように深い信任をえており、それを恃《たの》むような言動も少なくなかった。明治天皇の侍従日野《ひの》西資博《にしすけひろ》は後年回想して、伊藤がハルビンで遭難したとき、天皇は大変落胆され、そのときから目立って老境に入られたように側近には思われた、と述べている。(14)

ここで付言したいのは、旧藩主である毛利家に対する彼の態度であった。伊藤は年始や節句の折はもちろん、事あるごとに毛利家に伺候《しこう》した。しかし、旧藩士が多数集るような折には伊藤は自分の昔を考えて必ず末席に坐し、ひとにいかに勧められても容易に動かず、旧藩主の命などあると、ようやく中位の座についた、といわれている。

閥を作らず

自負心の強い伊藤は自分自身の才能・能力を深く信じる余り、他の人間がややもすれば愚かしくみえた。そして、ひとを起用してもその者に自由に手腕をふるう余地をとかく与えず、当面の用を弁ずるための道具のように扱った。そのことを考えるとき、伊藤が長く重用した伊東巳代治《みよじ》、金子堅太郎、末松謙澄《けんちょう》、井上毅《こわし》なども、また古谷久綱、鮫島武之助《さめしまたけのすけ》なども、皆むしろ事務能力に秀でたひとびとであったことは、偶然ではないように思われる。そして、彼はその一旦用いたひとびとについて、それらの者の後々の面倒をみることには余り意を用いなかった。以上これらの結果、彼を中心とした派閥のようなものは、結局生れるにいたらなかった。古谷久綱の記すところによると、明治四二年に憲政本党の内紛でいわゆる非改革派を率いる犬養毅が除名されたとき、ある雑誌に掲げられたこの事件を論評した一文の中に、伊藤が死んでも一人も殉死する者はあるまい、しかし、犬養が死ねば殉死する者が少くも二十数名はあるという風に書かれてあった。これをよんだ伊藤は古谷に語って、この文章の筆者は余のことをけなして犬養を賞めようというのであろう、しかし、このようにいわれることは自分としては本懐である、自分が国事に尽して来たのは、一たび事ある日にはわが同胞五千万を天皇のために死なせようと思ってのことである、自分が私恩を売り私党をつくろうと思えば、やれる自信はある、しかし、もしもそのようなことをすれば、天皇に対する自分の忠誠ということはどうなるのか、自分に殉死するものが一人でもあることを自分は望まない、余自身天皇の忠僕となり、また全同胞を挙げて天皇の忠勇な臣民にすることができれば、自分の素志はみたされる、と述べた[15]。伊藤が派閥らしいものをもたず、また派閥をつくろうとしなかったことも事実である。そして、そのことは、彼の強い自負心とも亦関係があると思われる。そして、派閥をつくらなかった点においても、山県とは対蹠的であったといってよい。

状況に対する判断力と適応力

伊藤は、以上のように強い自負心の持主であった。けれども、他方において、彼は状況に対するすぐれた判断力をもち、そして、状況に対する柔軟な対応能力をも身につけていた。彼の自負心は実はそれらによってつねに制御され調整されていた。従って、ドンキホーテ的な逸脱に陥るようなことをまぬかれた。ところで、状況に対する彼の弾力性ある対応の仕方は、性格的に闘争性が比較的少くて妥協性・調和性に富んでいたことの結果である。そして、闘争性の比較的少かったのはその淡泊な性格にも根ざしていたものと思われる。彼の中には、山県にみられるような暗い謀略的なものはなかった。首相としての山県が周密な策略を秘めて議会に臨み、議会を巧みに操縦したのに対して、伊藤は首相時代たびたび議会を解散し、そればかりでなく、議会と衝突して行詰ると詔勅を奏請し、それによって局面の打開をはかったことがしばしばである。この詔勅利用は世上からは天皇の袖にかくれたもの、非立憲的な行為として烈しい非難をこうむった。しかし、これらも実は反面においては彼の謀略性の乏しさを示すものともいうことができよう。

なお、闘争性に乏しく妥協的・調和的傾向の強かったことは、演説の仕方などからもうかがえるように思われる。伊藤は元来演説を好んだ。彼の演説は荘重で、声量もあり抑揚もあった。しかし、眉を上げ肩をそびやかして叱咤するというようなことは稀であり、いつも眼を細くし又は眼をつぶって諄々と説いた。伊藤の死後に『東京朝日新聞』に掲げられた前述の匿名の追憶談は、伊藤の演説ぶりについて述べ、その中で、伊藤は聴衆にむかって自分の主張を述べる際には、たとえば「斯《か》くあらうと存ぜられる」、「其様《そのよう》のことはあるまいやうに思はれた」という風に「ある」「ない」ということをきわめて廻りくどく表現して、婉曲に語尾を結んだ、伊藤の演説の態度は厳粛で音声がはっきりしているので、いかにも強い言葉のようにとかく感ぜられたが、実は角《かど》の立たないように工夫した話しぶりであった、それ故に尾崎行雄は曽つて伊藤の演説を評して、「どうも之を生捕るに困難する」と語った、としている。(16) 演説の際の伊藤のこのような表現方法も、実は闘争性の比較的少いその性格と関連するものと思われる。

内政における行動様式

伊藤の自負心は状況に対する判断力と対応能力とによって調節されたと上に述べたが、この点をさらに立入ってみてみると、彼として強い抵抗を予想した場合には彼は妥協的態度で臨み、その闘争性の少い性向、調和的な気質が現われた。これに反して、抵抗が弱いと判断した場合には彼の出方は強く、その烈しい自負心が往々余すところなきまでに露呈した、といってよい。このことを内政の面での彼の行動様式についてみてみよう。立憲政の運用についての彼の立場の変化は、そのよい例である。明治二二年憲法が発布された直後に、枢密院議長であった伊藤は在京中の府県会議長を集めて演説して、わが国立憲政運用の方針は天皇統治の建前からいって超然主義にもとづかなければならない、と述べた。この演説のあと井上毅、伊東巳代治、金子堅太郎が彼と別席で会合したが、その際この三人の中の一人が伊藤にむかって、昨日の黒田(清隆)首相の演説でも本日の閣下の御演説でも、明年から実施される立憲政においては政府は超然主義に立脚して、政党の外に立ち超然と国政を運用すべきであると述べられたが、選挙の行われた暁には「薩長政府」を攻撃し「藩閥政府」打倒を叫んで来た「民党」から多数の当選者がでるに違いない、それなのに、もしも政府が与党をもたなければ、果して「民党」を圧倒して議会の大勢を左右することができようか、政府としては来るべき選挙に際して「政府党」をつくるべきである、超然主義は立憲政の実際に適合しない、と述べ、他の二人もこれに賛成した。伊藤はこれをきくと、その意見は間違っている、ドイツのビスマークをみよ、ビスマークは自己の政党をもっていないではないか、誠意をもって議会に臨めば、どのような政党でも反対することはできない、と反駁した。三人はそこで又述べて、理窟はそのとおりであるにしても、政党側は今までの行掛りで「薩長政府」打倒を唱えているから、いかに誠意をもって説明しても「馬の耳に風」である、現実に頭数を揃えることが必要である、是非政党をお作りにならねばならない、と進言したが、伊藤は答えて、「君等は幼弱だ。政治の実際などは分らぬ。まだ若い」といって、むしろ逆襲する有様であった。(17)

ところが、帝国議会がいよいよ開設されて「民党」が議会の演壇を通じて藩閥政治打倒をめざして熾烈な攻勢を展開するにいたったとき、伊藤はこれに烈しい衝撃をうけた。そして、明治二四年第一次松方内閣の下で第二議会がひらかれた頃には、すでにもはや彼は場合によっては憲法の停止もやむを得ないと考えるようになり、松方内閣が議会と衝突して解散を断行し、しかも、翌年の総選挙で局面を打開できなかったとき、伊藤は枢密院議長の地位を辞し新政党を組織して、松方内閣を援助することを一旦は考える有様で、超然主義の信念はこのように早くも動揺をきたした。そして、明治二五年に松方内閣が総辞職したあと伊藤は代って彼の第二次内閣を組織したが、この頃には彼は今や民党勢力と「明治政府末路の一戦」を交うべき秋《とき》が来たと考えたのであった。井上毅らを前に万丈の気焔をあげた日から未だ二年もたたない中に、その心境はかくも激動、変化したのであった。

この第二次伊藤内閣は日清戦争後にわたって政局を担当したが、戦争の終了後、伊藤はいわゆる戦後経営の重大を名として自由党と交渉して公然提携の関係を結び、ついで自由党総理板垣退助を内相に迎え入れた。伊藤はこのように与党をつくって施政にあたることによってその超然主義をついに大きく修正したのである。なお、伊藤の始めたこの新方式は、その後のいわゆる藩閥内閣によって踏襲されることになった。

しかし、それ以後の政局の推移、ことに彼の第三次内閣における経験は、以上の新しい方式もまた立憲政の運用上到底不充分なことを伊藤に意識させた。それとともに、ついに彼はみずから政党を組織することを決意し、それは明治三三年における立憲政友会の創立となった。このことは、前にもふれたとおりである。なお、その際に彼の起草した立憲政友会宣言においては、政党内閣制は承認されていない。けれども、それにしても、この政友会創立によって伊藤は超然主義から大きく離れるにいたったのである。立憲政に対する彼の態度の以上のような変化は、政治状況に対する彼の対応の仕方を示す甚だよい例である。

なお、以上に関連して一言したいことは、伊藤が政友会を組織したのは上に述べたように議会操縦あるいは議会運用の見地からであって、世論を政治により反映させる必要を痛感した結果ではない。伊藤が政友会組織に着手した頃に、評論家鳥谷部春汀《とやべしゅんてい》は「伊藤侯は党首の器なるや」という一文の中で次のように論じている。伊藤侯は「当今第一流の政治家」である、しかし、政党首領として国民を指導する適材とは考えられない、侯は「宮廷政治の宰相」である、「侯は自負心に富みて昂然自ら標置し、平生私智を恃むこと余りに多くして、輿論を視ること極めて軽く、個人的利害、個人的感情に傾き易き国民を指導して与《とも》に国家の公問題を処決する如きは、恐らくは潔癖ある《(ママ)》侯の能く忍ぶ所にあらず(18)」。この論評は誤っていないであろう。

外交における行動様式

つぎに、外交の面での彼の行動様式についてみてみよう。明治の藩閥長老政治家たちは、彼らにつづく次の世代の政治家たちに比べると、外交に関して一般にきわめて慎重であった。彼らが幕末の日以来西洋諸大国の重圧の下にあって国の独立を名実ともに防衛しようとして苦心、焦慮を重ねたことを考えれば、それは甚だ自然であろう。そして、とりわけ伊藤は外交について慎重であった。彼はわが国が積極的・能動的な外交によって西洋諸大国の反撃を誘発することをつねに回避しようとした。その上に、日清戦争前においては、伊藤は清国をも警戒すべき大国とみており、従って、清国に対してもきわめて慎重な態度をとった。そして、その第二次内閣下で東学党の騒擾を機会に日清間が危機に陥った際にも、彼は外交交渉によって事態を収拾することを強く望んだ。しかし、川上(操六)参謀次長、陸奥外相、山県有朋(当時枢密院議長)らの主戦派の謀略により結局ついに戦争の勃発を迎えることになったのであった。また、明治三〇年代に入って、義和団の乱を機会にロシアが満州を軍事占領の下に置くにいたったとき、伊藤は日露協商によって局面を平和的に収拾しようと熱望してやまなかった。そのことは、前にふれたとおりである。また、日露戦争後、彼は統監として京城に赴任したが、統監を辞した後も韓国を併合することについては終始消極的であった。これも、韓国併合に対する西洋諸大国の反撥を危惧してのことであったと思われる。

伊藤は明治三四年九月に出発、アメリカ経由渡欧したが、この旅行の主たる目的はロシアに赴いて日露協商の可能性を探ることにあった。ところで、アメリカからヨーロッパに渡る船中のある日人影の絶えた深夜の喫煙室で、伊藤は秘書の古谷久綱にむかって語った、わが国はわずか過去四〇年の間に大きな進歩をとげた、それは、われわれとしても予想しなかったことである、しかし、今後はどうであろうか、二百年、三百年先のことは予想できないから、われわれとしては思慮のあらん限りをつくして将来のために最善と信じる措置をとり、あとは次代の人材に期待するほかはない、しかし、それにつけても憂慮に堪えないのは、国民の態度である、もしもいわゆる小成に安んじて遠大の志望を欠き、大和民族なるものは人類盛衰の原則外に立っている一種特別の人種の如く心得て、他国の正当なる権益を無視して傍若無人の行為に出るならば、国を誤るは火を見るよりも明かである、「驕《おご》る者は久しからず」とは古よりいうが、それは個人についてのみならず、国家に対してもまた動かすべからざる真理である、歴史を繙《ひもと》いて盛衰の跡を見ると、国家の滅びるのは、他がこれを滅ぼすのではない、概ねみずから滅ぼすのだ、……くれぐれもわが国民の注意すべき警語は「喬《きょう》木《ぼく》風多し」の一句である、といった。(19)この言葉は、彼の偽らない衷情を語ったものであろう。

伊藤は、外交についてはこのようにきわめて慎重な態度を持した。しかし、それは前述のように主としては西洋諸大国の反撥を惧れてのことであった。それ故に、この種の抵抗が予想されないような場合には、彼は外交上甚だ積極的な態度をとった。そして、それによって、その強い自負心を心ゆくまで満足させる機会をもつことができた。たとえば、日露戦争直後、伊藤は特派大使として韓国に渡り、日韓協約を締結して韓国を保護国とした。その際の韓国政府の諸大臣との会談における伊藤の態度は、正に文字どおり高圧的であり、威嚇的であった。これには第二次日英同盟条約、桂・タフト覚書、ポーツマス講和条約などによってすでにイギリス、アメリカ、ロシアから韓国をわが国の保護国とすることにつき諒解をえていたことが、その背景にあったのである。

交代する強気と弱気

以上のような次第で、伊藤はその直面する状況に対する判断如何によりこれに対する彼の対応は甚だしく異り、あるときは彼の性格の闘争性の少い妥協的・調和的な面が大きく現われ、又あるときは彼の強い自負心が奔放に発揮されたのであった。そして、もしも状況に対する彼の当初の判断に誤りのあったことが明かになったような場合、あるいは状況が大きく変化したような場合には、彼の対応の仕方の以上両面が急転、交代した。鳥谷部春汀は論じて、伊藤は無事の日には大言壮語するが、難局に出会うと萎縮して責任を逃れる傾向がある、それ故にあるひとは伊藤を評して「観兵式の大将」といっている、と述べたが[20]、これは右の点を指摘したものである。徳富蘇峰も曽つて伊藤の思い出を述べて、伊藤には余りに調子に乗りすぎる癖があり、「その得意な時の意気揚々たると、失意の時の神気索然《さくぜん》たるとは、春と冬が一時に来た位の変化では無い」といった[21]。

伊藤が一旦困難な状況に遭遇した場合に闘志に不足して妥協に流れたことは、「八方美人主義」であるとか、信頼できないとか、さまざまの非難を招いた。そのような批評はたしかに免れがたい。しかし又、抵抗の少い場合には彼は持前の強い自負心に支えられて、邁進《まいしん》した。そして、その場合には、状況に対する彼のゆたかな判断力は生かされ、数々の業績が生み出されたのであった。この点で、維新以後わが国の近代化を進める上で伊藤の演じた大きな役割が回想、評価されなければならないであろう。

なお、伊藤は同じ長州出身の井上馨と終生きわめて深い交りを結んだ。「尊攘の志士」として死生を共にした幕末の日以来、この二人はつねにいわゆる形影相伴う関係にあった。そして、たとえば、伊藤が首相となって組織した三つの内閣には井上は入閣して伊藤を助けたが、それは、偶然のことではなく、両人の以上のような関係を象徴したものに過ぎない。なお、伊藤の最後の内閣である第四次内閣には井上は入らなかったが、これは同内閣が政友会内閣であり、そして、井上が政友会員でなかったためであろう。井上は性格において精悍、直情径行で、ひとたび事に着手するとその実現にむかって猛然驀進《ばくしん》し、時には猪突さえもする烈しい気質の持主であった。それらの点で、伊藤とは性格的には多分に対蹠的であった。一つには、このことが伊藤を井上にこの上なく深く結びつけたものと思われる。そして又、井上は生来きわめて世話好きであった。その点でも、井上は伊藤にとってその足りない点を補うところの真実に良き友であったのであろう。

私人としての伊藤

つぎに、私生活における伊藤博文についてみてみよう。彼の振舞いは、公人としての場合と私人としての場合とで甚だしく違っていた。この意味で公私の別がはっきりしていた。私的生活においてはその天真爛漫で磊落な、淡泊で無造作な性格が奔放に発揮された。大磯の居宅・滄浪閣における彼は、折々町の有志を招いて一緒に酒を酌み交して楽しんだ。また、土地の漁夫たちを庭の松林に招待して酒樽を供し、やがて酔って放吟乱舞するその群れの中に入って、杯盤《はいばん》の間を周旋して快とした。散歩の折には町の小さな駄菓子屋や呉服屋に入って無駄話をしたり、田圃道で農夫と作物のことを話すのを好んだ。これらの場合に相手から遠慮深い応対をされるのを彼は嫌った。また、護衛の警部や巡査と床《ゆか》に赤毛布を敷いて一緒に碁に興じたりした。これらの所作は、自己の優越感を意識した上での「平民的」なポーズではなくて、それはむしろ彼の前述のような性格の率直な現われといってよいであろう。

その代りに、町のひとびとと応対する場合でも、彼が一旦自分を公人として意識して接した場合には、持前の強い自負心が働いて、振舞い方も異っていた。大正一一年に山県有朋が歿したとき、神奈川県足柄下郡の菊池郡長が追憶談をしているが、菊池はいう、自分が曽つて大磯警察署長を勤めていた当時大磯には山県公の別荘があり、また伊藤公の滄浪閣もあり、自分は両公のところに出入りした、伊藤公のところにお伺いすると、公は出て来るなり座布団にあぐらをかいて坐り、自分らにむかっては座布団をしくように勧めず、豪放な態度で話をした、これに反して、山県公は袴をつけて現われて端座し、こちらが座布団にすわるまでは「お敷きなさい」と勧め、その上で話をはじめるという風であった、伊藤公が来客を見送るのは西郷従道侯だけだったときいているが、どのような客に対しても座敷の外まで送ることはなかったようである、これに反して山県公は来客を必ず見送った、自分らに対しても、どんなに辞退しても襖のところまでは立って来られた。(22)この談話は、伊藤の上述のような対人態度を物語る例として、興味深い。

衣食住に対する態度

伊藤は滄浪閣での生活をこの上なく愛好した。ただ、公務の上から大磯に引籠ってばかりいるわけにはいかなかった。しかし、明治二二年に品川八ツ山の邸宅を売却した後は、芝《しば》伊皿子《いさらご》に短期間家をもったのを除けば、明治四一年大井町に恩賜館《おんしかん》を建てるまでは東京には自分の家をもたず、官舎、帝国ホテル、借家などに住んだ。なお、恩賜館というのは、伊藤の下で進められて来た皇室制度の調査が明治四〇年一月に完了をみた機会に、天皇は伊藤の功労を記念する意味で曽つて枢密院による憲法・皇室典範の審議が行われた赤坂離宮内の建物を伊藤に下賜され、これを彼が上記の場所に移築したものである。伊藤はつねづね人に語って、どんな立派な家をつくっても冥土にもっていけるわけではない、家屋は雨露をしのぐことができ、生活に不便がなければ、それで充分だ、といっており、住宅については全くの実用本位であった。新改築に際しては、場所、設計、用材、工作などには関心なく、ひたすら拙速を重んじて工事を急がせた。そして、この新築はわずか何カ月、あの改築はわずか何日間と、もっぱら完成の短時日であったことを自慢にした。大井町に恩賜館を移築したときも、場所を慎重に選定するようなことはせずに、麦畑の真中に土地を区切ってそこに建てた。このような伊藤は、造園にも興味はなく、恩賜館のひろい庭には植木もろくに植えなかった。明治四二年伊藤が満州に赴く際に彼を恩賜館に訪ねた井上馨は、庭の殺風景な有様をみて、せめて燈籠の一つぐらい置いてはどうかといったが、伊藤はそれには金が要る、どうせ金を出すのなら、好きな刀剣でも買う、と答えたという。

伊藤が愛好した大磯の滄浪閣は、明治二九年に建築されたものである。滄浪閣の名は彼の生前には世上に知らないものはない位であったが、しかし、その建物は、田舎の郵便局のようであるとか、郡役所か田舎の警察署のようだとか当時批評されたように、甚だ粗末な普請であった。その上、手狭なため二度にわたって建増しをし、外観も甚だ不恰好であった。川本烏城は邸内の模様を次のように述べている。邸の中には畑と少しばかりの梅の木立があり、草花が甚だ乱雑に植えられている、一隅に四賢堂があるが、それは肥料溜の傍に建っており、建物は石を畳んでその上に建てられてはいるものの、恰好も大きさも東京市内の交番と甚だよく似ていて、きわめて粗末であった、堂内正面には皇太子の筆になる四賢堂という額が掲げられてはいたものの、四賢の像というのは世上に売っている粗末な石版刷の肖像画を平凡な額枠に入れたものにすぎず、堂内には花瓶もなく供物机もなく、籐の椅子が一つ置かれているだけであった。山県が建築に凝り、又その邸宅や別荘にみずから苦心、指図して、数寄をこらした美しい庭園を築いて楽しんだのとは、まことに対蹠的であった。

伊藤は衣食にも無頓着で、滄浪閣にいるときでも東京の家にいるときでも生活ぶりは簡素であった。起居も相当に不規則で、朝は早く起きたが、食事には一定の時間なく、又いたって粗食であった。「食事に招かれたが、大変粗末なので困ったことがある」と西園寺公望は伊藤の歿後回想しているが、西園寺の大磯の別荘・隣荘は滄浪閣と隣合せであったので、右は恐らく大磯でのことであろう。伊藤は葉巻を愛好した。また、大変酒が好きで、晩酌はしばしば深夜に及んだ。しかし、ただ飲むのが好きで、酒の良否は判らなかったといわれている。家にあっては彼は人手をわずらわすことを好まず、酒の欲しいときも、みずから起って台所に行き、コップをとり或は徳利をさげて座敷に戻ったりした。彼の生活には、こうして、つねに老書生の面影がつきまとっていた。衣食住に対する以上の態度の中にも、その無造作で磊落な性格が現われていた。

伊藤にはまた蓄財の念もなく、金銭に淡泊であった。時に派手な金の費《つか》い方をすることもあったが、それは天皇から時折御手許金の下賜を仰いでいたからであるといわれている。ひとから理財の相談をもちかけられたりすると、彼は自分は金を使うことしか考えていない、そのようなことは井上(馨)にきけ、と答えたというが、金銭のことに甚だうとかったのは、事実である。伊藤の晩年に彼の妻が一カ月分の経費を請求したとき、彼は持合せがないから、金が入用ならこの滄浪閣を売って大井の恩賜館に引込もう、といった。彼の妻が、いま入用というのに家を売るのでは間に合いませんと笑ったところ、それならそちらでどうとも都合してくれといい、何ら意にとめようとしなかった、という挿話も伝えられている。大磯では、金をテーブルの抽出しに入れておき、それをつかみ出して袂に入れて外出し、ひいきにしていた旅館の招仙閣などに行き、袂からいい加減に又つかみ出して勘定もせずに女中に心付けとして与えたりした、という。統監の頃、京城からの帰路しばしば名古屋の魚文という宿屋で遊興したが、その女将は曽つて松村謙三に語っていった、伊藤公は賑かに騒がれた揚句勘定を払うことなく帰られた、そして、二年か三年に一度紙幣を一杯つめた鞄を持参し、その中から鷲摑みに札を摑んで与え、勘定が合うか合わぬかは一向意に介されなかった。伊藤が死んだとき、犬養毅は伊藤を評して、「大西郷以後唯一の金銭に淡泊な清廉な政治家」であったといったが[23]、彼は金銭についてとかくの評をうけたことはなく、その清廉は一般にひろくみとめられていたところである。

趣　味

明治四一年ある雑誌に、麴町永田町の首相官邸で歴代の首相に仕えた一老人の談話というのが紹介されている。それによると、自分(この老人)がこれまで仕えた首相の中で伊藤公ほど殺風景な人はない、応接間、その他の室内装飾には無関心であり、ろくな画幅も懸けない、千金を抛《なげう》っても入手しがたい品を手に入れても、惜しげもなく直ぐひとにやってしまう、庭の掃除などを小使たちが怠っても気にかけない、それ故、政変で次は伊藤内閣ときくと、小使たちは万歳を唱える、あるとき、丹精をこめて咲かせた紅白二輪咲きの寒牡丹が歳暮品として贈られて来たことがあった、一両日は物珍しく卓上に飾ってあった、しかし、水もやらずに放置され、三、四日過ぎると、伊藤公は鉢物は面倒だから庭の隅に捨てろと命じたので、小使が捨てた、このような次

第で、伊藤公が首相のときは立派な官邸も殺風景になる云々。(24)

伊藤は骨董・盆栽や茶道・謡曲などにもほとんど関心はなかった。しかし、刀剣には興味があり、ことに晩年には少からず愛好した。彼の詩に「萍游数旬日、書巻不㆓相親㆒シマ、帰リテ入㆓リテ書斎㆒ニ坐ス、宛《あたかモ》如㆑シ逢㆓フガ古人㆒ニ」というのがあるが、伊藤は読書を甚だ好んだ。和漢書のほかに力めて外国の新聞・雑誌・書物をもよみ、時折はみずから丸善に行って洋書を猟ったりもした。また、多忙の中にありながら、漢詩をつくって楽しむことをした。

伊藤は一般に勝負事を好まなかった。これは、彼の闘争性の少い性格とも関連があるように思われる。例外は碁であった。暇さえあれば楽しんだ。しかし、その碁はいわゆる笊碁《ざるご》で、打方は早く、一局は短いときは一五分、長くても三〇分を越えず、一どきに幾面も打った。矢つぎ早やに打って相手がうけ損じて窮地に陥るのをみると、彼は子供のように得意満面となり、「さあ、どうだ、どうだ」といって、上機嫌であった。また形勢が自分によいと、端唄《はうた》・都々逸《どどいつ》をうたい、口三味線も入るという賑かさで、相手の苦しむ顔をにこにこ眺めながら、「どうだ、もう兜を脱がないか」といって得意になった。そして、自分よりも弱い者を相手にしてその者を苦しめるのを好んだというのも、彼の性格がうかがわれて、興味をひく。晩年の統監時代にも、京城の官邸に懇意なひとびとを誰彼となく招いて碁を楽しみ、深更までも「さあ掛れ、掛れ」と上機嫌であったという。伊藤が暗殺された直後に、『万朝報』に「公(伊藤)と昵懇《じっこん》な高等官夫人」談というのが掲げられている。それは述べて、自分の主人も統監府に勤務していたが、官邸が山続きなので、公は毎日のように宅に来られた、いつでも浴衣がけで足袋もはかず、台所口から入って狭い二階に上り、良人や隣家の村田中将と碁をかこみ、負けると、もう一局もう一局と夜の更けるのも気にとめぬ有様であった、という。風に高く飜る統監旗の下できらびやかな統監服をまとって誇らし気に振舞う彼が、一たび一個人の生活に戻ると、どのように行動したかをこの追憶談も述べていて、興味深い。

伊藤はみずから次のように語った、「予は性来寡慾《かよく》で、貯蓄といふことを毛頭念慮に存せぬ。……予は麗々しき家屋に住まふと云ふ考へもなければ、巨万の財産を貯ふるといふ望みもなく、たゞ公務の余暇芸妓を相手にするのが何よりだ」。伊藤の大きな趣味は女色であった。伊藤が死んだとき、諸新聞に彼と生前接触の深かったひとびとの追悼談がいろいろと掲げられたが、その中に料亭や待合の女将たちの思い出話が沢山に交っているのが目立つ。彼の遊興は陽気で、子供のように騒いだといわれる。酔うと、「浮気同士がつい斯ふなりて、ア、でもないと四畳半、湯のたぎるより音もなく、アレきかしやんせ松の風」という端唄を口癖のように歌ったという。桂太郎の愛妾となったお鯉は、その回顧談の中で述べて、伊藤のする「芸妓との会話は、殆んど皆当意即妙、出放題の都々逸である。即席急造の珍文句、旧作か、新製か、悪口の都々逸は沢山御承知で、代る〴〵公の鼻唄になつて溢れ出る」、「お気に入つた芸妓があつて、他の妓は早く帰つて貰《もら》ひ度《た》い時などは、やはり例の都々逸で、「ほんにお前は野暮な人」などと連発されるので、あらさう、それは済みませんでしたね、と、早々と引下る事にして居た」。蕩児伊藤の片鱗が示されている。

伊藤の死後に尾崎行雄は述べて、伊藤公の最大の欠点はその女色であったが、公は、しかし、決して婦人に溺れることはなかった、縁日で花を買って来て眺めてしまえば捨てて顧みないのと同じように、女を手に入れることは入れるが、楽しんだ後はもう顧みなかった、公は女を縁日の花と同一視したのである、といっている。曽つて清浦奎吾《けいご》は山県有朋のことを追想した談話の中で伊藤に言及し、山県公は使えると思った人間を一度用いると、その者の頭脳や能力などは問題にせず、さほど大きな過失を犯さない限りは決して捨てず、末永く面倒をみてやった、そのために、使われた者も山県公にすべてをささげることになった、これに反して、伊藤公は適材を発見してこれを適所に用いたのち、用がすめば放置してあとはもはや顧みなかった、といい、伊藤の女性関係もその点は同じであった、伊藤は女色を好み、方々で芸妓・雛妓《すうぎ》と親しくなったが、一旦あきるとあとは忘れたようで、自分の関係していた女を人に世話したりした、これが、万事についての伊藤公のやり方であった、と語っている。伊藤の淡泊・無造作な性格は、こうして、その漁色の中にもよく現われている。

それにしても、伊藤の遊蕩生活はその生前世間で甚だ有名であり、その素行・行状はつねに世人のとかくの批評を招いていた。明治四二年彼が暗殺され、ついで国葬に付する旨の御沙汰が発せられると、文部省は全国諸学校に通達して、国葬の当日には伊藤公を題材として適宜の修身講話を行って弔意を表するよう指令した。『東京朝日新聞』には、このことについて次のような記事がでている。それによると、文部省のこの通牒に接した諸学校では教員たちは急いで伊藤公の伝記や新聞を集めて訓話の材料をとりそろえようとしている、しかし、伊藤公はなにぶん生前に「東洋豪傑に有り勝ちの欠点」もそなえており、そのことは青年・生徒たちもよく知っているので、伊藤公のことをいかにして修身の題材に仕上げるかについて苦心している由である、記者は某中学校教員、某小学校長に会って、その苦心談をきいたが、その話によると、文部省のこの通牒ほど困ったものはない、国家に対する伊藤公の功績を述べることは容易であるが、伊藤公のことを語れば、「直に青年男女学生に必ず聯想せしむべき或る欠陥」が問題になる、現に赤坂のある小学校で伊藤公を教材にした修身講話を行ったところ、尋常二年生の子供が質問して、わたくしは父から伊藤は素行の治まらぬ人間で真似してはならないと聞かされていますが、いかがでしょうというので、教師は甚だ当惑して、そのようなことはあるべき筈がないと答えたそうである、又ある高等女学校で校長が、伊藤公はわが婦人界の恩人であると述べたところ、生徒たちは袖を引き合い、ついに一斉に笑い出したので、校長は壇上に立往生したとのことである、このような次第なので、伊藤公について訓話をするのには「覚悟」が要る、元来修身の題材というものは適当な条件が備わったものでなければならない、伊藤公は「其条件の重なる部分」について欠けたところがある、大政治家が直ちに修身の資料になり得ないことは、文部省も知っているはずである、今回の通牒は乱暴きわまるものである、しかし、何分にも命令であるから、修身講話の題材にはするが、伊藤公の長所と短所とを挙げて、長をとり短に倣うなと訓話しようと思う、と語った。以上が、某中学校教員、某小学校長の「苦心談」として『朝日新聞』に掲げられた記事である。

伊藤は明治二八年第二次内閣の頃、その邸で催した舞踏会の際のことについて世上に醜聞が流布し、新聞紙上しきりに攻撃をうけた。そのときある人が彼にむかって、新聞に対し記事取消しの請求をすべきであると勧めた。伊藤は笑って、事公徳に関することはもとより不問にできない、しかし、区々たる一身上の毀誉は気にかける必要はない、と答えたという[25]。彼は公私を彼なりにこのように区別したのである。「酔って枕す美人の膝、覚めては握る天下の権」。このような生き方に、何の疑いをももたなかったのであろう。

たしかに、彼は彼なりに、公私の混同を慎みもした。伊藤は大磯の滄浪閣と東京との間をたえず往復したが、その都度汽車賃を几帳面に払った。大磯に住む他の元老たちは「顔」で無賃乗車していたといわれ、伊藤はこのことをひとに語って、きわめて遺憾であるといい、汽車に乗って乗車賃を支払うのは当然のことである、公私の別ははっきりさせなければならない、といった。また、統監時代に身辺の雑用のため三人の侍女が置かれていたが、伊藤はいやしくも公事に関係あることにはこれらの侍女を一切用いず、統監服をつけて執務に入ると、一杯の茶、煙草の火の用さえをももっぱら統監付の給仕に命じた、という。なお前に述べたように、公人として振舞う場合と私人として振舞う場合とで、態度を全く異にしたのも亦、彼なりの公私の別の現われであった。

彼の死――その意味するもの

明治四二年(一九〇九年)六月、伊藤は統監の地位を辞した。そして、その年一〇月満州視察の旅に上った。この旅行の主たる目的はハルビンでロシア蔵相ココフツォフ(V. N. Kokovtsov)と会談して、韓国問題の処理を中心に極東問題に関するわが国の方針を説明して、協議することであった。一〇月一四日夜半に滄浪閣を後に出発した伊藤は、西下の車中で、「秋晩辞《シテ》レ家上《ル》二遠程《ニ》一、車聰談尽聴《キテ》二虫声《ヲ》一、明朝渤海波千尺、欲《ス》レ弔《ハント》二忠魂《ヲ》一是《レ》此《ノ》行」という七絶をよんだ。約一四年前に李鴻章と日清講和の談判を行った下関の春帆楼《しゅんぱんろう》に一泊したあと、門司から大連に渡り、日露戦争の激戦地であった旅順二〇三高地の戦蹟を初めて訪れて、深い感慨に耽った。「久《シク》聞《ク》二百三高地、一万八千埋《ムルノ》レ骨《ヲ》山、今日登臨無限感《ノ》、空《シク》看《ル》嶺上白雲《ノ》還《ルヲ》」。これが、そのときの作である。

旅順を出発し、長春を経由して、一〇月二六日の朝に彼を乗せた列車はハルビン駅に到着した。この日は曇って薄暗く、冷い北風がしきりに吹き、今にも雪の降り出しそうな空模様であった。満州にはもはや冬が訪れていたのである。伊藤はフロックコートに厚い外套を着け、黒い山高帽を冠って駅頭に降り立った。ココフツォフ蔵相の求めでロシア守備隊を閲兵し、各国領事たちと握手を交わした。つづいて、出迎えの邦人たちの側にむかおうとしたとき、堵列したロシア守備隊の背後からピストルが連射され、伊藤は倒れた。犯人は韓国独立運動に従事していた韓国青年安重根であった。ロシア憲兵に逮捕されたとき、彼は、「コレア、ウラー」(韓国万歳)と三たび叫んだ。列車内に担ぎ込まれた瀕死の伊藤は、射ったのは誰かと尋ねた。随行の室田義文が「韓国人です。逮捕されました」と告げると、伊藤は「馬鹿な奴ぢや」とつぶやいた。それが、最後の言葉であった。時に六九歳であった。

事件の公判は、翌明治四三年二月旅順地方法院でひらかれた。法廷において安重根は陳述して、日露開戦のとき日本天皇の宣戦の詔勅においては東洋の平和を維持し、韓国の独立を固めることが戦争の目的であると宣言された、そこで、当時の韓国人は感動した、そして、戦争下で日本のために働いたものも少くなく、また戦争が終って日本軍が凱旋する際には韓国人はあたかも自国が勝ったかのように歓呼し、韓国の独立は今や鞏固になるものと考えた、ところが、戦後伊藤が統監となり、その前後に伊藤によって第二次および第三次日韓協約が結ばれて、韓国に対する日本の保護権が設定され、それはついで強化されることになった、このことは、宣戦の詔勅に示された日本天皇の意志に正にそむくものである、韓国民はそこで伊藤を仇敵と考えるようになった、自分は伊藤を殺害しなくては韓国の独立達成を到底困難であると考え、この兇行に訴えたのである、と述べた。審理の結果、安重根は死刑に処せられた。

曽つて植松考昭は伊藤博文についてのその小伝の中で論じて、明治史上大きな勲功を立てた人物で、刺客の手に倒れ又は傷ついたものが何人かある、しかし、それらのものの多くは「戦闘的の人士」で、「戦闘的」であったがために奇禍にかかったのである、伊藤公は、しかし、そのような型の人間ではなかった、そのことを思うとき、「天の人を戒むるの摂理、我れ得て之を測るべから」ざるものがある、と述べた。(26) 伊藤の死は果して神秘・不可解な「天の摂理」に帰すべきであろうか。明治日本の外交は、西洋諸大国に対する関係においてはきわめて慎重であり、一般に協調的または従属的色彩を帯びていた。しかし、清韓両国に対する関係では正反対にとかく高圧的・攻勢的態度をもって臨んだ。わが国のこのような外交を、今仮に人間に喩えてみると、それは抵抗の大きい場合には弱く、抵抗の小さい場合に強く出る伊藤の人となりにも似ている。そこで、統監就任前後を通じて伊藤が韓国に関して演じた役割を回想するとき、伊藤は正にわが国の以上のような「対韓国策」の代表者であったともいえよう。彼はこの「国策」を彼の性格を全面的に生かしつつ遂行したのであった。こうして、韓国に対する彼の立場は、実は植松考昭のいう「戦闘的の人士」のそれであったのである。そして、その故にこそ兇変を招いたのであった。

ハルビンにおける伊藤の死を今日歴史の高い視座から眺めるとき、どのようなことがいえるであろうか。彼を射殺した韓国の一青年の背後には、独立を奪われた韓国人の限りない民族的憤りがあった。日本の独立を守ることが、明治維新を生んだ大きな要因であったが、維新後のわが国はその独立が確保されるにともなって、西洋先進諸国のあとを追って帝国主義国家へと転換して行った。そして、西洋諸大国に伍して大陸への支配拡大を企て、西洋諸大国によって打樹てられて行くアジアにおける植民地主義《コロニアリズム》にみずからも亦《また》参加するにいたった。こうして、日露戦争における日本の勝利を、暗いアジアの前途に巨大な光明を投じたものとして歓喜したアジア諸地域の民族解放運動者がわが国の前途に寄せた期待――それは、その後のわが国の動きによって裏切られた。アジアの一国家でありながら、西洋諸大国の陣列に加わってアジアにその支配を拡げ出した日本――この日本に対する同じアジア人の憤りをハルビン駅頭の銃声は正に象徴していたのであった。この警鐘は、しかし、わが国支配層の耳には単なる銃声としてしか響かなかった。その後のわが国の歴史は、今日そのことを証明している。

伊藤博文がハルビンの暗い冬空の下に倒れてから、いつかすでに半世紀をはるかに越えた。この間に極東の事態は今日までに驚くばかりの変転をとげた。ツァーの君臨したロシア帝国はすでにない。清朝の支配は終焉してもはや久しい。曽ての韓国は、どのような運命を辿って今日にいたっているか。そして又、わが国は！　今や、伊藤の生きた日の極東の世界は、片鱗だもその跡をとどめていない。この転変を回想して今日に及ぶときに、伊藤晩年の詩はわれわれに告げる、「乾坤不レ変ラ、古今相通ズ、魚ハ躍リ二淵水ニ一、鳶ハ飛ブ二太空ニ一」。

「民衆政治家」大隈重信

盛大を極めた「国民葬」

大正一一年（一九二二年）一月一七日。この日、冬空は曇って、残雪の上を冷い風が吹き止まない。しかし、日比谷公園は人の渦であった。前例に照して国葬とはしないことに決まった故大隈重信の「国民葬」の当日である。早朝早稲田邸で「告別祭」が営まれたあと、儀仗兵一個小隊に護られた霊柩車に幾台もの自動車がつづいた葬列は、弔旗の掲げられた家並を通り、早稲田大学と付属諸学校の教職員、学生生徒、群衆の堵列した沿道を日比谷公園に到着、柩は運動場にしつらわれた葬殿に安置され、夥《おびただ》しい供花に埋められた。斎場の入口には弔旗が林立して、風にはためいていた。簡素な霊前祭が行われたあと、正午からいよいよ「国民葬」ということで一般の拝礼に移ったが、あたりは忽《たちま》ち人の波となった。群衆は別段の指図もないままに外套をぬぎ、脱帽して、順次霊柩の前に進んで拝礼した。つづくその人波は何時果てるともみえなかった。一人が賽銭を投げると、これに倣うものが続出して賽銭の雨が降り注ぐという場面も起った。時間の都合で三時過ぎに公園正門を閉ざして入場をとめた。拝礼者はそのときまでにすでに三〇万に達し、門外には拝礼しようとして順番を待つ人々の列が神田橋の辺りまでつづいていたという。この「国民葬」のあと、音羽護国寺においても埋葬がとり行われた。当日、早稲田・日比谷・護国寺の沿道の人出は合計で一五〇万人に上り、明治天皇の御大葬以来の雑沓であったとも伝えられた。それから一カ月を経た頃にも、墓前には未だに日々三千人の参拝者がある、とある新聞は報じている。

その死んだときに、これほどまでの人気を世上にもっていた大隈重信は、一体どのような閲歴と業績、又どのような性格の持主であったのであろうか。

燦めく運命の星

大隈は天保九年(一八三八年)二月佐賀に生れた。その家格は上士であった。肥前藩の藩校・弘道館で経書を学び、のち藩の蘭学寮において蘭学を勉強し、その後長崎で英学を修めた。そして、これら洋学の勉学にあたっては、とりわけ大砲・築城など軍事方面のことに力を注いだ。彼ははじめ尊攘思想を抱いていたが、蘭学の修業、長崎への往来、西洋兵制の勉強などの結果、開国論者になった。生来覇気にもえていた若き大隈は、めまぐるしい幕末動乱期の政局に肥前藩を登場させようとして、実に焦慮した。しかし、藩主・鍋島直正(閑叟《かんそう》)は公武合体の立場に立ち、終始自重的態度を持して動かず、変革の過程は、大隈の焦燥をよそに肥前藩とは関係なく薩長両藩を中心として進展して、ついに明治維新となった。

慶応四年(一八六八年)三月、大隈は参与・外国事務局判事に任ぜられて、長崎在勤を命ぜられ、こうして彼は明治新政府に仕えることになった。ついで、官命によって京都に赴くが、それは当時外交上の大問題となっていた浦上切支丹宗徒処分問題について外国側との交渉の局に当るためであった。三〇歳を越えたばかりの若き大隈は、この折衝においてイギリス公使パークス(Sir H. Parkes)に単独で立ち向い、烈しい論争を交えて屈せず、その縦横の才略と毅然たる態度とは、新政府要路のひとびとに大隈の存在を強く印象づけることになった。そもそも維新の主たる推進力は薩長二藩であった関係から、明治新政府においては周知のようにこの両藩の出身者が巨大な勢力を擁してわが世の春を謳歌することになった。これに対して、維新の変革を無為の中に傍観した肥前藩出身者の肩身は甚だ狭く、大隈の前途も亦、おのずから光明に乏しいものにみえた。けれども、浦上問題についてのこの折衝を糸口として、「運命の星」は彼の上に光を投げかけることになった。

同じ年の一二月外国官副知事に任ぜられたが、その彼は贋造貨幣問題というこれ亦当時の外交上の難問題について外国側と交渉を試みることになった。そして、この問題は財政と深く関連することもあって、会計官副知事をも兼任した。彼が財政に関係したのは、実にこのときからである。大隈は後年に回顧して、当時の自分は財政のことには「真個の門外漢」であったが、外交との関係上やむを得ず財政に手を染めることになった、と語っている。臨機に策を立てて果断、決行する性格の彼はやがて財政の根本的立直しを企てるとともに、外国側と交渉を重ねて、幣制の早急の改革を約束して、ついに局面を収拾した。大隈は明治二年四月から会計官副知事専任となった。

明治三年には参議兼大蔵大輔となった。このとき参議に列していたのは、大久保利通(薩摩藩)、木戸孝允(長州藩)、広沢真臣《さねおみ》(同)、佐佐木高行(土佐藩)、斎藤利行(同)であった。それ故に、維新の変革にあたって活躍することのなかった藩の出身で参議となったのは、当時は大隈ただ一人であった。この異例の昇進は何に因るか。それは、外交・財政が国政の重要な分野でありながらもその処理には本来特殊の能力・知識を必要とし、曽っての「尊攘の志士」たちの必ずしも得意としない特殊の領域であった。そのような分野で、大隈が機略・闘志をもって難局に当り、臨機・迅速な解決を与えたことに原因する。当時木戸は大隈のこの才幹を「義弘、村正の名剣」に喩えた。(1)

明治六年予算編成問題で時の大蔵大輔井上馨が辞職すると、大隈は大蔵省事務総裁を兼任することになり、困難な予算の編成を達成して、その手腕を示した。ついで、同年征韓論争で西郷隆盛以下の征韓派諸参議が連袂《れんべい》辞職したあと、政府の陣容立直しが行われ、その結果彼は大久保のあとを襲って参議兼大蔵卿に就任した。そして、大久保は爾後参議兼内務卿として岩倉具視(右大臣)の下で政府の中核となるが、大隈は伊藤博文とともに大久保の羽翼として彼を補佐することになった。なお、伊藤はこの政府再建の際に工部大輔から参議兼工部卿に昇任したのであった。大隈は、このように新政府内に次第にその地歩を築いた。但し、それにもかかわらず、枢機は岩倉具視、三条実美《さねとみ》(太政大臣)を別とすれば依然として薩長出身者の手に掌握されていた。それ故に、陸奥宗光が指摘したように、廃藩置県、征韓論争、大阪会議など新政府が当面した重要段階においては大隈はつねに単に第二義的な役割を演じるに止まるか、又は全く局外に置かれたのであった。

明治一〇年西南戦争が勃発すると、大蔵卿たる彼は財政困難の中で不換紙幣の発行に訴えて戦費の調達を行い、その才幹を大いに評価された。ところで、この西南戦争下において木戸孝允は歿したが、翌一一年には大久保利通が紀尾井坂の変に倒れた。もはやそうなったとき、大隈の前途ははからずもここに大きくひらけた形になった。もはや上から彼を強く制御するものはなくなり、且つ彼は今や参議首席ということになった。大隈は伊藤とともに政府の中枢を形づくるにいたったのである。明治一一年には彼は四一歳であった。

この前後における大隈のプロフィルをみてみよう。明治五年一月に五代友厚(薩摩藩出身の政商)は大隈に書翰を送って、以下五カ条の忠告を試みている。(一)「愚説」「愚論」に我慢して耳を傾けられたい。一をきいて十を知るという行き方は、閣下の賢明に原因する欠点である。(二)自己と同地位でないものの意見が閣下の意見と大同小異の場合には、つねにそのものの意見を賞めて、それを採用されよ。他人の主張を賞め、他人の説を採用しなくては、閣下の徳をひろめることはできない。(三)怒気・怒声を慎まれよ。部下が閣下に及ばないことを知りつつ、しかも、怒気を現わし、怒声を発するのは徳望を失うだけで、何の益もない。(四)事務に裁断を下すのは、時期の熟するを待ってされよ。（五）閣下がある人間を嫌えば、その者も閣下を嫌うであろう。それ故、自分の好まない人間とも交際するように力《つと》められよ。(2) この五カ条の忠告からも、われわれはその頃の大隈の面影をある程度思い浮べることができよう。参議時代の大隈は、覇気に溢れ、峻烈近寄りがたく、不愛想で沈黙勝であり、他人が何かいっても答えず、何を考えているのか判らないという風であった。ただ、彼はすでにこの頃から座談には長じていたという。(3)

挫折

西南戦争後に薩長出身でない大隈が政府内でもつにいたった巨大な勢威は、明治時代の政治的天気図からいうと、全く異常現象であった。彼は自信に溢れていた。そして、彼の勢威は実は前述のような彼の才幹に由来するものであった。しかし、注目すべきことは、薩長政治家とは違って彼の背後には旧藩関係の強力な支持というものは存在していず、その点においてその勢威もこれを支える足場の点ではきわめて不安定なものであった。

ところで、西南戦争後自由民権運動が急激に高揚し、国会開設を要求する声が世上に次第に高まるにいたったが、そのような中で、天皇は諸参議に対して立憲政についての意見書を提出するよう求められた。大隈は、かねてから立憲政の問題に強い関心を抱いていた。彼自身の回想によれば、幕末蘭学を学んでいた当時にオランダ憲法に関する書物をよみ、またアメリカ独立宣言をよんで、それらが機縁となって爾来立憲政に心をひかれるようになった、という。(4) このような大隈は初めその意見を直接に天皇に口頭で奏上したいと考えた。しかし、それが許されなかったとき、彼は他の諸参議のそれに比して「急進的」な内容をもった意見書を左大臣有栖川宮熾仁親王の許に提出し、宮がこれを天皇に上奏する前には大臣・参議には示されぬよう申し添えた(明治一四年三月)。大隈は立憲政の問題について政府関係者の中で比較的開明的な意見を抱いていた伊藤博文、井上馨とかねてから種々協議を重ねていた。けれども、この意見書の提出に際しては両人と事前に何ら協議することをしなかった。ところで、この意見書は、やがてその内容を知った政府の要人たち、とくに保守的な薩派のひとびとを激昂させることになったばかりでなく、伊藤、井上をも亦甚だしく憤激させた。彼らは大隈がこの意見書の提出によって薩長勢力の一挙打破を企てたものとみたのである。

この紛争についてその後大隈と他の政府関係者の間でようやく和解、落着をみたが、その後まもなく開拓使官有物払下げ事件とよばれる事件が起った。それは、開拓使(北海道庁・樺太庁の前身)がその官営事業を政商にきわめて寛大・有利な条件で払い下げようとしたものであり、そのことが一たび世上に伝わると、世論・新聞はこの措置を取り上げ、藩閥政治の悪弊を正に端的に露呈したものとして烈しい論難を加え、世上の空気は忽ちにして騒然たる有様になった。しかも、そのような中で自由民権派は一斉に起って政府に対して激越な攻撃を浴びせ、この事件こそは、国会を開設することにより藩閥の専制を打破する必要を正に立証したものであると痛論するにいたった。こうして、政府は世を挙げて沸騰する熾烈な論難・攻撃の渦中に陥ることになった。このような事態に直面したとき、政府内の薩長政治家たちは、大隈が自由民権派と通謀してこの払下げ問題を利用して世人を煽動し、又しても薩長勢力の打倒を企てたものと考えた。そして、彼を断然罷免、政府から放逐した。それと同時に、人心鎮撫のために、政府は天皇に奏請して、明治二三年を期して国会をひらく旨の詔勅がここに渙発された(明治一四年一〇月)。

開拓使官有物払下げ事件を契機とするこの「明治一四年の政変」で大隈が失脚したのは、以上のように、薩長政治家が彼の上にかけた疑惑に因る。この疑惑が実は根拠のないものであったことは、今日ではみとめられている。けれども、上に記した立憲政に関する意見書提出の際の大隈の行動は、そのような疑いをまねく伏線にもなったのであった。彼が立憲政の実施によって薩長の政治的優越が打破され、自己の政治的前途が大きくひらかれるのを望んでいたことは、事実であろう。しかし、伊藤、井上と予め連絡をとらずに以上のように「急進的」な意見書を提出したのは、彼が目前の自己の勢威に任せて目的にむかって端的に驀進し、彼の高い地位も実は基礎きわめて不安定なものであることを忘れたものであったといってよい。この点で、彼の失脚は策において慎重を欠いたのによること大であった。

浮沈の幾春秋

大隈は今や一転して逆境の時期を迎えた。彼は政治的再起をはかる上から、あるいはまた彼の許にこれまで出入りしていた少壮後進のひとびとの前途への配慮から、さまざまな布石を打った。それらの重要なものは、一つは東京専門学校(早稲田大学の前身)の設立である。また一つは郵便報知新聞(後の報知新聞の前身)を手に入れたことである。さらに一つは自由民権主義を標榜する立憲改進党を創立したことである。なお、この改進党は、板垣退助を党総理にいただく自由党の成立に約半年おくれて結成された(明治一五年三月)。それにしても、反逆者として政府から放逐された大隈の身辺には、その後政府によってさまざまの陰険な圧迫・迫害が加えられる有様であった。しかし、彼はその持前の覇気・闘志をもってこの間に処して、隠忍毫《ごう》も屈することがなかった。

大隈は明治一七年に改進党総理の地位を辞したが、その後も引きつづいて党の事実上の指導者であった。そして、彼が政党を組織し、爾来これに関係をもつようになったことは、結局以後の再起への足掛りになった。明治二一年二月、大隈は第一次伊藤内閣に外相として入閣したが、これより先伊藤内閣の下で外相井上馨の企てた条約改正交渉は世論、とくに自由民権派の烈しい論難をこうむり、内閣は甚だしい窮地に陥った末、ついに交渉の打切り、ついで井上外相の引責辞職となった。そのあと、伊藤首相は井上が後任に推した大隈に対して外相就任を懇請した。これは、大隈の外交手腕にふかい期待を寄せたためでもあったが、しかし又、大隈を政府に迎えれば改進党はおのずから伊藤内閣に好意的になり、それによって自由民権派の一角を切崩して局面を緩和できると考えたためと思われる。

こうして、大隈は六年半ぶりに再び政府に入った。覇気にみちた彼は、外相就任以来、前任者井上の失敗した条約改正をいかにかしてみずからの手で成就しようとして功名心に烈しく燃えた。当時五一歳の彼は精力に溢れていて、長く椅子に坐していることができず、煙草を手にして大臣室の内を歩き廻ったというような挿話も伝えられている。彼は条約改正という維新以来の巨大な難問題を自己の手で解決し、それによってみずからの政治的前途を打開しようとし、この意味でも闘志に湧き立っていた。伊藤がやがて枢密院議長に転じた後、そのあとをついで黒田(清隆)が首相となったが、この黒田の下で大隈は外相として留任し、条約改正のために引きつづき心血を傾けた。けれども、わが国内世論を満足させるような改正案を西洋諸国との間に成立させるということは、当時としては到底不可能といってよかった。そこで現にいわゆる大隈案が漏洩すると、世上には同案を軟弱・屈従的であるとして大隈を論難する声が忽ち沸騰する有様となった。その上に、この案について政府部内も亦賛否の両論に分裂して、反対論者は右のような世論に合流するという大混乱の事態となった。しかし、この間にあって大隈は屈せず、万難を排して改正にむかってあくまでも邁進する決意を堅持して動かなかった。しかし、たまたま外務省登庁の際、霞ケ関において彼は「大隈案」に痛憤する者の襲撃をうけ、爆弾によって重傷を負うにいたった。この事件が勃発をみたとき、窮地に陥っていた黒田内閣はついに条約改正交渉を中止し、ついで内閣総辞職を行った(明治二二年一〇月)。

ところで、大隈はこのように遭難、重傷を負ったとき、枕頭のひとびとに「出刃や何か野蛮の武器でやられたのと違つて、文明の利器でやられたんであるから本望だ」といい、この年二月の憲法発布の際に出刃庖丁で刺殺された森有礼《ありのり》(文相)に同情して、ひとびとを驚かせた。大隈はまた、この負傷で手術の結果隻脚となったが、尾崎行雄の伝聞では、手術の麻酔から覚めたとき彼は医師にむかって、右脚を切断したのなら、今後はその「脚に行つた血は皆な他の部分に行くから、片脚はなくとも以前より健康になるな」といったという。この伝聞の真偽のほどは判らない。しかし、これらの挿話も、この頃の大隈の人となりを伝えたものとしては興味をひく。それにしても、大隈が条約改正問題の難局に立ち向ってたじろがず、ついに爆弾をうけて傷ついたことにより、彼はともかくも気魄・度胸のある政治家としての印象を当時の世のひとびとに強く与えた。

しかし又、上に述べたように、「大隈案」をめぐって政府内に意見の烈しい分裂の生じていたということは、注目に価する。条約改正を企てる場合、当時としては改正案が相当妥協的なものになることはほとんど免れがたいことであった。従って、それだけに大隈としては政府関係者との間に連絡・諒解をつけながら事を進むべきものであったと考えられる。その点で、彼は功を焦り、また、自己の力量を恃《たの》んで猪突、一気呵成に改正を達成しようとしたようにみえる。このときの彼の挫折にも、慎重を欠いた嫌いが多分に感じられる。

大隈がこうして再び野に下ってから、いつか七年の歳月が流れた。そして、日清戦争後の明治二九年に松方が第二次内閣を組織するにあたって、大隈はこの内閣に再び外相として入閣した。これは、松方が組閣に際して進歩党(改進党のいわば後身)の援助を求めた結果である。入閣の際に大隈は条件を提出した。(一)国務大臣には国民の信望あるものを起用すること、(二)言論・集会・出版の自由を認めること、(三)民間の人材を登用すること、というのがそれであり、松方がこの三条件に同意したので大隈は外相就任を受諾したのであった。彼はこのときも、その関係する政党との関連で政権に関与する機会をもったのである。しかし、その後一年で進歩党は松方首相と衝突し、それとともに大隈は辞職した。

それから約半年の後、今度は彼がみずから首相として政権を担当する日を迎えた。すなわち、明治三一年六月進歩党と自由党とが藩閥政治の打破を目標として合同して憲政党を組織するにいたったが、このとき当時の藩閥長老政治家の中には誰一人として巨大なこの新党に対抗して施政の局にあたろうとするものはなかった。そこで元老たちの奏薦によって、憲政党を率いる大隈、板垣の両名に対して組閣の勅命が発せられることになり、大隈が首相、板垣は内相、陸海軍大臣を除く全閣僚を憲政党員から起用したわが国最初の政党内閣がここに誕生したのである。しかし、過去長年にわたって烈しい反目・衝突をくり返して来た以上二党にとっては、合同後これまでの行掛りを清算することは到底容易ではなく、やがて内紛が激化して党は分裂し、旧自由党系は同名の憲政党を、旧進歩党系は憲政本党を組織した。そして、それとともに大隈の内閣は成立後四カ月にして何ら政治的業績を挙げないままに瓦解した。それにしても、彼が短期間にせよ首相の地位に就いたのも、政党に関係して来たその過去とやはり連関するのである。

党を逐われる

その後、大隈は憲政本党総理に推戴された(明治三三年一二月)。ところで、他方憲政党は明治三三年に解党して、伊藤博文の組織することになった政友会に合流した。この憲政党系は自由党の時代にも、また政友会に合流してから以後も、政府与党になって政権に関与する機会が多かった。これに反して、憲政本党系はすでに改進党・進歩党の時代以来、第二次松方内閣の際を除いては与党になったことがなく、その点は憲政本党になってからも変らなかった。このように政権に甚だ縁遠いために、やがて同党内の一部には、「内閣製造者《キャビネット・メーカー》」たる元老たちから由来とかく白眼視されている大隈を斥《しりぞ》け、これに代る党首を迎えて元老との関係を改善して、政権への接近をはかるべきであるとの論がさかんに唱えられるようになった。それは、従来改革派とよばれて来たひとびとによって主張された。これに反対したのが、非改革派と称せられたひとびとであった(二二一―二二二頁参照)。こうして、党内は右の論の是非をめぐって混乱の状態に陥ることになった。この有様にはさすがの大隈も居たたまれなくなり、ついに明治四〇年一月の党大会において党総理の辞任を表明した。彼はその際演説して、自分が党総理に就任してからすでに七年になるが、党勢は振わず、慚愧《ざんき》に堪えない、しかし、諸君が党勢拡張、党規約の改正、その他に党のために熱心な有様をみて、自分はよろこびに堪えない、ところで、自分としてはこの際、諸君に告別したい、自分は政治に倦きたのではない、また窮境に疲れたのでもない、「老いたりと雖《いえど》もなかなか奮闘する、我輩は国家に対し、畏れながら陛下に対して死に至るまで政治を止めはしない。政治は我輩の生命である。縦令《たとえ》諸君が我輩を党から退けやうとも、無論我輩の活動する天地は日本到る処にあるのである」、政治に携わることは「国家に対する私の大なる義務である、憲法の上から云へば権利である。……我輩は君主の命令に従ひ、法律の命令に従ふ以上、如何なる権力も我輩の個人の自由を制限する力は世界何処にもないのである」、自分は一点の不平ももたない、ただ諸君が「もう少し責任を重んじて活動」し、我輩も亦自由な活動をする方が、党の将来の発展のために望ましい、自分は労をいとわない、困難をいとわない、「困難が来れば愈々《いよいよ》我輩は奮闘し活動する、困難は我友なり、少しもそんなことには頓着しない」、どうか我輩に自由を与えて欲しい、党総理をやめても党を去るわけではなく、また政治活動を止めるわけでもない。大隈はこのように述べて政友に別れを告げ、党首の地位を退いた。

曽つての自由民権運動の日、板垣退助、大隈重信はそれぞれ自由・改進の両党を率いて当時の世上からはこの運動の二大指導者とみられたのであった。しかし、明治三三年伊藤博文が政友会創立に着手したとき、政権欲に喘ぐ当時の憲政党は解党して伊藤の傘下に合流した。そして、党総理板垣退助は、自由民権運動の昔以来多年苦楽喜憂を共にして来た同志から見捨てられて、政界を引退した。それから六年余の後、大隈も亦いま板垣と相似た運命を荷うことになったのである。

憲政本党総理の地位を去った大隈は、未だ身体壮健であった。上に引用した演説の言葉も、依然覇気・闘志を失っていないことを示す。それにしても、彼はすでに七〇歳であり、その長い政治的生涯もようやく老年の黄昏の中に包まれて行くもののごとくに思われた。

その人となり

そこで次に、改進党を創立して政党政治家の途に入り以後曲折を経て今や晩年の日を迎えた大隈について、その人となりを、又その生活をみてみよう。

大隈の性格は、以上に述べたその政治的経歴からもある程度は推測することができよう。彼は満々たる覇気、逞《たくま》しい闘志、強烈な自信の持主であった。それらは、生来のものであったが、しかし、肥前藩出身の彼にとって維新以来その前途の多難であったことによってそれらの点は一層に強められたものと思われる。明治初年に浦上切支丹宗徒処分問題、贋造貨幣問題、予算問題にあたって示したその覇気・闘志・自信は、外相として条約改正問題の解決を企てた際にも亦十二分に発揮された。そのような彼は、自分の傷はすべて向《むこ》う傷だと常々ひとに誇っていた。大隈は性格において又、甚だ外向的・行動的であり、自己顕示にきわめて急であった。これは支配への、権力への根強い欲求にも通じる。その反面として、彼は自己に沈潜し自己の内面的充実をはかることにはさして意を用いようとしなかった。情操に乏しく散文的であったのも、そのことと関連がある。且つ又、内面性の乏しさは自己の才気を恃むものに往々見られることである。

大隈の性格のこれらの面は、政治家としての彼の行動を規定することになった。第一に、自己顕示に性急な結果として、往々傍若無人になり、あるいはひとを見下して「教師風」に振舞い、あるいは大言壮語ひとを威圧しようとすることにもなった。第二に、自己の才能に強い自信をもつ余り、物事に対してとかくきわめて楽天的な態度をもって臨み、そのため事態の処理はとかく「臨機応変主義」になった。政治家としての彼の大きな長短所の一つは、正にこの点にあったように思われる。この臨機応変主義が成功するか否かは、状況・対象が闘志や自信、直観的な能力などによってともかくも処理、克服できるものであるか否かにかかった。手際よく裁き得た場合には、彼の行動は颯爽《さっそう》として光彩を放った。維新後の草創混乱の時期には、ともかくも応急迅速な処置を必要としたことが多く、そういう際に彼が挙げた上述の業績のごときは、右のよい例であろう。しかし、大隈のその後の政治的生涯をもふくめて通観した場合、後にふれるように、その臨機応変主義はいつも成功したとは到底いいがたい。すなわち、彼は直面する状況・対象に関して予め慎重な配意をしなかったため、その行動は往々軽率無思慮なものになり、これがために失敗や挫折を招いたりもした。陸奥宗光は曽つて大隈について述べて、彼は「頭脳霊活」の割合に「施設の手」に乏しい嫌いがあり、「議論の人」であっても「実行の人」ではない、また彼は往々「功名の速成」

を望んで「緻密精査の工夫」少く、「垂成の功を一簣《いっき》に虧《か》」く、と評したが、それは以上の点について指摘した言葉である。(5) 陸奥は大隈ととかく不和であったが、しかし以上の評言自体は誤っていないであろう。現に改進党の時代以来大隈と縁故の深かった尾崎行雄も述べて、大隈は自信の強いためでもあろうが、ものを無造作に考え、あらゆる面から対策を立てず、これがため詰らぬことから失敗を招いたことがたびたびあった、といっている。(6) それ故に、大隈の晩年にある評論家は述べて、大隈は「勇余りあつて略足らず、力を恃んで計に疎」で、「粗大の政治家」である、「彼は戦ふ事については長所ではないが、然し好物である。或は下手の横好きともいつてよからう」と甚だ辛辣な批評を下している。(7)

さらに第三に、大隈は上にふれたようにとかく自己顕示に駆られて内省に乏しかったため、主張する「自己」自体の中身が底浅く粗大の嫌いが大であった。その点で、平素彼がひとびとにむかって政治・経済をはじめとして文字どおり宇宙万般の問題を滔々と論じ、その博識を誇示しながらも、「大隈には自己の意見がない」、「真実の意味の経綸がない」と評されることにもなった。皮肉なことである。大隈の幼少の頃から親交のあった久米邦武も大隈死後の述懐談の中で、大隈には時に「場当り主義」のようなところがあり、「終始一貫したと云ふ説」がなかったようだ、といっている。(8)大隈は、彼なりの主義・信念をもち、それをつねに守ろうと力めた政治家とはいいがたい。

明治四〇年は大隈が東京専門学校を創立して二五年にあたるので、同年一〇月同校の後身である早稲田大学では記念の祝典が挙げられた。そして、その機会に校庭に大隈の銅像が建立され、除幕式が行われた。ところで、それに先だって、福本日南《にちなん》は「早稲田伯の銅像」と題する一文の中で次のように論じた。早稲田大学では総長大隈伯の銅像を校内に建てるとのことである。大学の創立に大きな功績があり、そして、総長になり、「平民大学の顕現者」なのであるから、それくらいのことはされねばならない。ところが、だんだんきくと、「其銅像は、伯に大礼服を着せて佩剣をぶら下げさせ、宰相然、政事家焉、華冑《かちゅう》の貴族乎たる殿様を幻影《セムボリゼー》させるといふに至つて、うんざりした」、それは、何人の発案なのか、それとも伯の希望によるのか、「大学総長のあり難さは、前の内閣総理大臣兼外務大臣たりしに在る歟《か》。憲政本党の前首領、現後見たる所に在る歟。それとも正二位勲一等華族の伯爵たる所に在る歟。それで此総長があり難くば、今日が今日まで天下の俊秀、未来の国士と望みを繫けて居た早稲田三万の学徒に愛想が竭《つ》きる」、彼らは口々に「平民主義《デモクラシスム》」を唱えて来たが、実は「腥《なま》ぐさい貴族主義《アリストクラシスム》の渇仰者」であるらしい、といい、校内に銅像をつくるなら「何故先生〔大隈〕が平生好んで身に着ける和服姿を写さぬ歟。和服全体平和の服、着流《きながし》が余りに家庭的だといふなら、袴ぐらゐは気張るも善からう」と評した。(9)当時の世上にはこの日南と同様批判的な意見を抱いたひとびともあった。そこで、除幕式の当日大隈は銅像の前に立って謝辞を述べたが、その際そのような批判にも言及した。それは、次のごとくであった。自分はもと「田舎武士」であり、維新に際し先輩のあとに従って少しく働いたにすぎないのに天皇の恩寵をこうむり、時には大礼服をまとう身となった、この銅像も大礼服を着けた姿になっている、「余や平民主義を愛するの身――無論彼の社会党の如き平民主義には大反対なり――好んで礼服を纏《まと》ふに非ず。唯だ陛下の恩遇に依つて然るのみ」、しかし、場合によっては、人は礼服をつけ威儀を正して、どういう場所にも臨む心構えが必要である、これが、即ち「武士的精神」である、そして、このようにして、しかも、又一方では「平民的の行動」をする、この二者が調和して、世は始めて完全な進歩をするであろう、諸君は余のために大礼服の銅像を建ててくれた、「田舎武士の風采」は、これによって大いに揚がったわけではないが、

「武士的精神の謹厳」が表現されたものといえようか、云々。[10] 大隈の以上の説明は、曖昧、不明瞭である。

大隈の銅像建設をめぐる以上の挿話は、彼の性格の前述のような面をよく物語るものといえよう。そして、その点では、自由民権運動の時代以来彼と並び称せられた板垣退助が、自己の信条・主張を頑守する余りにひとに対してとかく寛容を欠いたのとは対蹠的といってよい。

対人態度

ところで、明治一五年に改進党を創立して政党に関係をもつようになってからは、大隈の対人態度は変化した。それ以前の大隈は前述のように冷く近寄りがたい印象をひとに与えていた。そのような大隈はやがて、彼の許に出入りする者に対してまことに機嫌よく愛想よく接し、相手の言葉に好んで相槌《あいづち》をうつようになった。明治三〇年に陸奥は大隈を評して、彼が客と語るとき、多くの場合相手の説に異議を唱えず、むしろ相手の議論に同意を表する方で、それは客に満足を与える、と述べている。[11] その点はその後晩年まで変ることがなかった。そこで、演説でも、聴衆に対して甚だ如才なく、そのため讃岐で禁酒演説をしたかと思うと、灘では酒を礼讃する演説をするなどと酷評されたりした。又たとえば、大隈が内紛で憲政本党総理の地位を辞した後も、党内では改革派・非改革派の争いは依然くり返されたが、両派はそれぞれ大隈を訪ねては陳情し、彼の支援を求めた。そのような際に大隈は双方に対してそれぞれ共鳴、同情する態度を示し、そのために両派は共に大隈を自分らの味方と考え、これがために内訌は却《かえ》って一段と悪化した。(12) そして、そのような中にあって大隈も手を下す術を知らない有様であった。

大隈は自己自身について強烈な自信をもっていたこともあって、他の者を必要に応じて起用しても、必要が去ればもはやその者のためにあとの面倒をみようとはしなかった。敵を恐れぬその自信の故に、彼は自己の周辺に配下をもち、それらの者の力を結集してみずからの立場を鞏固に築こうともしなかった。内ケ崎作三郎は曽つて「明治の政治家として所謂親分肌を発揮しない者は伊藤公と大隈侯である」といい、この二人を山県有朋、原敬と対比したが、たしかに以上の点に関しては大隈と伊藤とは似通っている。

ところで、大隈をめぐって派閥が生れなかったことはともかくとしても、彼は補佐してくれる人材に恵まれなかった。それは、何に因るのであろうか。一つには、尾崎行雄も曽つていったように、強い自信をもつ彼は他人の言に真に耳を傾けようとしなかったためであろう。しかし、伊藤博文の場合には、その一面で天真爛漫なその人柄が一つの魅力をなし、その点でひとの心情をひきつけるものをもっていた。これに対して、大隈のきわめて外向的で散文的な性格はひとに親しみを感じさせず、ひとを彼に人間的に結び付けることができなかった。そのことも亦、よい助言者をもち得なかった一つの原因であろう。曽つて改進党に属して大隈の下にあった新聞記者山田一郎は、明治二九年に「大隈伯は党首の器に非ず」と題する評論の中で、ひとは皆大隈を「エライ人」「キツイ人」といい、その人物を賞めるが、伯を「愛慕」するものはない、伯は「応接談話」に巧みであり、しかも「傲岸不屈八荒を睥睨《へいげい》するの概」のあるのに対しては、地方有志者中には主人公は我を煙に巻くのではないかと疑うものがある、伊藤と大隈とは当代の「両大関」とみられている、しかも、識者の中では「藤侯〔伊藤〕は冬日の如く愛すべし。隈伯は夏日の如く畏るべし」といわれている、と述べている(13)が、この比較論は右の時期以後の大隈、伊藤にも妥当するであろう。彼がこのように徳望に乏しかったことを考えるとき、大隈の配下に長く止まっていた者の少かったのも、また彼の下にいた者の中には彼を助けるより彼を利用しようとする者の多かったというのも、怪しむべきことではない。大隈が政党に関係して以来、彼と党員との関係は大体以上のようなものであった。

演説と座談

大隈は改進党を創立して党総理に就任して以来、ひろく世上の支持をよびかけ、「薩長政府」に対抗し、挑戦する形になったのであったが、世上へのこの働きかけということが、やがて彼の「第二の天性」となった。およそ世人によびかけて、世人に大きな影響を及ぼすこと自体の中に彼は支配への欲求の満足を、また喜びを感ずるようになって行ったのである。しかも、明治四〇年憲政本党総理の地位を逐《お》われて現実の政治からまず訣別し、それとともに政権の座につく見込が一応失われた形になったとき、世人への働きかけこそ、支配への彼の烈しい欲求を充たすいわば唯一の路になった。こうして、彼は晩年その死にいたるまで世上への呼びかけを決して止めなかった。彼の演説に集まる夥しい群衆の中から湧きあがる怒濤の歓呼と急霰のごとき喝采、彼の座談を聴こうとして早稲田邸の応接間に溢れる沢山の訪客の楽しげな、そして敬愛をこめた表情。それらは、彼にとって実にこの上ない大きな満足であり、喜びであった。

彼が世上に働きかける主たる手段は、以上のように演説と座談とであった。なお、大隈が弁論に意を注ぐようになったのは、政党政治家になって以後のことである。しかも、明治一五年改進党総理に就任した頃は演説も未だ下手であった。鎌田栄吉は回想して、当時の大隈は「立つて二、三語言ふと、真赤な顔をして坐つてしまふと云ふ風」であった、と述べている。こうして、彼は演説では初めは自由党を率いる板垣退助には到底及ばなかった。しかし、やがて大隈は演説の才を次第に身につけるようになり、そして、その雄弁はついに世間に全く有名なものになった。

雄弁家として自他ともに任ずるようになってからの彼の演説ぶりは、今日までいろいろなひとびとによって伝えられている。演壇に上り、無髯の顔にひき締った表情で、ひろい口を「へ」の字に結んで、先ず満場を徐《おもむ》ろに一瞥するとき、意気はすでに早くも場内を圧する趣があったともいう。彼の声は朗々たる響きはもたなかったが、声量はゆたかで、その博識を縦横に駆使して巧妙・奇抜な立論や解釈を試み、その間論調の緩急・抑揚は巧妙であり、興いたるとしきりにジェスチュアを交え、あるいは両手で聴衆を掩《おお》うポーズをとり、あるいは右手を電光石火のごとく突き出し、あるいは大きな拳を縦横に振り上げて、多くの聴衆を引きつけた。

彼の演説には、その人となりが躍如として現われた。逞しい覇気、烈しい闘志、溢れる自信、豪放な気魄は印象的であった、という。そして、極度に外向的・自己顕示的な彼の性格は、政敵を攻撃する場合に特に最も端的に現われて、論調は時にしばしば余りにも威圧的・恫喝的となって、聴くものの間に時には反感を抱かせた。大隈は曽てその座談で、パリ平和会議でのわが国外交を批評して、何でもよいから最初に怒鳴って相手の度胆を抜いて置くと、仕事がやりやすいものだ、パリ会議でのウィルソンやクレマンソーのやり方もつまりこれだ、日本代表もそうすべきであった、といっている[14]。この言葉を今述べた点と連関して考えると、甚だ興味深い。彼の演説での立論は一見きわめて「雄大」であり、大言壮語、気焔実に当るべからざるものがあったが、同時に、心あるものに対しては充分説得的ではなく、無責任の感を与えた場合もあったといわれている。また、対象たる聴衆の受けとり方について充分配慮を払うことに不足し、とくに政治演説の場合にはこれがために軽率な表現によって言質をとられたりもした。それらの点で、伊藤の演説振りとは著しく趣を異にしていた。

彼は演説においても、後に述べる座談の場合でも、つねに博識を誇示したが、そのことについて一言したい。幕末大隈が長崎で英学を修めていた当時、彼を教えたフルベッキ(G. F. Verbeck)(フルベッキと一般によばれた)は大隈の勉学ぶりに感心して、彼は将来恐るべき博識家になるであろうといったといわれているが、たしかに大隈は後年まことに豊富な知識の所有者になった。彼が博識になったのは、明治一四年野に下ってからのことともいわれているが、それは読書・耳学問、さらに又すぐれた記憶力によること、大である。彼は伊藤とは違ってみずから洋書を手にすることは少く、飜訳書、ことに彼の主唱で創立された文明協会が刊行する新刊洋書の飜訳を読み耽《ふけ》った。さらに、訪客や彼が招いた人たちから知識を吸収することにもきわめて熱心であった。こうして、彼の知識は政治、経済、社会のことから歴史、宗教、哲学、美術等々、ほとんど百般のことにわたった。しかも、演説・座談でひろくこれらの問題について縦横に論じ得たのは、その記憶力にもよること大である。彼の記憶力は人並を越えていた。尾崎行雄は述べて、自分が明治一八年に初めて中国へ赴くとき、大隈のところに挨拶に行ったが、その際大隈は上海にはこういう所もある、ああいう旅館もあると教えてくれた、ロンドンのことでもパリのことでも皆よく知っている、大隈は一度も外国に行ったことはないのによく知っている、と語っているが、大隈のこの記憶力は晩年までさして衰えをみせず、演説・座談の際などにしばしば数字や統計などを宙《そら》で引用した。

大隈が生涯ほとんど全く筆を手にしなかったことは有名である。それは、彼が藩校に学んだ若い頃彼よりも席次の低い者に能書の者があり、大隈は習字に励んでみたが、ついに及ばないことを知り、負け嫌いな彼はそこで憤然筆を手にすることを絶ったとも伝えられている。いずれにしても、こうして物を書かなかったことは、彼自身述べているように、その記憶力を異常に発達させる一因になっているであろう。

ところで、大隈にとって博識ということは、どのような意味をもっていたのであろうか。ひろい知識は、あらゆる問題についてとにかく一応自分の意見を述べることを可能にし、それによって自己顕示の欲望を満足させた。又ひとびとを傾聴させ、感歎させることによって彼らを動かし、彼らを「支配」することに役だち得た。その意味で、知識もまた「武器」として役だち得た。彼が知識の集積に力めて倦まなかった大きな理由は、そこにあったのであろう。

つぎに、彼の座談。大隈は演説によって世上に呼びかけることに熱心であったとともに、門戸開放主義と称して訪問者を歓迎した。そこで、夥しい数の客がつねに早稲田の邸を訪れた。彼はこれらのひとびとをひろい応接間で同時に引見して、座談を交えるのを大きな楽しみとした。その中には、新聞・雑誌の記者がいつも多く交っていた。こうして、彼の応接間は彼と世上との接触の窓口にもなったのである。座談はいつも、多数のこの列座の訪客からさまざまの質問が出され、それに彼が答えるという形でなされた。彼の話は元気に溢れ、その語調は半ば演説風で、しばしば拳をあげてジェスチュアを交え、論じて興に入ると、指間に挟んだパイプに挿したエジプト金口煙草が白い灰の棒になるのも知らずに夢中に談じつづけた(最晩年には彼は保健上の理由から禁煙した)。話題はつねに実に多岐・多方面にわたった。そして、大隈はつねにその博識を巧みに駆使した説明、解釈、主張を縦横に展開して、多くの訪客を楽しませ、感服させた。

明治三〇年に陸奥宗光は大隈の座談を評して、それは伊藤博文の座談と同様に「講釈様、寧《むし》ろ教師的の嫌《きらい》」がないではない、しかし、伊藤のように相手にほとんど口をひらかせないというようなことはなく、むしろ力めて相手に発言の機会を与える、といっている。ところで、この「教師的」態度はその後も同様であったが、しかし、後年には彼みずから滔々と論じ来り論じ去って相手に口をさしはさむ隙を容易に与えず、たとえ話させても相手に委細を述べさせないようになった。こうして、彼の座談は、とかく彼の独り舞台の観を呈するようになる。陸奥はまた論じて、大隈は元来強い自信の持主なので、その談話には自分の「伎倆品格」を相手に認めさせようとするところがあり、これがためにいうところが往々「虚飾大言」に陥る欠点があるといった。この点は、後年まで同様であった。なお、坪内逍遥はその回想談の中で、大隈は七〇歳位まではその座談にもややもすれば「威圧的な覇気」や「恫喝的な衒気」がみられた、けれども、七〇歳以後になってからは話し振りにも温みや、愛嬌や、ウィット、ユーモアが加わるようになった、と語っている。

ともかくも、大隈は以上のような座談を楽しんだ。雨が降って訪れる客が少いと、彼は「今日は入りが少い」といったという。

彼は演説や座談などの機会に文字どおり万丈の気焔を挙げて、みずから楽しんだが、これらの気焔の中にも、彼の面目がよく現われている。以下に若干の見本を挙げてみよう。大隈は幼名を八太郎といった。それについて彼は語った、「日本語の八は弥《や》。弥は多を意味するから、八は決して定数を指すものでない。大八洲《おおやしま》、八《や》百万神《およろずのかみ》、八岐大蛇《やまたのおろち》、八十梟帥《やそたける》の類は皆それだ。特に八の字は字の形が先きが開いて居て、自《おの》らエキスパンション(膨脹)を意味する。我輩の幼名八太郎は産土神《うぶすながみ》、佐賀藩の竜造寺八幡に因《ちな》んで、其八の字を取ったものだけれども、八の字には此様な積極的な意味があるから、自《おの》ら我輩の意を得て居る」。また、彼は市島謙吉に髯の歴史を説明して、戦国時代には蓄髯《ちくぜん》が流行した、しかし、家康は天下を統一すると髯を蓄えることを禁止した、これは、平和の世には「武装的な髯の必要がない」と考えたからである、それ故に、「俺《わし》の無髯は平和の象徴なんである」といった。また、彼の「百二十五歳説」は甚だ有名である。大隈は論じた、生理学者の話では動物の生存力は成熟期の五倍であると いうことである、仮に男子の成長期を二五歳とみて我輩はその五倍である百二十五歳説を唱えるのである。「生理学上の原則から割り出して、数理的に断定した訳である。元来百や百十で死ぬるのは、死し難き自然の寿命を強て殺すものではあるまいか」。

明治四〇年に、中国通として世界に有名であったモリスン(G. E. Morrison)が早稲田の邸に大隈を訪ねた。大隈はモリスンに、貴方はすぐれた中国通ときいているが、一体どの位中国を研究されたかと尋ねた。すでに三〇年になるとモリスンが答えると、大隈は大笑した。そして、自分は中国を研究して今日までに実に五〇年になる、と壮語した。大隈は、また晩年に産児制限を評して、いった、そのような考えは「享楽主義の思想」の産物である、「女が子を生むことを嫌ふやうになつてはもう亡国である。……避妊が行はれるやうでは西洋文明ももう末期である。人間は大に子を作らなければならぬ。やたらに拵《こし》らへて多々益々弁ずるんである。自然界を征服して生存するんである。地上を征服した上に空中も海中も征服する。海は世界の三分の二を占めてゐるが、此の海中の富は未だ開発されてゐない。人工を海中に加へると大変な人の生存を保つことが出来る」。これも晩年のことであるが、理学博士八田三郎が大隈に、クロポトキンの相互扶助論は一八世紀のフランスのある生理学者の書物からヒントを得たものだと思うと述べたところ、大隈はいった、「大方そんなことだらう。クロポトキンだのマルクスだのと此頃大分流行《はや》るが、一体あのマルクスと云ふ男は元来が猶太《ユダヤ》人である。猶太人は二千年来虐め抜かれて来た民族であるが、その恨みがなか〳〵深い。その二千年来の積る恨みと不満とがあゝ云ふ思想となつて現れ、それが英雄と結び付いて統一専制をやらうとしてゐる。独逸《ドイツ》はどうやらマルクス宗の統一専制から免れたやうであるが、露西亜はとう〳〵やられてしまつた。露西亜と云ふところが元来猶太人式に圧迫されて来た人民の多いところであるから、あんな結果になつたのも一面理由なしとせぬ。何れにしてもあゝ云ふ思想は片輪なんである。片輪者の思想が片輪者に共鳴したんである」。

「大名趣味」

つぎに、彼の好み、趣味をみてみたい。ここにも、彼の性格が驚くほどはっきりと現われている。大隈は万事外面的豪華を好んだので、「大名趣味」などと評された。これは彼の外向的な性格、自己顕示に甚だ急で、ややもすれば他に対して威圧的に流れるその性格と相通ずるものである。大隈の母の実家に伝えられているところでは、幕末長崎で英学を修業していた頃彼は毎夜のように丸山遊廓に出入り、遊興したが、そういう折の服装と刀とは甚だ贅沢で、一見大藩の家老か藩主のようにみえた。そして、ある日楼主が貴方は将来一体何になるのですかときいたところ、彼は答えて、俺は天下の大名になるといって一座を驚かし、その後もしきりにそう称していた、という。この言葉は単に一場の気焔にすぎなかったであろうが、この挿話も若き大隈の中にはすでに以上のような好みが宿っていたことを示すものであろう。

明治一七年以来の彼の早稲田の本邸は同三四年に火事で焼け、翌年に新築された。この邸宅には別に洋室もついてはいたが、いわゆる大名座敷のある豪壮な和風建築であった。そして、その広大な洋風の庭園は東京の名園の一つに算えられていた。来客を好んだ大隈は、訪客に食事を饗して楽しんだ。明治三五年頃すでに、大隈邸では毎月平均八百人前の客膳を用意するなどと噂されたりしたが、その真偽は別として、大隈の側近であった市島謙吉も大隈の屋敷ではつねに多人数の食事が用意されており、その食堂は「いつも料理屋のやうに」来客で賑わっていた、と回想している。大隈は又、その大庭園を彼の関係する数多くの団体の会合に提供したが、有名であったのは毎年秋に皇族、外交団、その他いわゆる朝野の名士を招いて幾日にもわたってひらかれた観菊会であった。その際に彼は来賓にむかって菊についての蘊蓄を滔々と傾けて、講釈することを怠らなかった。大隈は菊の花を好んだ。その豪華が彼の趣味に合致したのである。なお、この観菊会は明治一九年以来早稲田邸で毎年催されて、年中行事になっていたが、大隈家の家計整理の必要から明治四〇年を最後にとり止められた。

大隈の好みは、旅行の場合にも現われた。隻脚の不自由な身になってからも彼は好んで国内各地を旅行したが、その旅行振りはいわゆる大名旅行で、世人の耳目をひき、行く先々でひとびとの話題を賑わした。大隈は旅行に出るときには、知人に同行を勧めたので、一行の人数は二〇人から五〇人位に上ることが多かった。そのうえ途中から同伴するものなども生じた。このため、列車の二、三輛を借り切ることはほとんど常のことであった。彼は、我輩は旅行を衆と共に楽しむのであるとつねづね気焔を挙げたりしていた。行く先々の旅館では多額の茶代を与えた。神社仏閣には多くの賽銭を献じた。招待された宴席の芸妓には多分の祝儀を与えた。また、停車駅ではたとえ深夜でも彼は車窓に立って、挨拶に来ている沢山のひとびとと歓談し、列車が大都市に近づくと車中を訪れて来る多数の新聞記者を快く引見して談論風発という有様で、車中の彼はつねに甚だ多忙であった。

その旅行先では、土地の有志によって彼の好みに合せた歓迎方法がいろいろと工夫された。市島謙吉は長年の側近として彼の好みもよく知っていたので、大隈の旅行の際には準備や手配に当ったことが多い。そして、滞在先での歓迎の計画についても地元のひとたちと予め打合せを行ったり、その相談に乗ったりした。彼はそのことについて後年回顧していう、ある年の夏に大隈が越後に旅行した際、宿舎に決めた長岡の旅館は新築したばかりでまだ庭ができていず、そこへ大隈を迎えるということになったので、昼夜兼行で庭をつくるということになった、それをきいて自分(市島)はどんなに立派な庭を作ってみても大隈はそれをみて楽しむことはない、それよりも、大隈到着の日に急に雪を運び込んで夏空の下に大きな雪の山を築く方がよいと指図した、越後には埋蔵した雪があるから別段費用もかからないので、そうしたのである、と述べている。これも、市島として大隈の好みを察してのことである。市島はまた次のように記している。ある年京都の大丸呉服店の主人下村が大隈を招待することになったとき、自分は下村に述べて、侯爵を歓迎するのには大金を費す必要はない、侯爵の好みに合う工夫をするのがよい、貴方の家には百双の金屏風があるというが、当日は門から玄関までの両側、屋内通路の左右、本座敷のところまで約一町ほどの間にこの金屏風を立て並べれば、これ以上の壮観はないといい、装飾はこれだけにさせた、ところが、下村邸に大隈夫妻が赴いた当日は小雨が降っていた、夫妻が門前に到着すると白衣をつけた者が大傘をかざして後からつき従った、大隈は雨に打たれている金屏風の壁に驚き、玄関に入ると大隈家の定紋を染め抜いた紫縮緬《むらさきちりめん》の幕が垂れており、それから屋内に入って通り抜ける数室の左右はいずれも金屏風の垣根なので、大隈は「これは面白い」といった。このように市島は述べたあと、注釈していう、「実は侯の趣味は此辺にあるので、莫大な金を投じても侯の鑑賞に入らぬことが多いのだ」。

以上からも察せられるように、大隈の「大名趣味」なるものは、いわゆる成金趣味に通ずるものであった。しかし、そのことはしばらく別としても、いわゆる民衆政治家をもって自任していた大隈は、実はこのように皮相な「豪華」を愛し、一種の「貴族主義的」(?)好みをもっていたのである。その点では、伊藤博文が公人としては万事荘重・厳粛な秩序を好み、アリストクラティックであったにもかかわらず、私人としては生活態度において無造作・無頓着で書生風で、その意味で「平民的」であったのとよい対照をなす。

なお、大隈の「大名趣味」は、その妻の好みによること、少くなかったといわれている。妻綾子は旗本の家に生れ、甚だ派手好みであるとともに気丈であり、単に内助に力めたというだけではなく、大隈に対してきわめて強い影響力をもった。大隈は曽つて自分にも恐いものが三つあるといい、その第一は「天」、第二は「天子様」、第三は妻であると語ったという挿話も伝えられている。そして、大隈の妻は又愛憎の念が

強く、気むずかしいところもあり、その意にみたないものは大隈の許へも出入りし得なくなった、といわれている。(15)

大隈は以上のようにきわめて派手で贅沢な私生活にその日を送ったわけであるが、しかし、とかく在野の政治家で止まった彼にとって、何故にそのようなことが可能であったのか。このことは大隈の生前にすでに世人の間でしばしば問題にされ、大隈邸を伏魔殿とよぶものさえもあった。この点は今日でもなお必ずしも充分明瞭ではない。彼が財政顧問をしていた旧藩主鍋島家、および、「台湾征討」(明治七年)の際に台湾蕃地事務局長官であった彼と爾来ふかく結ばれた岩崎家からの援助や、土地の売却などによることが大であった、と考えられている。大隈の死後に久米邦武は語って、大隈には金は実際にはあるまい、早稲田の地所を半分鍋島侯に買って貰った筈である、早稲田の本邸は岩崎家の寄付、国府津の別荘は諸戸《もろと》清六が建ててやったのではないか、軽井沢の別荘は根津嘉一郎が最初にその辺の土地を買い、大隈が来れば土地が繁昌して地価が上ると考え、彼に別荘を寄贈したのである、大隈は長崎修業時代から他人を煽動して金儲けをさせたりしたが、自分でやらなくても他人に勧めて儲けさせれば、その者は儲けの幾割かを御礼に持って来る、諸戸清六もそういう関係で大分富を蓄えた、といっている。[16]

次に、大隈の趣味のことに移ろう。前に述べたように、大隈の性格は情操に欠け、散文的であった。曽ってこの点を指摘して鳥谷部春汀は、「一点山林の気象なし」といった。大隈はほとんど宇宙万般のことを話題にとり上げて気焔を挙げ、一見ひろい趣味の持主のようにみえた。けれども、たとえば、芸術の保護者をもって自任するようなことを口にしながらも、書画骨董には興味なく、旅行先の家などで家宝の書画を見せられると、無造作に一瞥するだけで何もいわなかったという。大隈は、みずから次のような話もしている。曽ってある人が筑後の画家河辺というものに画を描かせないかというので、それならば我輩が画題を注文するといった、ところで、我輩の注文は中々むずかしい、我輩は何でも雄大なものが好きなところへ当時は日露間の風雲急で国民が緊張し切っているときであったから、「世界的になつた我国」を考えると「ケチ臭い日本三景などは気に喰はぬ」、そこで「大きく世界の三景と出た。曰くナイルの夕照、無論行つて見た訳ではないけれども、彼の洋々として海の様な大江が悠揚迫らず、此方に近くピラミッドやスフィンクスを見、彼方に渺茫無際の大沙漠を望む外に何者も眼に入らぬ荒寥たる風物の中を燃ゆるが如き夕照の色を浮べて流れる様は壮大なものであらうと想ふ。曰く雪山の暁色。印度、西蔵《チベット》の間を劃《かぎ》る約三万呎《フィート》といふヒマラヤの最高峯の、塵据ゑぬ太古の雪が未だ照して人間に到らぬ朝の太陽の光を受け、煌々ときらめき渡る様は固より稀有の偉観でなければならぬ。曰く長城の秋月。所謂臨洮より遼東に至る延袤《えんぼう》二万里と称する長城の廃墟の上に淋しく懸る一痕の大月が、蒙古と支那との両様の山河に其蒼白き光を分与する有様は、是又清絶言ふ可《べ》からざる大きな景色で有らうと思ふ。之を成るべく大物の三幅対にして呉れ、と頼んだ」、河辺は何分画題が巨大な上に見たこともない風景だというので、初め甚だ億劫《おっくう》だったらしく、そこで我輩自身さかんに説明をし——前述したように大隈は曽って国外に旅行したことはない——また方々から写真を沢山集めてやった、しかし、甚だ苦心してやっと着手した頃に健康を害し、未完成に終った、惜しいことであった、云々。大隈のこの談話には、彼の面目と趣味のほどが躍如としている。

骨董についても、挿話が伝えられている。インドから帰った大谷光瑞《おおたにこうずい》が大隈に交趾《コーチ》の古雅な陶器を土産に贈ったところ、大隈はこの古陶器の膚が汚いからよく洗えと家人に命じ、居合せた者を驚かせた、という。また、ある代議士が古い陶器を贈ったとき、それを収めた箱が煤けて雅趣を帯びていたのを彼はすてて、新しい箱をつくらせてそれに入れたという。ありそうなことでもある。

彼は漢詩も和歌もつくらず、文学にも趣味はなかった。音曲も好まず、謡曲・義太夫などは嫌いであった。宴会の余興に芸人を招くときは、昔から浪花節か講談に決まっていたという。なお、早稲田邸の玄関には人目をひく巨大な仁王像を安置していたこと、庭園を散歩するときよく犬を伴ったが、犬をよぶとき唯「イヌ、イヌ」といったということなど、これらの事実が何を物語るものであるかは、先ず明瞭であろう。

それでは、彼の趣味というべきものに、何があったであろうか。大隈は明治九年から同一七年までは雉子《きじ》橋に本居をもち、同年早稲田の別邸に移り、爾来ここを本邸にしたが、雉子橋の頃から彼は園芸に関心をもっていた。花を愛する者に悪人なし、故に我輩は悪人ではない、とは、彼がいつも口にした言葉である。但し、園芸を好むといっても、みずから鋏などを手にして花の手入れをして楽しむのではなかった。園芸技師に任せ、その出来栄えを訪客に得々と示して、園芸談を述べ立てて楽しむという風であった。園芸も、こうして実は一つには彼の「社交」と結びついたものであった。

また、大隈は読書を好んだ。しかし、それは伊藤が書物に親しむ悦びを詠じたあの漢詩の心境に通ずるもので果してあったか。知識というものに対する前述べたような彼の態度を考えるとき、疑いも生ずるであろう。

大隈は碁は好きであった。しかし、笊碁《ざるご》の点は伊藤と同じであった。大隈の死後に尾崎行雄が、大隈の碁を伊藤のと比較して述べているが、それは、甚だ興味がある。尾崎はいう、「伊藤公は下手ながらも初めの布置などに多少の考慮を費し、余程上手である。大隈侯の石を下《おろ》すのを見ると、其初めに於て大局の形勢を決すべき大切の場合に全局を呑んで居る。幾《ほと》んど思慮を費やさずして、ドシ〳〵石を下す。其内何処か一局部が非常に困難に陥るか、若しくは大局に敗勢が現れると、初めて手を止めて考へ出す。其考へた結果は随分面白い手を出して何《ど》うか斯《こ》うか頽勢を或る程度までは弥縫《びほう》して左まで甚だしき失敗を見ずして難局を切抜ける。斯う云ふ段に至つては、先づ素人碁の内では大分偉らい方ではあらうけれども、既に大勢に於て非なる状況が現はれて、後に初めて思慮を費やすやうであるから、余程巧に切抜けても根底より大勢の挽回は出来ない。若しアレだけの思慮と手腕を其初めに当つて費やしたなれば、大局の形勢を進むる上に余程の利益があらうと思ふけれども、何時碁を打つ時を見ても、最初は一向思慮を運《めぐ》らさず、難局に陥つて初めて考慮を費やす癖がある。それは独り碁ばかりでなく、大隈侯の多くの仕事が常にさう云ふ形を持つて居る。即ちアレ丈けの英邁の資質を具へて居りながら、比較的志しを得なかつたのも、畢竟《ひっきょう》其天品の才略智慮が事の初めに用ゐられず、難局に陥つて後に用ふる性質の種類であらうと思はれる(17)」。

こうして、大隈は趣味に乏しい人であったといってよい。現に大隈自身も時折、自分は「没趣味の生活」をしているとか、自分は野武士だからみやびたことは判らないなどといって、そのことを自認していた。評論家横山健堂も曽つて大隈を論評して、世の中に「無芸大食」という言葉がある、大隈は強健なのでおのずから大食でもあるが、しかし、彼は「無芸能言」であるといった。

なお、大隈は少壮の頃は遊興もし、酒豪でもあったが、その後は女性関係の噂もなく、酒もさほど飲まなかった。その日常生活はきわめて摂生を重んじた甚だ規則正しいものであった。このことは、彼の性格を考えると幾分意外のような感じがしないでもない。しかし、それは彼の百二十五歳説とも関係があるのであろう。但し、この百二十五歳説を文字どおりに信じて唱えていたとは考えられない、しかし、明治四〇年に陸羯南《くがかつなん》が死んだとき、大隈は「陸は意気地ないでないか。死んだでないか」といった、とは三宅雪嶺の記しているところである(18)。この言葉は興味深い。大隈の百二十五歳説の根柢には、この言葉が暗示しているように、実は「自然」に対する彼の自己主張がある。細心な摂生によって長生きしようとすることは、彼にとっては正に「自然」に対する挑戦を意味したのであろう。

大隈と板垣

さて、前に述べたようにして明治四〇年憲政本党総理の地位を去った後、大隈は早稲田の邸で日々多くの訪客を前にして座談に万丈の気焔を挙げた。また彼の談話はしばしば新聞紙上を賑わした。さらに、さまざまの機会に彼は演壇に現われて滔々懸河の弁を振って聴衆の喝采を博した。そして、その「大名旅行」は行く先々のひとびとの話題を賑わした。彼の名はこうしていつか世人の耳目に甚だ親しいものになっていた。大隈は、後に述べるように大正三年彼の第二次内閣を組織するが、その翌年横山健堂は大隈を評論した著書を公にし、その中で論じて、「天下の政事家、一日も其名を人に忘れらる可からず。政事家の資格の一要件は、自家広告の才に富むにあり」、「新聞に雑誌に、其名、世人の見聞に熟するときは、其人を見ずと雖も、尚ほ眼前にあるの心地すべし。此境に達するは、政事家の必然期図すべき所、特に在野の政客に在つて、急務とすべきものたらずんばあらず」といい、また政治家は一日たりとも世人に忘れられてはならず、つねに「話題の人物」でなければならない、「在朝者は自から多くの人に接するの機会あり。人に接するは、則ち世に接するなり。浪人者は、自から力めて人に接するの機を作らざる可からず。伯大隈は掛冠の後、敏《さと》くも此に想到して、爾来力めて倦まず、以て接客の慣習を作れるは、彼が今日あるを致す所以」と述べているのは、興味ある指摘である(19)。

さて、大隈が政界引退後も自己の存在をつねに世上に印象させていたのに対して、曽つて維新後大隈と並んで参議であり、後には自由民権運動の指導者として共にその名を謳われた板垣退助は政界を退いて以後は世人からは次第に忘れられて行った。板垣は性格において一面甚だ理知的であるとともに、他面烈しい感情の持主であった。このような彼が、信念と情熱とをもって自由民権主義のための啓蒙政治家として大きな役割を演じたのは、充分に理解できることである。しかし、彼は抽象的思弁を好んで具体的な経綸に欠けていた。また往々潔癖で感情的に流れ、このために包容力に乏しかった。それらのことは、議会開設後の政党政治家としては大きな欠点になった。

それにしても、その信条とともに生きた板垣は、明治三三年に多年の同志から見捨てられて政界を退いて以後は、老年の日々を貧困と寂寥との中に生きた。明治三五年に鳥谷部春汀は板垣をその家に訪れた。そのときのことを次のように記している、「曽て自由神の化身として、憲政の天国を建設す可く藩閥の悪魔と健闘したる老英雄も、今や其の屠竜搏虎の手を収めて、平和にして且つ女性的なる社会事業に老後の慰藉を求むるの人となりぬ。曰く風俗の改良、曰く日本音楽の改良、曰く労働者の保護、曰く盲人の教育、曰く女囚乳児の保育、是れ彼れが老夫人の熱切なる同情と協力とに頼りて、現に社会に寄与しつつある生涯の残光なり」。白縞の綿服に紺太織の袴をつけた白髯の板垣は籐椅子によって和製の両切煙草を手にしながら、土佐弁で鳥谷部に語っていった、政界は権勢、名誉、利益、人爵を手に入れようとして争う場所である、しかし、社会事業は世俗のこれらの欲望を何ら満足させるものではない、それ故に、政界を退いた自分が携るのにはよい仕事であろうといい、彼は又、立憲政の完成には社会の公徳を進めなければならないといい、風俗改良の必要を説いた。さらに労働者保護の必要を述べ、ついで彼の関係している女囚乳児保育事業について説明して、眼をうるませ、震えを帯びた声で、罪のない乳児の哀れな有様を述べた。そして、この保育事業の実績を語るときには、彼の顔には温い笑みが浮んだ。やがて、態度を改め重々しい語調で、犯罪は犯人の天性に因るものではない、犯罪をなくするのには国家が貧民の教育と授産とに力めなければならない、といった。彼は保育事業団体の規約を鳥谷部に渡して、顔を幾分曇らせながら、真の慈善家は大抵財産がない、富んだものは多く慈善家ではない、世の中は儘にならぬものである、と歎息した。(20)

芝公園の陋屋《ろうおく》に貧困に苦しみながら、板垣はその後もこの種の社会事業に関係しつつ寂しい晩年を送った。

世間はいつか彼を忘れてしまった。角力《すもう》を好んだ板垣は、角界の世話をしたが、場所毎に国技館の桟敷に現われる白髯のこの老人の姿は、もはや今は、生きている「遠い過去の断片」のようであった。板垣と大隈との晩年は、このように全く対蹠的であった。

政権との奇遇

大隈は、上述のように彼一流の気焔を挙げながら賑かな日々を送り迎えつつ大正二年に入った。彼は依然矍鑠《かくしゃく》たるものであった。前年末に成立した第三次桂(太郎)内閣はいわゆる憲政擁護運動を誘発して窮地に陥ったが、一月に入って桂は新党創立の決意を表明して、局面打開を企てた。しかし、それとともに政界はいよいよ激動、混乱の様相を呈することになった。たまたまそのようなとき、上野の精養軒において早稲田大学の校友会がひらかれた。その席上大隈は五百人を越える会衆を前にして演説し、その中で述べて、三〇年前にわが大学が生れたとき「閥族政府」は「此の独立せる学校教育」(立憲思想に立脚した教育)を否認した、この学校とともに諸政党もつくられたが、政府は超然主義を唱えて、その勢力をも否認した、後に「閥族中の慧敏なる者」が現われて、政党を無視しえないことを覚り、これを指導して進もうとした、このとき「閥族等」はこの人を「叛逆の徒」と罵った、この政治家は多数党を率いて衆議院を制したが、しかし、その人から曽つて超然主義を教え込まれた貴族院は「俄《にわか》造りの政党主義」に賛成せず、そこで、慧敏な政治家、すなわち伊藤公はみずから唱えた超然主義のために自縄自縛となった、これは、実に一〇年前のことである、ところが、今日はどうであるか、「大勲位公爵功三級の桂太郎君は兎《と》に角《かく》人爵丈《だけ》は伊藤公以上の大政治家として公然政党主義を唱え来るの止むなきに至」った、思うに、枢密院・貴族院の老人たちもこれを認めたのであろう、今後桂公は超然主義を放棄し、「非立憲主義の学校教育」をも公然改むべきである、といい、また述べて、桂は首相として政権を掌握し、議会を眼前にして「一夜造りに」政党を作ろうとしている、これは来客に林檎を馳走しようとして、その夜になってから種を蒔くようなものである、桂公が一夜作りにあたかも富豪が会社でもつくるような調子で政党を組織し、その利益を吹聴して株の暴騰をはかろうとするのは、滑稽である、と述べた。この演説の要旨を報道した記者は、大隈はこの演説において「最近の政治運動〔憲政擁護運動を指す〕は、自己一身が多年の教育にて誘ひ起さしめしが如き口吻と面持なり」と評している。(21)

この演説と前後して、大隈はその主宰する雑誌『新日本』に「勢力の中心を議会に移すべし」と題する論説を発表して、その中で、閥族・元老は今日ではもはや存在理由を失っている、「帝国議会に国民的勢力を集中し得、そして、其勢力にして強くさへあれば」、彼らにとって代ることは容易であるといい、また述べて、維新の変革に参加したひとたちの中で今残っているわずかのひとびとが「今日の元勲」であるが、「此元勲も死の運命が時々刻々に迫つて、最早や自己今日の生命の維持にも困り、或は生活にも労《つか》れて」おり、国家の大事を荷うこともできない、山県公のごときも、実際に会ってみれば、「最早や顔色憔悴、気息奄々として居る」、「此の如き墓場に近い人」に、世間で噂しているような大きな野心、大きな陰謀などは考えられない、大山(巌)や井上(馨)のごときも、そのような政治的野心のある人ではない、などと述べている。[22]大隈はこれまでも好んで元老・閥族を論難、罵倒して来たが、この論説も亦、その一例にすぎない。

ところで、大正二年の二月桂内閣は局面を打開し得ず、ついに総辞職するにいたった。そのあとには元老の奏薦によって海軍の長老であり且つ当時薩派の代表的一人と目されていた山本権兵衛が組閣した。ところが、翌大正三年一月いわゆるジーメンス(Siemens)事件とよばれる海軍汚職事件が暴露し、それとともに世上は忽《たちま》ちに騒然となった。このとき大隈は『新日本』に「薩長劇より国民劇へ」と題する評論を公にし、その中で、薩長閥の勢力は過去四十余年間ともかくもつづいて今日にいたったが、しかし、さきには桂内閣の瓦解により長州閥は終りを告げた、ついでこのたびの山本内閣で薩摩閥も終焉をみるのであるといい、また論じて、薩長は維新以来政権を握って来たが、それは立憲政の施行とともに終止符を打たるべき筈のものであった、しかし、立憲政に対する国民の理解が進まず、そのために薩長は惰力的に勢力を保って今日にいたった、すなわち、過去五〇年間の政治の中心人物は、薩または長、そうでなければ薩長の「系統」を引いたものばかりである、「観劇的に評すれば、是迄の舞台には只薩長の役者のみが上つた。併《しか》し、薩長劇は最早や此辺で終を告げ、是よりは国民劇に移らなければならぬ」と述べた。(23) このように大隈が論じてから間もなく、突如として「運命の悪戯」が彼を見舞った。すなわち、同年四月元老たちの奏薦によってはからずも大隈は政権を担当することになったのである。

山本権兵衛の内閣がジーメンス事件によって議会の内外から烈しい攻撃を浴び、ついで大正三年度予算案が不成立となって総辞職したとき、ここに後継内閣組織難が生じた。そして、その末に元老たちは井上馨の提議によってついに大隈を後継首相に推すにいたった。けだし、さきに政友会は桂(長州出身)の第三次内閣を憲政擁護運動を通じて打倒した後、薩派の山本が代って組閣すると、今度は同内閣の与党となってこれを支持した。政友会のこの態度を井上(長州出身)は痛憤した。そこで、山本内閣瓦解のあと、彼は大隈が自由・改進両党対立の昔からの因縁で政友会に対して多年烈しい反情を抱いて来たことを考え、この際大隈を起用して政友会に大打撃を加えさせようとし、山県以下の他の元老も井上のこの考えに同調したのであった。ところで、大隈は自由民権運動の時代以来藩閥勢力からとかく白眼視されて来た。また、大隈も世上にむかってつねに立憲政の理想を滔々と論じ、元老・閥族を痛烈に攻撃しつづけて、当時にいたっていた。そこで、元老たちは奏薦に先だって大隈を招致して、組閣の暁にとるべき政策について、元老側の要望を伝えた。そして、それに大隈が同意するのを確認した上で、彼を後継首班に奏薦した。このような手順のとられた後に組閣の勅命をうけた大隈は、ここに加藤高明を総裁とする立憲同志会と中正会とを基礎として彼の第二次内閣を組織した(大正三年四月)。なお、この同志会は桂の新党計画が彼の死後に結実したものであり、国民党(曽っての憲政本党)の改革派は脱党、これに参加していた。

「国民劇」の成果

ところで、大隈の政界へのこの返り咲き、実に一六年ぶりの彼のこの組閣は当時の世上から非常な好感をもって迎えられ、今日の言葉でいえば巨大な大隈ブームが現出した。それは何によるか。大隈は年来新聞記者を歓待し、彼らとの会談をいたく楽しみ、つねに彼らに愛嬌をふりまいた。親しげに振舞い、論じては万丈の気焔を挙げるこの老政治家は、新聞記者たちの間にかねてから甚だ人気があった。そして、ジーメンス事件が暴露して世上の大問題に化すると、諸新聞は山本内閣に烈しい論難攻撃を加えて世上は騒然たる有様となったが、そのような中で作られた全国記者連合会は大隈の出馬を要請するようになった。こうして、大隈ブームなるものも、実は当時のジャーナリズムに負うことときわめて大きい。しかし、単にそれだけではない。上に述べたように、大隈はこれまで自己の存在を世上にたえず印象づけ、彼の名を漠然世人に親しいものにしていた。そして、新聞界ばかりでなく一般世人の間には、自由民権論のさかんに唱えられた昔以来大隈が藩閥政治家たちからとかく白眼視されて来たこと、さらにまた曾つての同志から逐われて政界を退くことを余儀なくされたこと、こうして政治的不遇の中に置かれて来たことに対して少からぬ同情が抱かれていた。しかも、大隈がそのような不運にもめげず、老来矍鑠、つねに意気軒昂として立憲政の理想を論じ、元老・閥族を痛難して止まないのを壮としていた。そこで、このような大隈が突如政界に復活して政権を担当することになったとき、彼はおのずから世上の大きな人気を呼び集めることになったのである。

けれども、そもそも大隈が元老から今組閣の機会を与えられたのは、実は上に述べたようにいわゆる政友会征伐の具としてであった。多年藩閥勢力と対峙する地位に立ちつづけて来た彼は、今や藩閥長老政治家である元老たちの道具として又彼らの「囚人」となって、政権の座に上ったのである。しかも、大隈はそのとき世上から歓呼の花吹雪を浴びた。西洋流の比喩を借りていえば、曽つて明治初期に若き彼の上に絶えず微笑んだ運命の女神は、彼が高齢に達した今甚だ皮肉な仕打ちを試みたというべきであろう。大隈が自己の置かれたまことに奇妙な、あるいは皮肉ともいうべき地位を意識していたか、どうか。それを知らなかった筈はない。このとき、彼が元老たちと敢えて妥協して政権の座に上ったのは、彼の老軀の中に依然として烈しく燃えつづけていた権力への欲望によるものであった。

彼は正に意気軒昂たる有様であった。親任式の前夜に大隈は早稲田邸で多数の新聞記者を前にしていった、「諸君、吾輩を信ぜよ。今回の内閣組織に関して諸君の意に満たざるもの或はこれ有らん。而《しか》も勇将の下に弱卒無し。諸君は新に成立す可き内閣が大隈内閣たることを忘るゝ勿《なか》れ。而《しこう》して新内閣が果して如何なる経綸を提げて如何なる手腕を示さんとするかを見よ」。過去政党と官僚とが結託して、政弊を甚だしいものにして来たが、「余の使命は官僚、政党の弊害を除去することである。諸君吾輩を信ぜよ。而して好意の忠言を与ふるに吝《りん》なる勿れ。吾輩は、悦んで諸君の忠言に聴くであらう。……願はくば、吾輩の為す所を注視せよ。万一吾輩の為す所にして諸君の意に副《そ》はざる事あらんか、吾輩敢て其地位に恋々たる者に非ず。何時でも椅子を明け渡すであらう」。今やわれわれはわが国を難局から救い出さねばならない。「吾輩は、国家多難の秋《とき》に当り同憂の諸君と共に相依り相援《たす》けて以て初志を貫徹せん事を切望して已《や》まんのである」。大隈は彼らしい大気焔をあげながら、新聞記者たちに秋波を送った。また、組閣の翌月往訪の記者にいった、「吾輩は風邪に冒され、脚部に疼痛を感ずるも、意気却つて昂がり、局部に麻酔剤を施しつゝ、官邸に入り、朝来政務を視つつある。人間は這般《しゃはん》の元気無かるべからずだ」。八〇歳にも近い老いたる大隈にとって、権力はやはり甘美であり、魅惑であったのである。

大正三年(一九一四年)四月から約二年半にわたる第二次大隈内閣の考課表をつくることは、それほどむずかしいことではない。先ず外交。内閣成立後約四カ月にして、大隈内閣は元老の諒解を得てわが国を第一次世界戦争に参加させた。ついで、大正四年一月には中国に対していわゆる対華二一カ条要求を提出し、難行する折衝の中で譲歩を重ねた末五月にはついに最後通牒に訴えて交渉を妥結させた。この二一カ条要求がその後の日中関係にいかに深刻な影響を及ぼしたかは、ここに改めて述べるまでもないであろう。内政の面では、大隈は元老、とくに元老中の最有力者である山県の意向にたえず気を配りつつ、その歓心を買うようしきりに力めた。そして、組閣の年一二月には議会を解散し、内相大浦兼武《おおうらかねたけ》の指揮の下にわが国憲政史上有名になった選挙大干渉を断行した。そして、未だ消えやらぬ大隈ブームと苛烈なこの大干渉との中で政友会は惨敗を喫し、与党である同志会・中正会・大隈伯後援会は合計で絶対多数を獲得した。大隈内閣はこのように政友会に大打撃を加えることによって元老たちの期待に大きく応えたのである。そして、新議会(第三六議会)においては、「陸軍の大御所」山県がかねてから強く要望して来た二個師団増設計画を成立させた。

ところが、この議会が終了したのち、大浦内相による政友会議員の買収が発覚し、大浦はその辞職を条件に起訴猶予処分に付されるという事件が起った。大隈内閣はこのとき一旦辞表を捧呈した。しかし、天皇はこの辞表の処置について元老に下問、ついで元老の奏上にもとづいて、留任するよう大隈に伝えられた。それとともに、大隈はこの御沙汰を理由として政権に居坐った。この進退は、当時の世上に烈しい非難をよび起した。しかし、ついで第三七議会でこの点について野党の論難を浴びたとき、大隈は答弁していった、「大命に依て大任を命ぜられて、而して君主の命に背いて自己自ら進退すると云ふことが出来るか。……諸君の責任論は殆ど君主権を犯すものである」[24]。過去長年にわたって立憲政の精神を滔々倦むことなく説きつづけて来た大隈は、こうして、政敵たる藩閥政治家たちが多年愛好した超然主義の古い台詞をいま用いたのである。大浦内相の汚職事件と大隈の以上のような進退とを境に、世上における大隈内閣の人気は急降下することになった。彼は、しかし、その後も一旦就いた総理のその椅子を容易に去ろうとはしなかった。そこで、その眷顧《けんこ》する寺内正毅(長州出身)に組閣させようと考えた山県は、大隈のこの態度についに堪《たま》りかねて、彼と会見して寺内に政権を譲るよう強要し、大隈はここに止むなく内閣総辞職を行った(大正五年一〇月)。

大隈組閣以来の以上のような施政ぶりは、大隈ブームをいつか雲散霧消させていた。三宅雪嶺は後年大隈内閣の施政を評して、因循で「呆れて物が言へぬ状態」といったが、大隈が首相として言行の不一致、無責任というその欠点を端的に暴露したことは、事実である。野に下った後に大隈は語って、「顧みて過去の行程を想ふ時、其大部分は多くは失敗と蹉跌との歴史である」といったが[25]、そのとき彼はこの第二次内閣のことをも念頭に置いていたに違いない。

死後の運命

政権を去ったとき、大隈は七九歳であった。再び早稲田邸に退いた彼は、また以前のような生活に戻った。それにともなって、以前のような大隈の映像《イメージ》が世人の心にもいつか徐々に復活することになった。そして、五年後の大正一一年(一九二二年)一月に彼が八五歳で死んだとき、最初に述べたような盛大な国民葬となったのである。

大隈の死に先だつこと二年半、板垣はその陋屋で八三年の生涯を寂しく閉じた。死の前年の秋から彼は病床で自分の政治観を口授した。そして、それを国民への遺言であるといった。稿本ができたとき、枕の下に敷いて大切にし、人に触れさせなかった。そして、死の前日にその公刊を依嘱した。彼の残した三カ条の遺言の一つは、その持論とした華族一代制により長孫守正は襲爵すべからずというのであった。板垣が死んだとき、五名の盲人が盲人総代として通夜をしたいと申し出た。これは、板垣が生前に社会政策の見地から按摩業を盲人に限るよう法律で定めるために奔走した関係からであった。葬儀の当日には柩は彼の恩顧をうけた力士たちに担がれて葬儀場に運ばれた。板垣の死と葬儀とを報じた新聞の記事は簡単である。それは、彼がすでに一般の世人からは忘れられた存在になっていたことを示している。それでも、芝の青松寺の葬儀には参会者は三千名に上った。いくら寒い冬の日でも夕陽はやはり輝くのである。

板垣の口授した前述の稿本は、やがて「立国の大本」という題で公刊された。何も知らないで、この冊子を手にしたものは、それを明治前期に書かれた自由民権の書物と思うかも知れない。彼は変らない信条を、しかも、それを抽象的な原則論の形で一生堅く抱きつづけたのであった。

さて、われわれが今日大隈重信の面影を思い浮べ、彼の政治的運命を回想するとき、悲劇的と評するひともあるかも知れない。しかし、喜劇的な要素も亦感ぜられるようである。しかし、しばらくそのことは別としよう。大隈は晩年に語って、「吾輩は昔から門戸開放で、百姓でも町人でも友達である。下役とも議論もすれば、膝を交へて談話もする。役人風を吹かした覚えはない。昔からデモクラシーなんである」といっている。そして、彼は現にその時代において、しばしば「民衆政治家」といわれた。

しかし、彼が死んだときに、評論家千葉亀雄は述べて、大隈は伯爵であり侯爵であったし、又あの早稲田の大邸宅の生活を考えても、自分は彼に対して親しみがもてない、「平民的な貴族」などというものがある筈はない、大隈侯は貴族として力めて「平民」に親しもうとした、未だ貴族崇拝熱の残っている一部国民は感謝するであろうが、彼には真の「平民の心」は到底判らなかった、といった。大隈が曽つて自由民権運動の指導者の一人であり、その後も立憲主義を標榜して藩閥の打破を叫び、元老政治の不当を攻撃し、また政友会の腐敗を痛難したにもせよ、しかし、たとえば彼の第二次内閣のことを考えても、彼を簡単に「民衆政治家」と呼ぶわけには行かない。それとも、彼が演壇や新聞・雑誌を介して絶えず世の中に呼びかけ、世人の耳目をひき、世上の話題を賑わし、こうして大隈の名に親しみを感じさせたので、「民衆政治家」と呼ばれたのであったとすれば、そのことは何を意味するか。それは、民衆が当代の多くの政治家たちから実際には無視されて顧みられず、しかも、民衆は民衆と共に在る政治家、「平民の心」を真実に代弁するところの政治家を強く求めていたことを示すものであろう。そうであるとすれば、大隈が「民衆政治家」と呼ばれたという事実の中には実は他ならぬ民衆の悲劇があったというべきであろう。

戦後わが国に政治的自由が復活し、また拡大されてから、貧困と寂寥との中に世人一般から忘れられて死んで行った板垣の名前が、盛大な国民葬をうけた大隈のそれよりも耳目にふれることが、より多いように思われる。今ここで大隈・板垣優劣論を試みようとは思わない。それよりも大事と思われることは、歴史はこの二人の政治家をそれぞれあるべき地位に置こうとしつつあるように見える、ということである。およそ歴史の審判というものは、このようにさりげなく又いつか静かに下されるものなのであろうか。

「平民宰相」原敬

「白河以北一山百文」

原敬は安政三年（一八五六年）九月盛岡城外に生れた。当時健在であった祖父の原直記政元は盛岡藩の家老加判《かはん》。従って、家柄は上級武士層に属する。彼は少年時代を幕末の動乱期にすごし、戊辰《ぼしん》戦争の起ったときには一二歳であった。この戦争において盛岡藩は東北の他の諸藩とともに官軍に抗したが、「朝敵」の烙印を押された上で一敗地に塗《まみ》れる悲運に遭遇した。

維新後、藩閥政治が樹立されて、薩長両藩の出身者はわが世の春を誇る時代となった。陸奥宗光（紀州出身）の言葉を借りれば、「往昔平氏の盛時、世人之を目して平氏の族に非らざる者は人間に非らずといへり。今や薩長の人に非らざれば、殆ど人間に非らざる者の如し」という世の中になった。そして、非藩閥の身に生れた幾多有為の人材はこの藩閥政治の陰に空しく埋れて、朽果てて行った。そして、戊辰戦争の敗北者である東北諸藩の出身者のごときは、薩長人から「白河以北一山百文」と嘲弄、侮蔑された。

このような中で、若き原敬の前途には光明は乏しくみえた。負け嫌いで覇気に溢れ、そして、敵・味方を峻別して行動する性向の持主であった彼にとって、このみじめな境地の中で味わったさまざまの屈辱的な経験は正にその骨身に徹した。それを原は生涯到底忘れることができなかった。たとえば、彼は一山または逸山と号した。それは「白河以北」云々の句から取ったものである。もとより自嘲ではない。この二字には昂然たる反撥の気概がこめられていたのであった。また別の例を挙げよう。歳月はいつか流れて、大正三年を迎えた。当時原は第一次山本(権兵衛)内閣の内相であり、大正天皇の即位式をひかえて大礼使長官を兼ねていた。同年二月六日の日記に彼は記している。「午後大礼使の会議に出席して種々の協議をなしたるが、御即位礼に使用せらるゝ幡《はた》の理由書中に維新の際東征に使用せられたりとか、奥羽出征のとき総督に下附せられたる錦旗に倣《なら》へりとか云ふ文字あり、一視同仁の皇恩に浴し居る今日に於て恰《あたか》も外征に於けるが如き語句を使用する事は不穏当なりと認め、之を删除《さんじょ》せしめたり(1)」。また、大正六年は戊辰戦争からちょうど五〇年目に当った。当時原は政友会総裁であった。この年、旧諸藩筋ではそれぞれ慰霊の祭典が執り行われた。旧盛岡藩関係でも寄り寄りその計画があったが、費用の問題で行詰った。そのことをきいたとき、原は率先金を寄付し、この金を基にして祭典を行うよう盛岡市当局に斡旋方を依頼した。その結果、同地の報恩寺において旧盛岡藩士戊辰殉難者五十年忌の法会が行われた。当日彼はその席に列した。そして、みずから起草した祭文を朗読した。それにいう、「同志相謀り旧南部藩士戊辰殉難者五十年祭本日を以て挙行せらる。顧るに昔日も亦今日の如く国民誰か朝廷に弓を引く者あらんや、戊辰戦役は政見の異同のみ、当時勝てば官軍負くれば賊との俗謡あり、其真相を語るものなり、今や国民聖明の沢に浴し此事実天下に明かなり、諸子以て瞑すべし、余偶《たまたま》と郷に在り、此祭典に列するの栄を荷ふ、乃ち赤誠を披瀝して諸子の霊に告ぐ、大正六年九月八日　旧藩の一人原敬」。彼はその日の日記にこの祭文を書き入れ、付記して「他には如何なる評あらんも知れざれども、余の観念を率直に告白したるなり」(2)としている。そして、その折彼は「焚く香の烟《けむり》のみだれや秋の風」の一句に深い感慨を託した。

彷徨の後に

明治四年、一六歳で上京した。後年に二、三度大臣になって後帰省した或る日に、彼は郷里のひとびとの問いに答えて、自分の処世の覚悟といえば、出郷の日以来どんな困難をも堪え忍ぼうと決心し、その決心を終始守って来たことであるといった、という。故郷を後にした当年の少年原敬は、前途の容易ならぬ苦難を心中堅く覚悟していたのであった。政界に名をなして後の彼は、帰省して郷里の学校で講演をするような場合には、いつも同じことを述べた。それは、世の中においては親、兄弟、親戚、友人などというものも頼みにはならない、立身するのも、しないのも、自分一個の勉強次第である、ということであった。国許の青少年にこの言葉をくり返し述べるとき、それは孤独ひたすら自力を恃んで異郷に生きた遠い日々への苦い回想をともなっていたことであろうか。

上京した彼は、やがてフランス人カトリック宣教師がひらいていた神学塾に入り、洗礼をもうけた。明治初年の非藩閥出身者の中には、「薩長の人に非らざれば殆ど人間に非らざる者の如」き有様の政界や、また政商の跋扈《ばっこ》する実業界に進むことを断念して、生涯を福音の伝道に献《ささ》げたひとびとも数々あった。前途に予想される巨大な困難は、原にもこのような途をえらぶことを一時は考えさせたようにもみえる。しかし、その後司法省法学校に入った(明治九年)。当時の彼はすでに議論好きであり、強情であったが、身装はつねにきちんとしていて、粗野な感じを与えなかったという。しかし、彼はやがて学校騒動に関係して退学を命ぜられた。

原はそこで、転じて新聞記者を志すことにした。そして郵便報知新聞社に採用された(明治一二年)。これは郷里の先輩阿部浩の口添えによるといわれている。時に二四歳である。しかし、やがて「明治一四年の政変」が起り、それによって政府を逐われた大隈重信はこの郵便報知新聞を買収し、大隈に殉じて政府を去った矢野文雄(竜《りゅう》渓《けい》)を社長に据え、また、矢野と同じく政府を辞した犬養毅、尾崎行雄なども入社して来た。そこで、原は退社を申し出た。政府に対して烈しい憤りを抱いていた当時の矢野は、原が渡辺洪基、中井弘(薩摩出身)などの許に出入りして政府関係者との間に縁故のできているのを知っていたので、このとき何ら慰留しなかった。原は矢野のそのときの態度に甚だあきたらず、これがため後々まで矢野に含むところがあった。

ついで、彼は大阪で創刊されることになった大東日報に入社して、主筆となった。この新聞は伊藤博文、井上馨、山田顕義ら(いずれも長州出身)を背後にもった「御用党」帝政党の機関紙としてつくられたものであった。原は同紙に入社の辞を掲げ、大東日報社の主義は自分の考えと「符節を合するが如」きものである、と述べたが、この大東日報の時代に彼は井上馨とある程度親しくなった。しかし、この「御用新聞」は経営不振で、原は入社半年で辞め、東京に引揚げた(明治一五年)。

原の行路は、ようやくはっきりして来た。彼は藩閥関係者に接近しつつあるのである。このような行き方は、しかし、実は幾多の非藩閥出身者が自己の前途をいかにかして打開しようとして取ったところであり、その点では別段に珍しいことではない。ただ、原の場合には、それは藩閥勢力への全面的屈伏を意味せず、自己自身の将来を切りひらく上での低姿勢を意味した。

大阪から引揚げた彼は、外務省の御用掛に採用された。これは中井弘の斡旋によるものともいわれているが、当時の外務卿は井上馨であり、中井、井上はすぐ後に述べるように密接な関係にあった。このことは注意を要する。外務省に入った翌年、原は中井の娘と結婚した。ところで、彼のこの妻は、中井とその後妻との間に生まれたものであり、中井の先妻は中井の円満な諒解の下に離婚して井上に嫁していた。そのような関係もあって、井上は原のこの縁談の成立に尽力したといわれている。原と井上との関係は、こうして一段と密接なものになった。外務省で原はその後昇進して天津駐在領事を経て駐仏公使館書記官となった。しかし、明治二二年に農商務省の参事官に転じた。これは、井上が当時農相であったことと関係がある。ついで翌二三年には陸奥宗光が代って農相になった。

知己・陸奥宗光

原は農相秘書官兼参事官として陸奥に仕えることになった。少年の頃から原は理窟ぽく強情で、とかくひとと調和を欠きがちな性向の持主であったが、俊敏、覇気に溢れた当年の陸奥に対しても原は自己の意見を固執してしばしば論争した。「大臣の命令といふことなら服従します。しかし、理窟では服従しません」といい、陸奥はいつも「命令だ」といって彼を使ったという挿話も伝えられている。しかし、陸奥は原の気骨と才幹とにふかく嘱目《しょくもく》した。原も亦、陸奥の人物に心服するにいたった。陸奥は紀州藩の出身で非藩閥であり、西南戦争の際には立志社の一部と策応して藩閥政府顚覆の陰謀に参画したが、事は発覚して投獄された。その後、彼は転じて藩閥勢力に接近し、自己の才能を認めさせて重用させ、それによって藩閥政府の内部に入り込み、内部から藩閥の支配を掘り崩そうとひそかに考えるようになった。陸奥と原とは気質においても行路においても一脈相通ずるところがあり、それを考えれば、原が陸奥に心服したのも不思議ではない。

陸奥は明治二五年三月に農相を辞職したが、原は彼のあとを追って辞した。陸奥辞職後まもなく第二次伊藤内閣が成立するが、この内閣に陸奥は外相として入閣した。それとともに彼は直ちに原を通商局長に起用し、のち外務次官に抜擢した。明治二九年陸奥が病のため外相を辞職したあと、原は韓国駐劄《ちゅうさつ》公使に任ぜられた。しかし、翌年外務省を辞めて大阪毎日新聞社に入り、ついで同社長に就任した。後年西園寺公望の語っているところでは、原の大阪毎日入社は井上馨の斡旋によるという。この件については原はかねて陸奥に相談し、その賛成を得た上で話を進めていた。そして、入社の交渉がいよいよまとまったとき、原は報告のため病床の陸奥を訪れた。これが彼にとって陸奥との永別になった。原はこのときのことをその日記に細々と記している。

それによれば、陸奥は衰弱の身を床の上に起して原の話をきき、大いに安心したといった、やがて「伯〔陸奥〕是れより食事すと云ふに付、平日ならば食事中尚更面白き談話もなしたることとなれども、余は心中に於ては最後の談話なりと思ふに付久しく平然として仮面を装ふに堪へず、又伯の非常に疲労し苦痛を忍んで勉めて余と談話するの体を見るに忍びず、而して余は数年来公事に於ても私事に於ても殆んど相謀らざる事なきに付伯の意見は此機に及んで新《あらた》めて聞かざるも余は之を熟知せり、故に無益に長談して伯の疲労を増し又互に悲傷の情を加ふるに忍びざるに因り、何づれ来年初めに出発する事なれば其前には屢々参上御見舞致すべしとの一語を遺して別を告げ室外に出たり、将に階を降らんとする時伯再び余を呼ぶと云ふに付室に入りたるに、伯云く、彼地に行きて施すべき方略に付ては尚ほ聞きに来たまへと。余云く、何づれ彼地に行て見なければ相分らざれども其等は篤と勘考し尚ほ御意見を伺ふに（ママ）参るべし、来月初までには間もある事に付尚度々参上すべしと。蓋《けだ》し伯は尚ほ余に語らんと欲するもの、如く、余と別る、事を頗《すこぶ》る厭ふの情は容貌に現はる、、余も亦之を欲せざるには非ざるも暗涙を催ふして殆んど坐に堪へず、且つ家人は此くの如き場合に於て徒らに情に迫り丈夫の交如何を解せざるも亦殆んど当然の事なれば、余の長談は家人も欲せざるべしと思ふに付忍んで別を告げたり」(3)。それから一週間余りで、陸奥は歿した。

日記の以上の記述は、原と陸奥との交情を物語ってまことに余すところがない。そして、原がその浩瀚な日記の中で、自己の心情をこれほどまで縷々《るる》切々と書き綴った件《くだり》は他には見出せない。陸奥の死によって、原は知己を失ったのである。

なお、陸奥については晩年自由党に参加する問題があった。彼がなお長生きしたら果してそれが実現したかどうか。それは判らない。しかし、原として意気相通じていた陸奥がもしもつづいて健在であったならば、原の政治家としての行路も異ったものになっていたことも充分考えられる。

政友会に入る

原の大阪毎日時代は短かかった。明治三三年に伊藤博文が立憲政友会を創立すると、彼は大毎社長を辞して入党した。これは、伊藤および井上馨の勧めによる。伊藤が原を知るにいたったのは古い。そして、明治一八年には伊藤は特派全権大使として渡清、天津条約を締結したが、原は当時天津領事であり、接触の機会も多かった。井上と原との関係については上にふれたが、井上は親友である伊藤の政友会創立にあたっては背後から種々の助言・斡旋を行った。そして、原の入党にも関係した。原は、ついで総務委員兼幹事長に挙げられた。その頃に石川半山(評論家)が伊藤に、今度幹事長になった原敬というのはどういう人物かと尋ねたとき、伊藤は原のことを激賞し、「彼れは将来国家の柱石ともなる可き人物だ。君等の如き青年が宜しく事を共にすべき有為の人物で有る」といった(4)。こうして原は、伊藤からふかく嘱目されていた。なお、伊藤が政友会を創立するにあたり、憲政党は解党してこれに参加した。この憲政党というのは自由党の後身であり、従って、党員の多くは多年藩閥政治の打倒を叫んで来た曽つての自由民権派の一部であった。そのような彼らが政権に接近しようとして藩閥長老政治家である伊藤の作る新党に今合流したとき、この政友会に原も亦参加したわけであり、そのことはいささか興味をひく。

伊藤は政友会創立後まもなくその第四次内閣を組織することになった。この内閣は外務・陸軍・海軍の三大臣を除く全閣僚を政友会員から起用したもので、政友会内閣といってよい。ところで、組閣後やがて東京市会をめぐる疑獄事件の関係で逓相星《ほし》亨《とおる》が辞職することになったが、そのとき伊藤は原を後任逓相に起用した。それにより彼ははからずも東北出身の最初の大臣となった。「一山百文」の中から大臣が生れたわけである。そして、原敬は今や「出世の階段」の高みに昇りつつあった。ただ、伊藤内閣は甚だ短命で、成立半年余りで瓦解した。

伊藤内閣総辞職後まもなく、党内の重鎮とみられて来た星亭は暗殺された。この星の死後、原は自由党系の松田正久と並んで政友会内でやがて次第に重きをなすようになった。彼は才能・力量はありながらも、しかし、依然この頃でも議論好きで強情であった。そして、そのために党内での対人関係もとかく調和を欠きがちであった。そして、党内での人望はむしろ、茫洋とした風格をそなえた松田の方にあり、松田はいつか党内のまとめ役となった。

原は伊藤博文の統率ぶりに対してしばしば烈しい不満を抱いた。元来伊藤には彼自身の政治上の抱負を実現するための手段として政友会を作ったという点があった。彼が自分としては一身を献げて政友会に殉ずることはできないと公言していたというのも、その故である。また、伊藤は他の藩閥長老政治家たちとの間に長年の縁故があった上に、さらに性格的にも闘争的なところが比較的に少く、妥協性・調和性に富んでいた。以上これらの点は総裁として政友会を指導する場合にも当然いろいろと現われた。そこで、生来敵・味方を峻別して行動する原、負け嫌いで覇気にみちた原が、伊藤の総裁ぶりを軟弱であるとして、しばしば烈しい不満を抱いたのも怪しむべきことではない。第一次桂(太郎)内閣の下で伊藤が原、松田を招致して、桂内閣は財政・外交で窮地に陥ってやがて自壊するだろうといい、政友会としてはこの際決して急ぐことなく、桂から政権を円満にゆずりうけるようにすべきであると述べた。そのとき原は伊藤にむかい、閣下などは過去にいろいろと政治上大きな業績を残しておられることであるからこの上別段望みもないであろう、しかし、自分などはそうではない、その上に閣下としても段々に老境に入られることであるから早く後継者を作っておかれないと将来四分五裂の状態になってしまうであろう、と述べた(5)。この言葉は、この頃の原の心中をよく示すものであろう。彼は闘志と野心とに燃えていたのである。

西園寺への失望

明治三六年七月伊藤は枢密院議長に就任することになり、代って西園寺公望が政友会総裁に推戴された。このとき、西園寺としては伊藤との長年の義理から淡々と総裁の地位を引受けたのであり、政権に対して別段欲望ももたなかった。そのような彼は、就任後党務にも熱意甚だ乏しく、党の運営は原、松田の両名に委せた形になった。ところで、日露戦争下において、原は桂首相と秘密に交渉を重ねた。そして、政友会が桂内閣を支持する代償として桂は戦争終了の暁に政権を西園寺に譲り渡すよう配慮し、且つこの政権譲渡に関して桂がその庇護者である元老山県に斡旋をするよう要求した。原は同時に、西園寺が組閣する場合には政友会は憲政本党と連立内閣をつくるようなことはせず、山県・桂系勢力と提携する旨をも伝えた。これに対して、桂は政権譲渡について山県の諒解を得るよう力めること、西園寺組閣の暁には必要に応じ新内閣と元老・貴族院との間に立って周旋の労をとることを約束した。同時に西園寺が政党内閣をつくることなきよう要望した。両者の間にこのような取引が成立した。なお、上に述べた山県への斡旋、また山県の諒解が云々されたのは、この前後の時期を通じて、政変の際元老によって次期首班の銓衡が行われる折に山県の意見がきわめて重きをなしたのによる。明治三八年一二月に桂が内閣総辞職を行い、そのあとに第一次西園寺内閣が成立をみたのは、実に原の以上のような工作に負うことときわめて大である。

さて、原はこの西園寺内閣の内相に就任したが、西園寺を総裁とした政友会は伊藤がこれを率いていた時代に比べると、現実政治におけるその比重は少からず低下していた。それは、主としてはこの二人が政治家としてこの頃の政界においてもっていた重みの差を反映したものにほかならない。それ故に、現に西園寺組閣の際に桂は閣僚の銓衡に介入した。そして、桂・原の前述のような事前諒解との関係からも第四次伊藤内閣のような政友会内閣にはなり得ず、そればかりでなく政友会員で入閣したのは原、松田の二名にとどまり、且つ山県系勢力に属するものを閣僚に抱え込まねばならなかった。しかも、この頃にはすでに山県を中心とした巨大な派閥網が政界にひろく布置されていたので、山県系勢力は西園寺内閣の施政をしきりに牽制し、事あれば内閣に打撃を与えて、これをゆさぶろうと試みるのである。こうして内外から包囲したこの山県系勢力を相手として、内閣の中核として攻防の矢面に立ったのは、実に原であった。

彼は一方ではできるかぎり元老、とくに山県との関係を調整することに力めた。しかし、同時に他方、山県系勢力の基盤を幾分ずつ切り崩して、政友会の党勢を拡張しようと企てた。たとえば、彼は郡制廃止案を成立させて内務行政における山県系勢力に打撃を加えようと試みた。但し、同案は貴族院における山県系勢力のために否決されて、失敗に終った。彼は又、これまで山県系勢力の重要な基盤をなして来た地方官の更迭を行い、その際に老朽淘汰の建前の下に大学出身の優秀な人材を抜擢することをした。そのようにして、地方行政における山県系勢力を弱め、政友会の勢力を扶植しようと試みた。また、貴族院の木曜会領袖千家尊福《せんげたかとみ》、研究会の重鎮堀田正養《ほったまさやす》を入閣させたが、これは政友会の勢力を貴族院へ浸透させるための突破口をつくろうとしてであった。但し、この対貴族院工作は、結局は失敗に終った。原は、こうして政友会の党勢増大のため心を砕いた。そこで、彼は当然に西園寺内閣に対する山県系勢力の攻撃の焦点になったのであった。

このような原は、総裁西園寺が党務にとかく甚だ不熱心なのに対して不満抑えがたいものがあった。「余の西園寺を助けたること一日にあらず、然れども彼れは曽て陸奥伯の評せし如く余り単純にて不熱心且つ周到の意思なく、骨の折るゝこと限りなし、その割に余の尽力を認め居るとも思はれず実に呆れかへるなり、……西園寺が党内に人望あると云ふも又此内閣を引受けたるも余の力多き事は彼れも知り居る筈なるに……」(6)。また、「西園寺は政権に淡泊なるを表する為めか、動《やや》もすれば到底永く現職に居りがたき意を漏らせり、甚だ不得策の言なるに因り之を止めたり、此言は常に桂又は山県系の乗ずる所となるの虞あり」[7]。原は日記の中に、憤懣をたとえばこのように記している。

焦　躁

明治四一年七月に西園寺内閣が瓦解すると、原はこの機会に約半年間欧米旅行を試みた。なお、彼は明治三八年に故あって妻を離別し、そして、明治四一年に再婚していた。彼が外遊から帰ったのは明治四二年初めであったが、当時は桂が西園寺に代ってその第二次内閣を組織してから未だ一年にも満たなかった。しかし、帰国後の原は早くも桂との間に次期政権についての取引を開始した。彼は桂に述べて、今日の政界で政権を担当できるものは貴下と西園寺以外にはない、それ故この両人が交互に政局に立ち、余り行詰らぬ中に互に政権を授受するのが国家のためである、といった。しかし、自分(原)としては今この際に政権引渡しを求めるつもりはないと付言し、桂を安心させようとした。そのとき、桂は原の以上の意見を諒承したので、原も満足した。そして、桂が原を重視しており、原の意向如何で政友会も西園寺も動くものと考えていると当時推察したのであった。[8] 原はその後、翌年暮に桂と会談した際に以上の諒解の再確認を求めた。しかし、このときは彼は一歩を進めて、貴下としては大体いつ頃に内閣総辞職を行うつもりかと尋ねた。そして桂のそのときの言葉から推測して、条約改正の完了後に辞めるものと判断した。

ところで、国民党(憲政本党のいわば後身)はこの頃政友会と提携して桂内閣を打倒することを画策し、そのことを政友会に申し入れていた。しかし、桂と以上のような諒解をとげた後、原は国民党のこの提議を拒絶した。そして、「情意投合」の名の下に政友会と桂内閣との提携を固めた。彼は当時日記に、国民党と一緒に藩閥打破などと叫んで「平地に波を起すが如きは殆んど世上の同情を得ざるのみならず、遂に永く逆境に甘んぜざるを得ず」、目下の政界は彼ら(国民党)の考えるように単純なものではない、と記している。[9] 藩閥勢力(山県系勢力を含む)との正面衝突はできるだけ避け、むしろこれとの馴合いを通して政友会を政権へ接近させ、また政友会の党勢増大をはかるというのが、この当時に限らず原がつねに意図したところであった。これは、個人としての原が過去辿って来た行路と正に照応するものでもある。

政友会を再び政権に就けようとして苦心惨憺する彼は、西園寺の態度に依然烈しい憤懣を抑えかねたこと、しばしばであった。たとえば、明治四三年春に原は松田とともに西園寺を訪ねて、もし桂が寺内正毅(長州出身・山県系)に政権を譲りたいと閣下にいった場合には反対されたい、たとえ口先にもせよ桂が閣下に譲りたいといったら引き受ける決心をされたい、と述べた。西園寺はこれに答えて、自分は身心ともに弱っている、桂が政権を譲り渡すといっても受け取ることはできない、実をいえば政友会総裁の地位にいることさえも堪えがたい、といった。この言葉を聞いた原は、閣下が政権を引き受けることができないというのなら、政友会はほとんど滅亡同様に陥るであろう、もしそうならば、今の中に何とか方策を立てなければならない、と述べると、西園寺は何か「名策」はないだろうかという有様であった。原はいった、もちろん「名策」などはない、閣下は身心衰弱しているといわれるが大病人ではない、政友会総裁でいながら政権に就かないと決めているのはおかしい、政友会を滅亡させることとは伊藤公の霊に対してもできない筈である、それ故に桂が譲りたいといったら、とにかく半年でも一年でも身体のつづくかぎり政局を担当し、その上で病気ならばその後の対策を立てるほかはないと迫り、松田もまた口を添えたので、西園寺もやっとその気になったようにみえた。しかし、それでもなお、政権を引き受けるのを億劫がり大儀がる口吻を洩らした(10)。

原は、桂が政権への関心の全く乏しい西園寺を籠絡することをかねてから甚だ懸念していた。しかし、翌年六月に桂は原に、八月には政権を西園寺に譲りたい、山県もこの交代に諒解を与えているというにいたった。そこで、原は早速西園寺と組閣の打合せを行った。しかし、このときも、今度組閣したら基礎鞏固な内閣をつくらねばならないと原がいうと、西園寺は自分は病身だから長く政権の座にいることは御免を蒙りたい、そのことは予め含んで置いて欲しいと「恰も他人の事なる様なる事」をいった。そこで、原はたまりかねて、閣下がそれほど嫌なら政権をとるのをやめられてもよろしい、但し、そうなったら政友会は瓦解し、今まで主張し固持して来たことも何の意味か判らなくなる、病身ならば、短期間でもとにかく組閣した上で、内閣の後継者も政友会の跡継ぎも定めた後に、政権を去るのならばよい、それらを考えないままで突然辞めるというようなことは無責任の至りである、と繰り返し説いて、西園寺をようやく説得した(11)。このとき原が将来の内閣および政友会の後継者云々といっているとき、彼はひそかに自分をそれらに擬していたのであろうか。

曲折する政局に処して

このようないきさつの後、明治四四年八月に桂内閣に代って第二次西園寺内閣が成立をみ、原敬は再び内相に就任した。このときの組閣に際しては、原は西園寺に進言して、閣僚の銓衡は桂には事後報告をするにとどめ、桂の容嘴を防いだ。そして、それによって新内閣の人的統一を確保するよう配意した。しかし、この際も、山県系勢力が政党に対して抱いている反情を考慮して政友会員からは原、松田、長谷場《はせば》純孝《すみたか》の三名を起用するだけにとどめた。この第二次西園寺内閣の下でも、原は西園寺が総裁としても、また首相としても指導力に欠けていることを痛憤、一旦辞職を申し出たりもした。彼はこのときのことを日記に次のように記している、「余は数年間西園寺を助け来り、彼が成功と称せらるゝ大部分は皆な余の画策を採用したる部分に属し、又彼は二度も内閣組織をなすに至りたるも余が尽力に依る事なるが、彼は余が為めには何等の考もなしたる事なし、余は固より富貴功名を貪るものにあらず、此くの如き事柄は一切顧みざるものなれども、余は西園寺の周旋によりて位一級進みたることもなければ勲章一等を進めたる事もなし、陰に陽に彼を助けたるに彼は余の迷惑など毫も顧慮したる事なし」、「余熟考するに、前途政界になすべき事多きに如レ此《かくのごとき》人物を何時までも助け居る事は遂に大失敗大不面目に陥るの虞あるのみならず不愉快至極なれば、速に内閣を去りて他日の計をなすに如《し》かずと考へ……」。原は西園寺と激論を交えたが、結局慰留されて飜意した。(12)

さて、原は内相として、選挙法の改正案を第二八議会に提出した。改正の主眼点は当時の大選挙区制を小選挙区制に改めることにあり、その目的はこれによって衆議院での政友会の勢力を格段に強化することにあった。彼は議会の開会に先だって山県を訪ね、改正案について諒解を獲ようと試みた。その際彼は山県に、小選挙区制の望ましいことについては実は公然とはいえない理由もある、それは大選挙区制の下では「過激なる議論」を唱えて当選をはかることが可能であるということである、近来「社会主義らしき言動」が増加していることを考えると、この際小選挙区制を採用することこそ「危険思想の伝播を防ぐ唯一の方法」である、と述べた。そのとき、山県は普通選挙が実施されたらわが国は滅亡するといったが、これに対して原は、普選は尚早である、普選法案なども政友会が支持しなければ成立しない、しかし、国民党などは選挙権拡張を唱えている、それ故に、差しあたりの方策としては小選挙区制がよい、と説いた。[13] つまり、原は山県が民衆に対して抱いている強い不信感・恐怖感をも利用して、選挙法の改正を実現しようとしたのであった。しかし、そのような工作にもかかわらず、第二八議会にこの法案が提出されると、衆議院では政友会が絶対多数を擁していた関係から容易に可決されたが、貴族院に廻付されると同院では山県系勢力を中心に反対論が沸騰し、改正案は圧倒的多数をもって葬られた。貴族院においてこのような結末をみたのは、大選挙区制下で三党鼎立の状態をつくり出し、それによって政党操縦を行うことを理想としていた山県の意向をある程度反映したものである。西園寺内閣はやがて二個師団増設問題を機会に、成立後一年半にみたずして瓦解した(大正元年一二月)。

そのあと、さきに同年八月に内大臣に就任した桂がその地位を去り、第三次内閣を組織した。しかし、その組閣の経過は「憲政擁護」「閥族打破」を標榜したいわゆる憲政擁護運動を激発し、世上騒然の中に僅か二カ月で総辞職した(大正二年二月)。それにつづいて、元老の奏請によって組閣の勅命をうけたのは山本権兵衛(薩摩出身)であった。山本は原、松田に対して入閣して協力するよう懇請し、それを組閣の条件とした。そこで原と松田とは、山本が組閣を辞退した場合に山県系の内閣が出現するのを惧《おそ》れ、折衝の末、政友会からは原、松田および元田肇《もとだはじめ》が入閣し、政友会として新内閣を支持することになった。憲政擁護運動に参加した政友会が今や反転して、当時薩派の大立物とみられていた山本とこのような妥協をとげたことは、世人の烈しい非難を呼びまねいた。

山本内閣は成立後、陸海軍両省の官制を改正してこれまで陸海軍大臣は現役の大・中将に限られていたのを予後備または退役の大・中将でも差支えないことにし、また文官任用令を改正して自由任用・特別任用の範囲を拡張した。これらは何れも政友会が山本内閣から獲得した政治的譲歩であった。ところが、第三一議会の開会中に既述のジーメンス事件が暴露し、海軍将官でこれに連坐するものも生じた。山本は当時海軍の長老の地位にあったが、世上ではこの事件に彼もまた関係あるもののように取沙汰し、これがために内閣の信望は失墜、ついに内閣総辞職を要求する群衆による騒擾事件の勃発をみる有様となった。山本内閣がこのようにして全く不人気に陥ったとき、原はこのまま政友会として同内閣を支持しつづけては結局共倒れとなって、再起困難になるのを恐れた。そこで、彼はこの議会に提出された大正三年度予算案を不成立に陥れ、それによって内閣を総辞職させた。

総裁に就任

山本内閣が瓦解すると、元老たちは井上馨の発議によって大隈重信を後継首班に奏薦した。前にもふれたように、井上(長州出身)は政友会が憲政擁護運動に参加して桂内閣打倒を企て、そのあと一転して薩派の山本と馴れ合ったことに対してかねてから痛憤して止まず、そこで彼は自由民権運動の昔以来の因縁で政友会――旧自由党系のひとびとをふくんでいる――に烈しい反情を抱いて来た大隈を政権の座に据えて、政友会に大打撃を与えさせようと考え、他の元老の支持を得たのであった。こうして、大隈は立憲同志会以下の非政友諸派の支持の下にその第二次内閣を組織するにいたった。原が政友会総裁に就任したのは、実に正にこのような中においてであった(大正三年六月)。

これより先に、第三次桂内閣が憲政擁護運動の奔騰する中で政友・国民両党を中心とする野党の不信任案に直面して全く窮地に陥ったとき、政友会総裁であった西園寺に対して天皇から事態の収拾に力めるよう御沙汰があった。そこで、西園寺は政友会を慰撫しようと試みたものの、その効なく、ついに桂内閣の総辞職となった。それとともに、西園寺はここに総裁辞任の意向を表明して、爾来党務をみなくなり、これがため原が松田とともに党務を代行することになった。ところが、松田正久は山本内閣の末期に歿した。前にもふれたように、西園寺総裁の下では原は松田とともにすでに実際に政友会を率いる地位にあった。しかも、彼は機略と党資金調達の能力との点で政友会内で次第に重きをなし、過去二回の西園寺内閣においても彼は政友会の真の中心となるまでになっていた。それ故に、松田の死後に西園寺の推薦によって原は総裁に就任することとなったが、それは怪しむに足りない。けれども、西園寺から総裁就任を強く勧められたとき、原は初めは若干躊躇した。日記の言葉でいえば、自分が総裁となって、「仮りに党の為めに倒れたりとせんか、……斯くては党の為めに甚だ不利」と考えたのである。しかし、以上のようないきさつで出現した眼前の大敵大隈内閣との関係で政友会の前途は今や実に容易ではないと思い、「到底六ケ《むつか》しと思へども順境のときなれば兎に角なれども今日の逆境にては枉《ま》げて承諾一奮発すべし」と考え直し、断然総裁就任を受諾した。(14) 日記の以上の短い言葉の中にも、彼の強烈な自負心と不屈の闘志とが躍動している。

こうして、総裁になった原は党にとっての重大局面をいかにかして打開しようとして、その焦慮一方ではなかった。彼は山県系の平田東助、清浦奎吾などに会い、元老・政府・反対党は目下政友会の勢力打破にしきりに力めている、しかし、政友会にはこれまで失策もあったにせよ、国家に貢献したことも亦甚だ多い、政友会としてはこのまま手をこまねいて滅亡を待つことはできない、元老・識者が政友会のこれまでの穏健な態度を多とせず、その撲滅をはかるのならば、政友会としてはもはや自衛上廃減税、新聞紙法、選挙法などの問題について極端な論を唱えるほかはない、しかも、もしも一旦そのようなことになったら、その結果生じた情勢を変えることは容易にできず、国家のため正に由々しいことになるであろう、果してそのようなことになるか否かは、ここ二、三年の間で決まる、と述べた。そして、この意見を山県に伝えるよう清浦に依頼した(15)。すなわち、彼は政友会としては場合によっては断然大衆と結ぶ用意のあることを仄《ほのめ》かして、山県らを脅かし、それにより政友会に対する彼らの圧迫の手を緩めさせようとしたわけである。

原は一方ではこのように恫喝的ポーズを示しながらも、しかし、山県とこれまで親しく話す機会の乏しかった彼は、他方で総裁就任後は山県をしばしば訪ねて会談し、熱心に諒解工作を試みた。そして、山県がかねての懸案である二個師団増設の早急実現をしきりに望んでいるのを知る原は、山県にむかって、もしも元老がこの際組閣すれば政友会としては増師案に賛成する旨を仄かして、元老たちをして大隈を退陣させようと謀ったりした。この策謀は、しかし、効を奏せず、大隈内閣は第三五議会に増師案を提出した。ついで、それが政友会・国民党の手で否決されると、議会を解散した。そして、つづく総選挙では、政友会は大隈ブーム、選挙大干渉、選挙資金の不足などのために惨敗を喫し、絶対多数の地位から顚落した。代って与党たる同志会と小会派とが合計で過半数を獲得した(大正四年三月)。大隈内閣は、こうして政友会の勢力に大打撃を与えて、元老の期待に応えた次第である。

原はその後も対元老工作に百方腐心した。そして、政友会員に対しては元老、とくに山県などを攻撃しないよう注意を与えた。彼としては、この際そのようなことをするのは、大隈内閣のほかに更に敵を加えることになると考えたからであった。

このような中で、山県、松方らは大隈内閣の存続にやがて次第に関心をもたなくなり、その末山県は大隈についに内閣総辞職を強要した。そして、つづく元老会議で発議してその直系である寺内正毅（長州出身）を後継首班に奏請するよう取り運んだ（大正五年一〇月）。

政権への道程

原は、寺内の新内閣がもしも同志会と提携するならば政友会は依然苦境に立ちつづけることになるとみた。そして、組閣の勅命をうけた寺内に対して超然内閣をつくるよう直ちに働きかけた。そして、原が望んだように、寺内が超然内閣を組織すると、原は寺内に議会を解散させて前内閣下で大打撃をこうむった政友会の地位を立て直そうと考えた。そして、山県に会い、この際解散すれば山県の持論である三党鼎立の状態が現出するであろうと説き、解散について山県の賛成を獲ようと試みた。新内閣下最初の議会である第三八議会がひらかれると、憲政会（同志会のいわば後身）・国民党などが政府不信任案を提出したのに対して、政友会は政府支持の態度を示した。そのような中で、寺内内閣は原の進言にもとづいて前内閣の失政を暴露し、ついで議会を解散した。それにつづいて行われた総選挙は政友会の大勝に帰し、政友会はここに第一党の地位を回復したのである。

当時原は次期政権を獲得することを熱望するにいたった。けれども、なるべくは、寺内内閣の自己崩壊によってそれを手に入れたいと望んだ。しかし又、他方において、過去彼が倦むことなく試みて来た対山県工作は、この頃にはようやく限界点に達したようにみえた。山県は政治上の意見において貴下と自分とは全く一致する、と原にいうようになっていた。しかし、同時に、貴下が政党内閣をよいとしているその「一点」だけは自分としては到底同意できない、といい添えることをつねに決して忘れなかった。(16)そこで、最も有力な「内閣の製造者《キャビネット・メーカー》」である山県が、原を首相候補者の中に算えてはいても、しかし、結局は右の「一点」の故に将来果して原を後継首班に推すか否か、原としては疑惑を抱かざるを得なかった。

山県に対する宥和工作がこのようにしてもはや飽和点に達したように見え出したとき、原は焦り出した。これまでは彼は山県および山県系勢力との正面衝突は、政友会を政権に近づける上からは全く逆効果になるとして、それを計画的に避けて来たのであった。しかし、寺内内閣の瓦解後に、もしも山県系の内閣が出現することになった場合には、憲政会と提携してでもこれを打倒することを彼はついに決意するにいたった。当時彼は日記に次のように記している、「後継内閣の事は山県は出来る丈《だ》けは政友会に政権の帰する事を妨ぐべく、百計尽きたる後にあらざれば余を推薦する如き事なし、故に後継内閣の事などは眼中に置くの必要なし、如何なる内閣にても来るべし、其内閣官僚系ならば全力を挙げて之を打倒すべし、此時は憲政会とも提携すべし、斯くする時は官僚系を一掃して政局の一新を来たす事を得べしと思ふ、去りながら如レ此手段は必らずしも国家に利益の事のみに非らずと思ふに付、可レ成《なるべく》は其荒療治なくして政局を一新する事を希望す、但官僚等悟る所なければ、不レ得レ已《やむをえず》こゝに出づるの外国家を救ふの手段なし」[17]。

ところで、寺内首相は大正七年八月東京、その他各地に勃発した米騒動が鎮定をみた後、やがてその健康を理由として内閣総辞職を行った(九月)。

他方、山県は後継首相の問題についてかねてからひそかに苦慮しつづけていた。彼としては、自己の系統のものの中に適任者を見出すことができず、そこで次第に原を考えざるを得なくなっていた。ただ何分これまで多年抱いて来た政党に対する抜きがたい反情の故に、山県としては逡巡の気持もまた抑えがたかった。しかし、山県系のひとびとの間においても、後継首班はもはや原以外に求めがたいといつか考えられるようになっていた。そのような中で、寺内内閣総辞職後の元老間の協議で西園寺が原を後継首班に推したとき、山県は前述の「一点」のことを述べつつも結局同意し、ここについに原に対して組閣の勅命が与えられて、原内閣の誕生となったのである(大正七年九月)。

政党政治家として

こうして、原は政友会に参加してから約一八年、総裁に就任して約四年で、ついに政友会を率いて政権を担当する日を迎えたのである。顧みれば、ここにいたるまでには起伏・曲折する嶮《けわ》しい行路があった。越えねばならぬ数々の山川があった。苦難にみちたこの過去は、彼の性格に、また行動様式にいつか変化を生じさせていた。そこで、次に政党政治家としての原、人間としての原についてみてみよう。

政友会に参加した頃の原は、党内ではとかく自説を固執して論争を辞せず、圭角《けいかく》があって調和性に欠けていたことは、上に述べた。このようなところは、しかし、その後次第に大きく変った。とりわけ、総裁になってからは別人のごとくなった。彼は自己の意見を強情に主張して遮二無二にそれを通そうとする代りに、温顔に微笑を湛えて他の者の言葉に寛大に耳を傾ける包容力を示すようにいつかなって来た。その変り方は、曽つての彼を知るひとびとをしばしば驚かせた。それは、往々いわれたように「修養」の結果でもあろう。けれども、このような変化はむしろ彼が政友会内において段々に実権を掌握するようになったことと密接に関連する。党内で彼の勢力が巨大なものになり、党内における「敵」の影がうすれていくにつれて、政友会は原にとってはいつか次第に自己の分身のように思われるようになった。それにともなって、彼はおのずから政友会を全体として熱愛するようになり、党員に対しては同志として寛大な態度で接するようになった。それは、正に勝利者の寛大である。生来敵・味方を峻別して行動する彼の眼には、いやしくも政友会に対立するものは敵であっても、政友会は今や完全な味方なのである。

ことに、政友会総裁に就任して責任を名実ともに自己の双肩に荷い、党勢の拡張に心血を注ぐようになってからは、原は党員をいよいよ熱愛した。そして、たとえば、党員たちへは求めに応じて惜しみなく金を与えた。尾崎行雄が彼の親しい政友会員たちからきいたところでは、総選挙の場合には原は「一万円請求すれば一万五千円、二万円請求すれば三万円といふ風に、請求者の位地と人物に依て何れも請求額以上に援助した」、原はまた党員のために利権を斡旋する労をもいとわなかった、と尾崎は述べている。内田信也《のぶや》は後年回想している。原のところには金を貰いに沢山のひとがいつも押しかけた、多忙な原を前にして、彼らは先ず「天下国家」を論じた上で「時に……」といって金を無心した、これらのものが論じ立てているとき、原は腕組みをしたままで黙々と聴いていた、自分(内田)たちはその間待たされているのが馬鹿馬鹿しくて我慢できず、原にむかって「結局は金が欲しいのだから、早く金をやって追ひ返せばいゝではありませんか」といった、そのとき原は答えた、「彼等にしたつて、金だけ貰つて追ひ返されたんでは実も蓋もない。それでは余り気の毒だから、たゞ聴くまねをしてやつてゐるのだよ」。

原は歳末には力めて東京の家にいるようにした。政友会の領袖であった望月圭介は原の死後回想していっている。大正九年の大晦日に総裁の判断にまつべき緊急の用件が生じた、しかし、いかに急ぎの件にしても大晦日の夜では総裁も忙しいであろうから、総裁の都合をきいて正月匆々《そうそう》に相談に行くことにし、そのつもりで電話をかけて都合をきいたところ、「待つて居るから遠慮なく来て呉れ」ということなので、往訪した、その折に知ったのは、総裁は歳末の在京の党員の中には年を越すのに困っているものも必ずあろう、いつ誰が相談に来るか判らないというので訪客を待っていたのであった、「今日は年の暮れで、私が忙しいと思つてか誰もやつて来ない。私は、誰でも暮の用事は来年へ延ばしては何にもならない事だから、留守にしては気の毒だと思つて今朝から待つて居たが、遠慮して誰も来ないから、悠《ゆっ》くり話して行き給へ」と総裁がいうのをきいて、自分(望月)は「何とも云へない感」に打たれた、「暮の要事《ママ》と云へば、十中八九は金策を望むか無心を云ひに来るお客様であるのに、総裁は、あの貧乏な身で、これ等の人の為めに嫌な顔一つせず、同情ある処置を採つて居られたのである」(18)。

尾崎は、原は党員のために利権の斡旋をする労をもいとわなかったと述べているが、党を異にしながらも原と個人的には親交のあった片岡直温《なおはる》も、後年記して、原君は個人としては「寡慾清廉の人」であったが、党首としてはきわめて大胆に利権に近づくことを辞さなかった、「君が利権を取るのは、取るが為めにあらずして、与へんが為めであつた」、君が曽つて西園寺内閣の内相であったとき、君を訪ねて話がたまたまこの事に及んだとき、君は「官位も与へぬ、金も遣《や》らぬといふのでは、人は動かせるものでない。せめて利権でも、と云つて唇辺に微笑を浮べた。君の一党が君に悦服し、君を党首に推戴して、大に党勢を拡張した所以は実にこゝにあつた」としている。(19)

党員に対する原の態度について、つぎのような挿話も伝えられている。ある夜に後輩の政治家が原を私邸に訪ねて、時局問題について話をしたところが、激論となり、訪客は憤然として別れを告げて飛び出した。ところが、門を出ようとしたとき、背後から原は呼びとめた、「気をつけて帰り給へ。門を出ると途中に大きな穴があるから、落ちないやうに用心し給へ。危いから」。直前までの激論を忘れたような温情の籠った言葉で注意を与えた。暗闇には道路工事で大きな穴があったのであった。この後輩の政治家は原のこの言葉に感動して、爾来原に心服するようになった、という。内田信也も追想して、原は後輩をどんなに叱ったあとでも、必ず玄関まで送って出た、そして、冬の寒いときなどには「風邪を引くなよ」とやさしい言葉をかけるのを忘れなかった。この一言は、その者をすっかり感動させた、と記している。また、内田は記している。原の家の応接間には柴田是真《ぜしん》の軸がかかっていたが、それは紛う方ない贋物であった、内田は「総理ともあらう方が、これはちつとどうかと思ひますが」といい、はずすようにしようとしたところ、原はいった、「いや、呉れた人は本物と思つて贈つて呉れたのであらうから、私もその好意を掛けてゐるつもりなのだ」。

　政友会員をこれほどまでに愛しながら、原自身は芝公園の古色蒼然とした手狭な家に住んでいた。この小宅は、明治二五年に農商務大臣秘書官を辞めたとき、その退職金で買い、その後に幾分の建増しをしただけのものであった。土地は借地で、東京市の市有地であった。庭も狭く、家の内部も万事つつましく質素であり、玄関傍の北向きの六畳の小部屋が来客の待合室にあてられていたが、そこの座布団などは丁寧につくろわれた継ぎ剝ぎだらけのものであった。尾崎行雄は曽つて語っている。「大抵のものは、秘書官が段々昇つて総理大臣にもなれば、家を必ず変へて居ります。元から大きな屋敷であるならばとにかく、小さな屋敷に総理大臣となつて時めいて居る時もずつと住んで居たのは、虚飾や金銭的欲望の尠《すくな》い人であるといふことを証拠立てゝ居ります」[20]。原は党員のためには惜しみなく金を散じ、利権にも関係したが、その私生活においては身を持することきわめて倹素であった。馬場恒吾《つねご》は記している。自分は原の首相時代に芝公園の原の家をしばしば訪ねて、原と世上のいろいろなことについて議論を交えたが、原は「たまには昔の書生論を闘はすのが愉快らしかつた」、その中に、原は暗殺された、遺骸が盛岡に送られた後、自分は彼なき芝公園の家に焼香に行った、そのとき位牌の置いてある小さな部屋の畳は、ほとんどすり切れているのに気づいた、「あれほど時めく首相も、こんな質素な暮らしをしていたかと、私は不覚の涙をこぼした」。

原はあるとき腰越の別荘でひとにむかって、どうして皆あのように金が欲しいのだろう、政友会など自他ともに認める大政党になったのに、金を欲しがる連中の多いのは玉に疵《きず》だ、井戸塀気分が懐しい、とふかく歎息した、という。「井戸塀」という言葉は、とくに明治前期頃の政治家が国士気質をもって政治運動に従事し、その財産をつかい果して残るものはいわば井戸と塀とだけになったものが多いといわれたのに由来する。なお、原の家族宛の遺言書の一条には、「余は殖利の考をなしたる事なし。故に多分の財産なし」と記されているが、彼が死後に残した財産は、その経歴からいってむしろ僅少であった。政党政治家としての原は、こうして、身も心もすべてを挙げて党に献げたというべきであろう。原の死後に徳富蘇峰は論評して、政友会総裁としての原ほどその威信が党内に徹底した者はないであろう、第一代の総裁伊藤公、第二代の総裁西園寺公よりも第三代の原こそ「名実両ながら総裁たるの推戴、畏愛」をほとんど全党員から獲ち得たとし、その理由の一つとして、原が「自から一切責任の衡に当つた」からであるとし、「富と貴とは、卿等の取るに任す。難題と面倒とは乃公に一任せよとは、原君が其の同僚に対する態度であつた」[21]としたのは、以上に述べた意味において正当である。

原が政友会を自己の分身と考えるようになるにつれて、党内関係においての彼の態度が大きく変化したことは上に述べたとおりであるが、しかし、このことは論争的で強情で負け嫌いな性向が彼の中から消え失せたことを意味しない。否、性格のそのような面はもっぱら政敵、ことに反対党に対する関係に遺憾なく発揮されることになった。敵・味方を峻別する彼の性向は、このような形で彼の行動を依然規定したのである。

端正な風采、冷静な態度で議会の演壇に立って答弁する彼は、反対党の席の方を睨《にら》みながら金属性の澄んだ細い声で口早に語った。そして、野党の質問に対して揚足を取り、逆襲を試み、反撃するその論鋒は烈しかった。なお、原は、答弁の要所では真白なハンケチを取り出して、鼻や口の辺りをむやみに擦り、それと同時に、その細い声はいよいよ聞きとりにくくなった。野党側から「高声に願ひますッ」と野次が飛ぶと、原は唇をとがらせて「声の低いのは生れつきだッ」とやり返し、その態度は憎々しかった、という。彼は闘志に溢れると、口を曲げた表情をしたが、そのような癖は議会での論争の場合にも出た。横山健堂は論じて、剛情な人間は往々こういう表情をする、大隈しかり、原も亦しかり、といった。[22] 反対党に対する原のきわめて挑戦的な態度は、首相就任後も変らなかった。そのため、首相としては大人気ないというような批評もうけた。

つぎに、政治家として彼の一般的特色はどこにあったか。原はその組閣後に「白紙主義」を標榜したが、これは、政治に対して彼が在来つねにとって来た変らない基本的な態度であった。徳富蘇峰は上に引用した評論の中でいった。「君〔原を指す〕は政治家的天分過多にして、経世家的天分過少であつた。此の一点に於ては、君の先輩陸奥君とは大なる相違がある。陸奥君は多くの欠点あつたに拘らず、尚ほ是れ経綸の才であつた。君には国家の大経綸と云ふが如きものは、不幸にして是れなかつた。併し政治家としては近来稀有の雄材であつた。君は理想家でなく現実家であつた。君には過去もなく将来もなく只だ現在のみであつた。世界の公人中、恐らくは君の如く今日主義に徹底したものはあるまい。君には過去の煩悶もなく、将来の取越苦労もなかつた。但だ当面の問題をさら〳〵解決して行けば、それで沢山であつた。而してそれが亦た非常に鮮かな手腕にて解決せられた。それも其の筈だ。何となれば一切拘泥する所なく、只《た》だ当座々々の出来得る丈けの事を出来したに過ぎなかつたからだ。併し此れは尋常一様の政治家の梯子かけても企て及ぶ所でなかつた」。また評して、「君の強味は為すにあらずして為さゞるにあつた。君は大活動家たると同時に、決して自から進んで問題を提起するが如き事を敢てしなかつた。君は何時も不敗の地を占めて他の来るを待ち設けた。逸を以て労を待つとは、是れ君の政治的六韜三略《りくとうさんりゃく》中の第一義諦であつた。新たなる提案を以て天下を忙殺するが如きは、打算的なる君に於ては余りに莫《ば》迦《か》らしくて成すを屑としなかつた。君は唯だ四囲の要求に余儀なくせられたる場合、其の最も行はれ易きものを取上げて、之を行うた」。(23) この評は的確といってよいであろう。同趣旨の批評は、原に好意的なひとびとからも、また彼の政敵からもしばしばなされた。

つまり、原の最大の長所は当面する問題を臨機巧妙に処理することにあった。この意味では、彼はリアリストであって、いわゆる理想家的なタイプ、主義・信条をもって起つ政治家ではなかった。原の演説は簡潔ですきがなかった。しかし、低声で抑揚にも乏しく、無味乾燥で人に印象を残さなかった。原自身、演説は嫌いだといっていた。彼が理想家的タイプでなく「経綸」の持主でなかったことも、彼をすぐれた演説家に成長させなかった原因と考えられる。しかし、それだけではなくて、リアリストである彼は、当時の現実政治における弁論の役割を評価せず、自己の演説についても関心を払うこと少かったのであろう。原が長じていたのは討論であり、また討論において即座に鋭い応酬をもって相手を圧倒することにあった。議会の本会議や委員会では、彼は討論することをむしろ楽しむ風であったという。これも亦、蘇峰のいう「今日主義」の一つの現われであり、卓越した一種の事務家的タイプであったことにもつらなるものと思われる。

政治家としての彼のなお一つの特長は、巧妙をきわめた政治的掛引・策謀にあった。このことは、上に述べた組閣にいたるまでのその政治的記録からも明かで、いま改めて付け加える必要もないであろう。

人間として

原が質素な小宅に住んだことは前にふれたが、その私生活には彼の性格がはっきりと投影していた。政治家として一種の事務家的なタイプであったことは、私生活におけるその几帳面さとも一脈通じる。原は服装につねに注意を払った。ハイカラであったのではないが、よいものを長く用い、古くなっても大切にして、それをきちんと身につけて、乱れを示さなかった。宴会の席でも議場でもそうであったが、自宅にいる場合でもつねに正坐して膝を崩すことはなかった。その書斎は整然としていた。書物は部門別に書架に排列されており、書類は一件毎に状袋に入れた上で内容別に分類して整理棚に配置されていた。彼は毎朝新聞をよんでから、訪客に会うのを常としたが、新聞をよみ終ると、一紙ずつ元の通りに畳んで、それらを重ねて置いた、という。その几帳面な性格は、このような些末《さまつ》な所作にも現われている。彼は遺書を二通作成していた。一つは死後直ちに開封すべきものと表に記してあり、それには葬儀に関する遺言が書かれてあり、他は葬儀終了後開封すべきものと表書きされ、それには家事・資産等に関することが記されていた。そして、これら遺書の内容にも周到な配慮が払われている。

原は郷里をふかく愛した。また、肉親・故旧に対してきわめて篤かった。横山健堂は曽つて評して、原は敵に対して剛、第三者に対してはそれ程でなく、味方には融け、る、といったが[24]、政友会を自己の分身として上述のように熱愛した彼は、肉親・故旧に対しても溢れる温情をもって接した。彼が郷里盛岡に住む母に対して孝養を尽したことは有名である。離別した先妻に対しても、生活費、その他を送って、配慮をゆるがせにしなかった。原には実子がなく、親戚から養嗣子を迎えたが、この養子の貢に対しても彼は父として溢れる温情を注いだのであった。大正一〇年一〇月に貢はイギリスに留学することになった。当時原は首相である。原の許に出入りしていた時事新報記者前田蓮山の伝聞によると、出発を前にして貢が荷造りをしている物音をふと耳にした原は、「さうしておけ。俺が荷造りしてやる」といい、全部自分で荷造りをしてやった、という。出発の日横浜に見送った原は、桟橋の先端に飽かず立ちつくして、遠ざかって行く汽船の姿をいつまでも追った。その後家人にむかって、時には書生に対しても「今頃貢はどの辺を行つてゐるかナア」としばしば話しかけた。また妻に「あれも帰るときには背が高くなつてゐるだらう」と洩らしたりもした、という。原は又、旧主家である南部伯爵家に対しては旧臣としての礼を尽して終生変ることがなかった。郷里をふかく愛した彼は、郷里と郷里の旧知とのために力を貸したことも少くない。原の俳句に、「吹く風にとまり兼ねてや秋の蝶」というのがある。それは題して、「山形県賀茂港に幼少の頃知合なりし人の跡を尋ねしに其子孫先年北海道に行きて消息なしと聞き」とある。

原は首相になってからも、政友会関係の宴会をやるときには日本料理は築地の花谷《はなや》、洋食の際は芝の三縁亭を用いるのが常であった。花谷は農商務省の傍にあり、原が農商務大臣秘書官であった頃陸奥農相に連れられて出入りし、それが因でいろいろと世話になった旧縁があるためであった。三縁亭は原の自宅に近くて、これも古くから縁故のあった関係からである。内田信也は記している、「花屋と来たら時代遅れで、僕等の目から見ればまつたく行届かず、かつて僕が主人役となつて宴会した時は原さんと三浦〔梧楼?〕さんにだけでも脇息《きょうそく》を出して呉れといつたら、それすらない料亭であつた、洋食の三縁亭もまづい点では有名な店だつた、僕が「三縁亭は随分まづいですネ」といふと、「いや、それは君らが金をたくさん出さないから、まづいものを食わせるんだヨ。金を出しやうまいんだ」としきりに弁護されたものだ」。原が自分と古い縁故のあるものを引き立てる温情の持主であったことは、このようなところにまで現われている。

原は知人と碁・将棋を打つことも時にはあった。しかし、その程度のことにすぎず、巧くもなかった。彼は晩年には句作を楽しんだ。しかし、「政治は三度の飯よりも好きだ」とつねづねいっていたように[25]、政治が実は趣味であったのである。

首相として

大正七年九月に成立した原内閣は、陸軍・海軍・外務の三大臣を除く全閣僚を政友会員から起用した政党内閣であった。しかも、内閣制の実施(明治一八年)以来平民で首相に就任したのは、このときの原が最初である。また政党党首であると同時に衆議院に議席を持って組閣したのも、このときの原が最初であった。そこで、原内閣は成立当初世上に若干清新な印象を与えたことは事実である。

親任式の直後、原はその親しくしていた前田蓮山に「大変歓迎を受けてありがたいわけだが、余り吾輩に期待すると失望するぜ。これでも、もう十年早く推薦に預かつたら、相当働けたと思ふがね。年を取ると、いろ〳〵と周囲の事情が複雑になつてね。方々に引つかゝりがあるし、悪く言へば情実纏綿《てんめん》だからな。なか〳〵身動きが自由にならん。余り期待すると失望するぜ」といったという[26]。「もう十年早く」云々という言葉は、寺内内閣末期の彼の焦躁を連想させる。組閣当時、彼は六三歳であった。しかし、原は精悍の気に溢れていた。首相就任後のある夜に、昔の司法省法学校時代の同窓生の集りがあった。その席から帰って来た原は、待ち合せていた賞勲局総裁児玉秀雄に、「何《ど》うも今夜の集りは不愉快だつた。……だつて君、面白くもあるまいぢやないか。話といふ話が皆な申合せた様に自分達の孫の話ばかりなんだ。久々で集つた同窓が孫の話なんかする位なら、いつそ芸妓なんか喚ばないで僕の家に来たら宜いと云つてやつたよ」と不満に堪えない口ぶりであった、という。

大正七年ついに首相となって政権の座についたことは、ともかくも大きな喜びであったに違いない。「大正七年を送る」と題した彼の句に、「風凪ぎて静なりけり除夜の鐘」。この歳晩彼の胸中にいかなる思いが去来したことであろうか。

彼の新内閣が当面することになった政治上の力関係は、しかし、決して単純なものではなかった。齢すでに八〇歳を越えていた元老山県は政界に依然巨大な勢威を擁しつつも、その派閥網の維持・拡大に余念なかった。そして、自己の系統のものを宮中・枢密院に入れることをはかり、また彼らを授爵・昇爵、その他の栄典にあずからせようとして、つねに倦むことを知らなかった。原は組閣後山県の許をこれまでよりも繁く訪れて、その時々の施政について説明し、彼の諒解・支持を得るよう実に周密に心を配った。このような工作にもよって、山県は原の施政に対しては大体において満足した。そして、その側近に対しても原の政治的手腕をしばしば激賞した。但し、曽つて三浦梧楼が原に語ったように、由来山県は「政府に立つて成功する者を喜ばず」、自己の権勢維持に汲々としつつ、他人が功績を挙げるのを嫉妬した。それ故に、彼は原内閣についての不満を時折野党方面のひとびとに洩らした。そして、それは次期政権を狙って策動し山県への接近をはかる大隈・憲政会系をしばしば元気づけたりもした。原の対山県諒解工作は、つねにこのようなきわめて微妙な雰囲気の中で行われたのである。

原は、組閣後最初の議会である第四一議会に選挙法改正案を提出して、成立させた。これは、選挙資格としての納税条件を引下げ、又これまでの大選挙区制に代えて政友会に有利な小選挙区制を導入したものであった。原は組閣前に山県に対して、選挙権をある程度拡張し又小選挙区制をとらないと、山県の恐れている普通選挙論が世上に将来さかんになる惧れが大である、しかも、ひとたびそうなってはこれを抑え切ることはできない、と説いていた。この説得は知識人を中心にデモクラシー論がしきりに唱えられ、労働者運動が急速に活潑化し始めている当時の騒然たる社会情勢を背景に効を奏し、以上のような選挙法改正について山県の諒解を得ることが結局できたのであった。しかも、このような社会情勢の中で他方、憲政会・国民党は人心をひろく自党に引付けようとして、次の第四二議会に普通選挙法案を提出した。しかし、当時の議会の勢力分野からいえば、この法案が否決されることは全く明瞭であった。ところが、それが本会議に上程されると、原は突如議会を解散し、「現在の社会組織を脅威するが如き不穏なる思想」に立脚したこの法案について「国民の公正なる判断」を求めると声明した。そして、つづく総選挙において政友会は大勝し、絶対多数を獲得したのであった。この選挙が終った直後に、原は貴族院の最大かつ最有力の政派である研究会の領袖大木遠吉《おおきえんきち》を法相として入閣させた。さらに、研究会の有力者たちにあるいは利権、あるいは官職、その他の栄職を提供することによって彼らを懐柔し、研究会を政友会に引付けることに次第に成功して、「両院縦断」の形勢をつくり出すのである。すなわち、山県系勢力が久しきに亘って勢威を誇って来た貴族院に政友会の勢力を浸透させ、貴族院の大勢を左右できるようにした。原内閣の下で、こうして政友会の党勢は今や格段に強化された。

しかし、大正七年から大正一〇年にいたる前後約三年にわたる原内閣の施政をみた場合に、特に目ぼしいものとしては何を挙げることができるであろうか。一つは前述した選挙法改正であろう。ところで、この場合小選挙区制の採用は政友会の党略的打算と密接に結びついていた。第二は朝鮮総督・台湾総督の武官専任制を撤廃し、やはりこれまで武官専任制であった関東都督に代えて関東長官を設け、この関東長官にも文武両官のいずれでも充て得ることにしたことである。第三には曽つて大隈内閣が山県の歓心を獲ようとして改悪した文官任用令を再改正して、自由任用および特別任用の範囲を拡大したことである。第四は市制・町村制を改正して、市町村会の選挙規定を改め、選挙権・被選挙権について納税資格を撤廃し、さらに市については三級選挙制を二級選挙制に改め、町村については原則として等級選挙制を廃止したことである。以上のように挙げてみると、原内閣の業績は豊かであったとはいいがたい。これは、原の政治家としての特色が目前当面の問題を手際よく処理することにあったこととも関連すると思われる。

「平民宰相」の平民観

原は平民で首相の地位に就いた最初の人であったので、「平民宰相」などと世上でいわれた。このレッテルは、果してどれほどの意味をもつのであったか。原は総裁就任の前後以来一貫して、時の政府によって華族に列せられるのを甚だしく惧れ、それを避けるよう配意した。このことは、彼の日記の中に散見される。それは、主としては、授爵によって貴族院に移らねばならなくなるのを嫌ったからである。このように考えるようになったのは、彼が政友会内できわめて重きをなすようになったことと関連するであろう。その点について、傍証として役だつと思われることがある。原が政友会の創立に参加してから間もなく伊藤が第四次内閣を組織するが、その組閣の際に閣僚に起用されなかったとき、原は不満に堪えず、最近の機会に貴族院議員に任命せよと伊藤に対して迫ったことが、その日記に記されている。ところが、その後彼が政友会内において次第に大きな勢力を築き、ついには前述のように党のため一身を献げるにいたったとき、当然のことながら、彼としてはどこまでも衆議院に議席を保持しつつ政友会を統御したいと決心するにいたった。[27]それ故に、爵位という世俗的栄誉に心を動かされなかったのは、主としては、政友会を熱愛し、政友会における自己の役割についてふかく期するところあったことの現われにほかならないであろう。それにしても、彼が「平民」に止まったことは、とにかくも政党政治家として歩むべき途を正しく歩んだことになった。

しかし、「平民宰相」というとき、「平民」とは原の場合右に述べた以上にさらに実質的な意味をもつものであったであろうか。たとえば、彼が組閣前に山県有朋の許に出入りし、ついに山県に貴下と自分とは唯「一点」を除いては政治上の所見において一致するといわせたという事実、また原内閣の施政に山県が少くも大体においては満足していたということ、これらを考えただけでも、以上の設問に対する回答は与えられるようである。しかし、以下にもう少しく具体的にこの「平民宰相」の平民観をみてみよう。第一に、普通選挙の問題である。原は前述のように第二次西園寺内閣の内相当時に、山県の普選亡国論に賛成した。そして、組閣後も同様であり、且つ上に述べたように、この普選問題で議会を解散した。解散前に研究会の領袖小笠原長幹《ながよし》、青木信光らが原にむかって、もしも野党側の普選案が衆議院で可決されるようなことになっては困るといったところ、原は「此事は単に選挙のみの問題にあらず。一たび此風潮勢を得ば階級無視、将来国家の由々しき大事と思ふに付、如何様の手段にても決して貴族院に送らず、安心せよ」と答えたと、日記に記している。そして、政友会が総選挙で絶対多数を獲得した後も、普選亡国論をくり返す山県に対して原は述べて、実施の時期を誤れば正にその通りである、「普選を急施するの危険なるは郡村にあらずして都会に在り、而して古来革命は首府に於て行はるゝものなるが、俄かに普通選挙を行はゞ東京は混乱の巷《ちまた》となるべし。恐るべき次第なりと言ひ、山県飽《あく》まで同感なり」とやはり日記に記している。(28) 彼は議会で普選問題について種々演説しているが、貴族院での演説では、今日無産階級に選挙権を与えることは危険思想の防止に役だつどころか、その逆の結果になると思う、ともいっている。(29)

原は又、知識人・労働者階級の間において治安警察法第一七条が弾圧法規として問題にされ、その撤廃がかねてから強く叫ばれて来たのに対して、同条は労資の双方を保護するものであり、廃止の必要はないとした。また、当時しきりに起っていた労働争議について、原は賃銀の引上げを労働者が要求して不穏な行動に出ており、政府としてはこれを厳重に取り締ろうと考えている。しかし、肝心の資本家側が「一時の安」を望んでその要求を容れるごときことがあり、これでは「如何ともする事能はず」と日記の中で歎息している。(30)

原はまた首相として、思想問題について少からず憂慮したが、結局は教育家の「心得方」を改善するほか途はないと考えたにとどまった。又キリスト教が拡がりつつあることをも心配した。儒教、仏教は「日本化」したが、しかし、キリスト教は外人宣教師によって布教されており、又世界戦争の影響で人心の動揺している折柄でもあるので、将来の事態は懸念に堪えないと考えた[31]。

彼は又、みずから政党内閣を組織しながらも、彼の内閣の成立を機会に二大政党が交代して政権を担当するいわゆる憲政の常道を樹立したいとは考えていず、次期政権を反対党である憲政会の手に渡すまいとした。そして、そのような意図の下に山県と憲政会総裁加藤高明との離間をしきりに試みた。原は山県の配下である田中(義一)陸相に対して、もしも加藤が組閣することになれば山県の恐れているように「群衆を後援」とするであろう、そうなったら政友会も「自衛上憲政会の上を超すべき政策」をとらざるを得ず、「随分天下の騒」になろうと語った[32]。これは、もちろん彼のこの言葉が田中を通して山県の耳に達するのを期待してのことであった。さらに、彼は憲政会が山県の嫌う普選を唱えているのをこの離間工作のために利用することを怠らなかった。たとえば、大正一〇年四月に山県に会い、目下内閣の進退を考えているというと、山県は他に代り得るものがないといって慰留した。そのあとの山県との問答を原は日記に次のように記している、原が「加藤高明も今少しく考あれば可なれども、何時も他に強られて動くには困ると言ひたるに、山県は加藤が朝に立ち普選をやる様の事あらば、自分は単身にても政友会を助勢すべしと勢よく言ひたり[33]」。

原が組閣したとき、前田蓮山は原に「よくも山県が目をさましたことですね」といった。このとき、原は無造作に「米騒動だな。あの時若しわが党が煽動でもしてみ給え。大変なことになつてゐたにちがひないよ。官僚内閣の無力なことが、山県にもよく呑み込めたのだ」と答えた、という[34]。原はそれ故に、山県に及ぼしている民衆の無言の圧迫感が原を政権の座に就かせる契機になったことを知っていたわけである。しかし、それにもかかわらず、彼は民衆とともに進もうとはしなかった。原内閣は成立後、山県系で固められた枢密院との関係でしばしば苦境に立ったが、その折に馬場恒吾は評論して、原内閣が枢密院に苦しめられるのは、結局その背後に民衆の力をもたないからである、原内閣は民衆を味方とし民衆の力を背後にして枢密院に当るべきである、と述べた。この論説をよんだ原は馬場にいった、「あれは大変な議論だ。民衆の波に乗つて枢密院に当れと云ふやうな事は、あれは革命だ。僕には賛成出来ぬ[35]」。民衆彼は民衆と共にあることを欲しなかったのである。しかも、上に述べたところからも明かなように、原は政友会を政権に接近させ、また政権から遠ざからせないために、つまり政友会の党利党略のためには、必要に応じて民衆を側圧として利用する点で抜《ぬか》りはなかった。彼にとっての何よりの関心事は政友会の党勢を拡大・強化することであり、そのような彼は、ブルジョア・地主の利益の擁護者であり得ても、民衆の僕《しもべ》ではあり得なかったのである。原内閣の下で、社会立法の面において見るべきもののなかったのも、偶然ではない。「平民宰相」原敬とよばれたとき、その「平民」という言葉がどれだけの意味しか持ち得なかったか。それはもはや明瞭であろう。

続出する疑獄

原は組閣後、政友会の党勢強化に百方力を注いだ。国防の充実、交通機関の整備、教育施設の改善充実、産業および通商貿易の振興が内閣の政綱として掲げられた。この「四大政綱」の中で最初のものは別として、他の三項目の具体化にあたっても党勢の拡張が強力に企てられた。しかも、党勢強化の推進は、政治的腐敗事件を続出させることになった。そして、満鉄疑獄事件、阿片問題疑獄事件、東京市政をめぐる大小の疑獄事件、その他数多くの同種事件の頻発は世人を一方ならず顰蹙《ひんしゅく》させた。すでに大正九年二月に国民党の犬養毅は演説して、原内閣が利権提供を通じて党勢の拡張をさかんにはかっていることを痛難し、「是まで藩閥官僚の政府が随分悪い事を致したが、斯の如く広く行渡る悪事をしたことがあるか。それは無いのであります」と述べたが、それは反対党の政府攻撃の常套語と一概に片付けられないように当時のひとびとには思われた。

このような中にあって、それでは原はどのように振舞ったか。大正九年秋に東京市の砂利・道路・下水工事に関する疑獄事件が暴露したとき、大木法相は「元兇」を検挙するのは当然であるが、「徒らに之を拡大し検挙する事は見合すべし」と司法部内に訓示し、そのあとで、このような訓示でよかったかと原に尋ねた。このとき、原は日記によると次のように答えた、「異論なし、夫れにて可なり、元来如レ此事件は選挙違反同様に拡大すればする程際限なき犯人を見出すべし、犯人固より宥恕すべきに非らざるも、他の一面より之を見れば、却つて人心に好影響を与ふべしとも思はれず、……此回の事件には不幸にして政友会系の者多き様子なるが、是れ政友会系の者多く実権を握り居る為めに外ならざるも、之が為めに政友会一般に累を及ぼす次第なれば公明正大なる処置を要する事必要なるも、只之が為め徒らに拡大するが如き事あつては却つて人心を悪化するが如き反動も之あるものに付、其訓示通にて不可なかるべしと返答し置きたり」(36)。そして、同じく東京市関係の疑獄事件の一つとして東京瓦斯会社に関する不正事件が暴露したとき、大木法相は新聞記者に対して語って、この事件について徹底的な検挙を行えば、「社会組織」を破壊することになる、それ故いい加減のところで打切る、と公言した。これも正に原の意向に添うものといってよいであろう。

なお、注意すべきことは、これらの疑獄事件には、政友会員で連坐するものが多数に上ったばかりではない。容疑者になり或は有罪となった者の中には、要職にあり且つ原と旧来きわめて昵懇《じっこん》の間柄であったひとびともふくまれていた。たとえば、満鉄疑獄事件における中西清一は、原の推薦によって満鉄副社長に就任したのであったが、彼は政友会系官僚の出身であった。また、東京市疑獄事件における阿部浩(東京府知事)は、すでにふれたように原の同郷の先輩であった。さらに阿片問題疑獄事件における古賀廉造(拓殖局長官)は原の司法省法学校時代の同窓生で旧友であった。以上のような次第で、世上では続出する疑獄事件に対する原の責任がしきりに問題にされた。原が党と党員とをこの上なく愛し、また故旧に甚だ篤かったことが、数々の情実人事を生み、そして、そのことがひいてこのような始末になったということもできよう。馬場恒吾は後年回顧して、自分は疑獄事件頻発の当時、原に「政治の腐敗する原因は、選挙に金がかゝるからだ。金の要らない政治を建設する必要がありましよう」といったところ、原は「そんな馬鹿な事があるものか。みんな金を欲しがるではないか。金を欲しがらない社会を拵えて来い。そうしたら、金のかゝらぬ政治をして見せる」と応酬した。[37]議会において、ことに原内閣下の最後の議会になった第四四議会では、野党側はこれらの疑獄事件をとり上げて烈しく肉迫した。しかし、原は衆議院における政友会の絶対多数、貴族院における研究会との連携を恃んで、持前の闘志をもって傲然これに応酬してたじろがなかった。原のこのような態度を三宅雪嶺は評して、「何としても頑張り、突くなら突いて見よとの調子」であったといっている。

ところで、山県に対する原の宥和工作は原内閣の下で完全にその飽和点に達したといってよい。山県の秘書であった入江貫一は後に回想して、原首相は随分力めて山県公を訪ねられたようであった、公は「原の意見は大体に於て自分の意見と合致する。しかし、一点に於て如何しても一致せぬ所がある。此の事は、原にも明言した」(一六八頁参照)と一再ならずいわれた、しかしまた「原程の力のある政治家は今は他に多く求められない」と賞揚されたことも屢〻であった、としている。また、原内閣下最後の議会の閉会された日(大正一〇年三月)に、小田原の邸・古稀庵で山県は彼の許に繁く出入りしていた松本剛吉にむかって、「今度の議会の遣り方は原は実に立派なものであつた、原位の人間は只今では無いと思ふ、大正四年の秋御大典の時京都で己は西園寺公と荐《しき》りに往復したが、将来天下国家の事は己と西園寺公との二人で背負つて立つといふ約束をした、翌年寺内内閣の出来る時に西園寺公は態〻《わざわざ》東京に出て来て熱心に尽力されたが、それだけで後は丸で忘れたやうになつて居る、頗る熱の無い遣り方である、此の熱の無い事は原も承知して居る筈と思ふから、将来は仮りに己の辞表が聞届けらるゝとして一平民になつたなら〔当時山県はいわゆる宮中某重大事件との関係で枢密院議長の辞表を提出し且つ一切の官職・栄典拝辞の意を表明していた〕、原と力を合せて遣りたいものである、原には経綸が無い抱負が無いといふ人もあるが、人格と云ひ遣り口と云ひ、実に立派なものだ」といった。(38)

大正一〇年一一月四日の宵、原は明治八年二〇歳のときから欠かさずつけて来たその日記のために、この日の重立った出来事のメモを鉛筆で便箋に認《したた》めた。備忘のためである。「四日　閣議、満鉄中間配当、国有財産、北海道山林、枢府労働委員決議、北海派遣救援隊、○フライシャー来訪○支那董来訪」と書いて、最後に「○出発」と記した。そして、自動車で東京駅に向った。政友会の近畿大会に出席するためである。乗車しようとして、ひとびとと共に改札口に近づいたとき、突然に柱の蔭から一人の青年が飛び出して、短刀で原を刺した。原は倒れ、間もなく絶命した。下手人は省線(国電の前身)大塚駅の転轍手であった。犯人は後日公判廷で犯行の動機を陳述して、自分はニコライエフスク事件、青島返還問題、シベリア撤兵問題、ワシントン会議などの経過、満鉄疑獄事件、東京市疑獄事件、阿片問題疑獄事件に激昂し、「身を犠牲にして、内閣総理大臣たる原敬を殪《たお》せば、自然に自分の名も世に現はれやうし、内閣は倒壊するから、其れに依つて革新しようといふ考へ」を抱いていた、と述べた。当時原は六六歳であった。

原内閣下の露骨をきわめた党勢拡張、それに伴って生じた大小さまざまの政治的腐敗、しかも、これらに対して野党をはじめ広く世上に沸き立つ烈しい論難に直面しながらも絶対多数党の威を恃むごとくみえる原の傍若無人、傲岸不屈の態度。原とその内閣とは、甚だしい不評・非難を世人の間に買うにいたっていた。原暗殺事件の公判廷で、弁護人今村力三郎は述べた、「原氏に対する社会の反感は驚くべきほど強きものがあつた。其一例を挙ぐれば、山陰方面の某新聞は原首相誅せらると題して号外を出した。四国と九州では号外売が万歳々々と叫んで暗殺の号外を売つて歩いた事実がある」。これは弁護人の弁論であるにしても、原の殺されたとき、たとえば『東京朝日新聞』の社説は論じていった、「原氏は理想の政治家ではない。今日まで力を以て強行した力の政治家である。……其の率ゐる一党に於ては、啻《ただ》に氏が力を以て威服したのみでなく、師父の如く懐《なつ》くものも少くない。然し此の温情と敬愛とは原氏が個人に対する友誼を拡大した党派的愛情の為めに、内に益《ます》厚《ます》くなると共に外に反て愈《いよいよ》薄くなるを免れなかつた。反対党等の原氏を憎悪するは此が為めだが、更に輾転《てんてん》して国民にも此の傾向を濃厚ならしめたのは惜しいことである。其最後が終生力に闘つて竟《つい》に力に斃《たお》れる結果を生み出したのである」。三宅雪嶺はより率直に断言した、「犯人は深い量見あつてのことではなくても、人は偶然のことゝは見ず、たうとうやられたかと云ふやうに話し合ふ形がある。無分別なものが飛び出して飛んでもないことを仕出かしたとのみ考へぬ」。

明治一八年の内閣制度の施行以来、総理大臣の現職にあって暗殺に遭ったのは、このときの原敬をもって実に初めとする。「平民宰相」の遭難。それは単に歴史の皮肉としてばかり片づけるべきものではない。この兇変の起る三カ月半ほど前に、『東洋経済新報』の「小評論」欄に「憲政擁護運動の夢」と題する一文が掲げられた。それは述べて、野党政治家の中には大正初めの憲政擁護運動の再現を夢みているものがいる。しかし、彼らは当時と今日とでは時勢が全く変ってしまったことを知らない。あの頃は国民は政党に大きな信頼を置いており、強力で横暴な官僚を倒して政党内閣さえつくれば、「国家の面目」は全く一新すると考え、「国運を開拓する、唯だ此一途にあり」と信じていた。それ故に、彼らは桂内閣に「突貫」し、山本内閣に「肉迫」したのであった。ところが、今日では国民は政党に失望してしまっている。大隈、原の両内閣の施政、近頃の議会の有様は、政党に対する国民の信頼を裏切るに充分であった。政党は「政権を私する為めの朋党」であり、「国利民福を念とする団結」でないことが、余りにも歴然とした。国民の信望がこのようにすでに政党を去った今日、いかによい題目を掲げても、国民の血を政党のために沸き立させることはできない、と論じた。(39) この文章が原遭難の僅か前に書かれたことは、注目に価する。思えば、原の遭難は実は政党政治の将来にとっての不吉な兆候であったのである。歴史は、今日そのことを正に立証している。

戦後に、原敬のことが折々人の話題に上る。その場合彼に対して往々甚だ高い評価がなされたりもする。このことは、何を意味するのであろうか。党内派閥の争いの中に浮沈する戦後政党指導者たちのみじめな姿は、おのずと、政友会を率いて整然一糸乱れない統御力を示した原のあの手腕、あの颯爽たるリーダーシップを回想させるのであろうか。そして、原の暗殺を生んだ彼の内閣の暗い面はそのためにいつか忘却されているのであろうか。そうであるとすれば、そのことは戦後わが国政党政治の最も切実な問題が未だなお政策にはなくて、実に政党の規律にあることを意味する。ひとをして原敬を回想させる戦後政治のこのような貧困！ それをわれわれはいかなる言葉をもって形容すべきであろうか。

挫折の政治家・犬養毅

奇しき偶然

大正七年(一九一八年)における原内閣の成立は、戦前の政党内閣制の糸口をつくったものといってよい。原敬は平民で首相になった最初の人であるとともに、政党党首であり且つ衆議院に議席を有して組閣したのも、このときの彼が最初である。ところで、戦前における最後の政党内閣は、犬養内閣(昭和六―七年)である。そして、首相犬養毅は全くの党人出身であった。彼が組閣したときに、第一議会以来の衆議院議員が二人いたが、一人は尾崎行雄であり、なお一人は犬養であった。犬養は過去に文相に一回、逓相に二回就任したが、しかし、通常の官歴としては明治一四年に約三カ月間統計院権少書記官を勤めただけである。そして、組閣までの過去のその生涯をほとんど政党生活に送って来た。このような閲歴は、それまでのどの政党内閣の首相にも見出すことはできない。原によって端緒をひらかれた政党内閣制が、この生粋の政党政治家である犬養の組織した内閣をもって終止符を打たれたということは、まことに奇しき偶然である。

東洋趣味

犬養毅は安政二年(一八五五年)四月備中の小藩である庭瀬《にわせ》藩の郷士の家に生れた。儒学が代々の家学であったので、少年時代には儒学で身を立てることを考えていた。勝気で負け嫌いなこの少年は郷里の塾で家格を誇る藩士の子弟たちの中に入り交って勉学しながら、学力をもって彼らを見返そうと力《つと》めた、と伝えられている。

儒学の家に生れた関係にもよるのであろうが、犬養は生涯いわゆる東洋趣味を身につけていた。彼は漢籍を愛好した。書道にも長じて、風格にとんだその書は有名である。筆墨・紙・硯についても一家言をもち、現に『木堂翰墨談』の著もある。刀剣を愛して鑑識眼を具えていた。以上これらの方面についての犬養の趣味はきわめて深かった。彼の死後に内藤虎次郎(湖南)は回想して、犬養は一般の政治家と肌合いが違って趣味がひろいので、国民党時代地方に遊説に出かけても土地の学者や書家などと話し込む時間が多く、党員たちが訪れて政談をしても一向乗気にならないというので、苦情をうけたりした、と述べている。

彼の思想にも、この東洋風が現われていた。たとえば、大正一一年夏に座談の中で述べて、東洋四千年の文明を研究する上から漢学は保存しなければならない、東洋道徳の根柢をなして来た儒学はとりわけ保存すべきである、東西の学問を融合、淘汰して「東洋の新学問」を建設するのには、先ず東洋在来の学問を研究することが必要である、と語っている。また弁論について述べて、西洋では演説の技巧的な面についていろいろ工夫がされて、聴衆を感動させることを試みているが、それでは不充分である、釈尊の無《キ》レ所レ畏《ルル》の心、孔子の自《ラ》省《ミテ》不《ンバ》レ疚《シカラ》 何《ゾ》憂《ヘン》 何《ゾ》懼《レン》の心境で聴衆に臨むことが実はきわめて大切なのである、技巧などは問題ではない、と語っている(1)。また、西郷隆盛を崇拝していた。彼は、由来自分は「前賢」について偉人とか英傑とかいう言葉を無暗《むやみ》に用いないが、西郷だけは偉人と呼びたい、但し、一般世人とは違って、彼の軍事上・政治上の業績を偉大とは考えない、「絶対無辺の心境」に感心しているのである、としばしば語っている(2)。

若き頃

前にふれたように、彼は初めは儒学で身を立てようと考えていたが、しかし、やがて郷里で漢訳の国際法の書物に接する機会をもった。そして、そのとき西洋の学問の中には漢籍にないもののあることを発見して強い衝撃をうけた。そして、爾来洋学を勉強する志を抱いた。犬養は後年に回顧して、もしあの国際法の書物に接する機会がなかったなら漢学ばかりやって、今頃は中学の漢文の教師をやっていたであろう、『万国公法』は、吾輩にとつて大恩がある」と語っている。(3) 彼はやがて洋学を勉強しようとして、上京した。時に明治八年、二一歳であった。

これより先、慶応四年に彼の父は歿し、且つそれに先だって維新の変革を迎え、それらの結果家計は逼迫するようになった。犬養は時に一四歳であった。彼は回想して、自分にとって「所謂逆境」はこのときに始まった、と述べている。彼は東京では苦学を重ねなければならなかった。たまたま郵便報知新聞の主筆藤田茂吉《もきち》を知る機会をもったが、藤田は犬養の漢学の素養と文才とを認めて、同紙に論説を寄稿させるようにした。ところが、犬養の論説は当時同社にいた栗本鋤雲《くりもとじょうん》に認められた。栗本は曽って幕府の要職にあり、維新後は「前代の遺臣」をもって任じて新政府に仕えず、清節を一世に謳われた人である。犬養は鋤雲を識って以来、その学識と人格とを深く敬慕するようになり、終生変ることがなかった。なお、木堂《ぼくどう》という彼の雅号も鋤雲から与えられたものである。

彼は郵便報知新聞への寄稿の報酬を引当てに慶応義塾に入った。しかし、学資はとかく不足し貧乏に苦しみつづけた。当時慶応義塾には尾崎行雄も学んでいたが、尾崎らの一群の学生はととのった服装を身につけ、弁論に文章にその才気を誇っていたのに対して、犬養らの一団は粗末な身なりと粗野な言動とに古武士をてらい、また腕力を誇って、これに対抗したと伝えられている。

明治一〇年に西南戦争が勃発すると、犬養は藤田の依頼で郵便報知新聞の記者として従軍し、危険を顧みずに戦地に活躍して通信を送ったが、その従軍記は当時世上で大いに好評を博した。この従軍中に犬養は軍人になりたくなった。そして、谷干城《たにたてき》にその志望を打明けたところ、戦争も間もなく終るから学業をつづけよと諭され、城山の陥落後帰京して学窓に戻った。そのとき福沢諭吉から「命知らずの馬鹿野郎」と叱責された。犬養は慶応義塾に入って福沢に接して以来、生涯福沢を崇拝した。彼の政治思想も福沢の影響に負うこと大であろう。ところが、明治一三年卒業を間近にして彼は退学した。これは、試験で国語の成績が同級生の矢田績《せき》より一点低かったので、勝気で負け嫌いな犬養は無念に堪えず、そこへたまたま雑誌発刊の話があったので、退学して豊川良平と一緒に東海経済新報を始めることになった。犬養は主幹として編集にあたったが、自由貿易論を唱道していた田口卯吉《うきち》の東京経済雑誌に対抗して、保護貿易の立場からこれと論戦を交え、この論争は当時世人の注目を集めた。

民党団結の夢

明治一四年、犬養は統計院権少書記官となって官途に就いた。これは、郵便報知新聞時代に知った矢野文雄の勧めによるものであり、矢野はその頃統計院幹事兼大書記官であった。犬養は当時政府が立憲政の実施にそなえて人材を大いに登用する方針であるときいて、仕官を決心したのである。このとき、尾崎もやはり矢野に勧められて同じ官名で統計院に入った。これらは何れも、矢野が参議大隈重信に任用方を進言した結果である。しかし、この年秋に入ると、「明治一四年の政変」が勃発して、大隈は免官処分に付され、それとともに政府内の矢野文雄以下大隈系のひとびとは連袂辞職した。その中には、犬養、尾崎も含まれていた。犬養の「官員生活」は、このような次第で、わずか三カ月ほどで終った。

ついで、野に下った矢野が郵便報知新聞を買収すると、犬養は再び同新聞に入社した。なお、尾崎もまた、少し遅れて入社した。大隈がその後立憲改進党を組織することになると、犬養は尾崎らとともにこれに参加し、以後彼の長い政党生活が始まった。そして、自由民権運動がその後起伏・盛衰を重ねて行く中で、犬養は藩閥支配を打破するためにはいわゆる民党の合同が是非とも必要であるとしきりに考えた。

明治二〇年に入って、後藤象二郎がいわゆる大同団結運動を開始したが、後藤がさきに自由党の領袖であった関係から改進党員でこれに参加したものは甚だ少かった。しかし、上述のような考えを抱いていた犬養は進んでその傘下に投じた。犬養はすでに慶応義塾に在学中に福沢の紹介で後藤の許に出入りするようになっており、彼はその頃から後藤・大隈両人の提携を実現させたいと望んでいた。これも亦、民党勢力結束の観点からであった。それ故に、明治二二年後藤が大同団結運動の目的を政府内部から実現することに力めると称して、時の黒田(清隆)内閣に逓相として入閣したとき、犬養は後藤のこの入閣を支持した。支持しただけでなく、大隈が外相であるこの内閣に後藤を入れることによって両者の提携を実現させようとしてみずから工作を試みもしたといわれている。しかし、後藤の入閣は彼を中心として大同団結運動に従事して来たひとびとの間に囂々《ごうごう》たる非難をよび起した上、中心を失ったこの運動は結局四分五裂、ついに解消してしまった。また後藤の入閣した年の中に、黒田内閣は大隈外相の条約改正案をめぐって世論の烈しい攻撃を浴びると同時に閣内意見の分裂をも来して窮地に陥った後、大隈の遭難となって、ついに総辞職した。

その後、帝国議会の開設を前に旧自由党系と改進党とを合わせた統一民党を組織することが企てられたが、そのときも犬養はその実現のため熱心な奔走を試みた。しかし、自由・改進両党系の多年にわたる烈しい相剋に由来する相互の反情は容易にとけず、計画は結局失敗に終った。民党勢力の団結、民党合同という犬養の理想は、こうして、実現すべくもなかった。

「当世策士の標本」

明治二三年七月わが国最初の議会総選挙が行われたが、犬養は郷里の岡山で改進党から立候補して当選した。彼はこのとき以来昭和七年のその死にいたるまで実に四二年間にわたって衆議院に議席を保持しつづけることになった。

ここで、政治家としての犬養について少しくみてみよう。彼は筆をとれば名文を綴ったが、しかし、容易に筆をとらなかった。彼の弁論も亦、幾分それに似ている。その弁論の才はすでに慶応義塾に在学していた頃から知られており、また、生涯を通じて地方遊説で演壇に立つこともきわめて多かった。それにもかかわらず、彼は本来は演説を好まず、議会で演説したことも、それほど多くはない。ただ、ひとたび壇上に立つと、その面目は躍如たるものがあった。というのは、彼は生来俊敏で洞察力にすぐれ、物事の要点をとらえること、判断を下すこと、機をとらえることが甚だ早く、すきがなかった。長年犬養の側近にあった古島《こじま》一雄の追憶によれば、あるひとが古島に「犬養は村正の刀を抜身のまゝで下げて居るから近よれない」といったという。(4) 漫談に耽ることは好きであった。しかし、どんな用件でも五分間あれば片づくと称して、用件については他人から長談義をされるのを嫌った。きわめてまめに手紙を書いたが、しかし、内容は簡潔で、書簡箋二枚以上にわたることは稀であったという。演説も亦つねに短く、四〇分を越えることはなかった。彼は声に抑揚をつけたり、ジェスチュアを交えたり、卓を叩いたりする演説を甚だ嫌った。しかも、政府攻撃のためひとたび壇上に立つと、その論旨は相手の弱点を突いて峻烈骨を刺す殺気に溢れた。ところで、彼は演説をもって満場の喝采を浴びたりすることよりも、むしろ党内にあって機略をめぐらして策を立て、党を内部から左右する謀将の地位にあることを好んだ。曽つて横山健堂は犬養を評して、「彼の素養は、漢学に在り。彼の機略術数は、漢学生の雄なるものたる也。好んで術数を弄するは、漢学的政治家の趣味也。漢学出身の政治家と言へば、吾輩をして直ちに権謀の二字を聯想せしむ。這般《しゃはん》の政客、上院に谷隈山〔谷干城〕あり、下院には則ち犬養木堂在り。勿論犬養の智、谷の匹敵に非ず。然れども術数を喜ぶ底の、漢学型政客たるに於ては則一也」といっている(5)。これは、明治四〇年代初めに書かれた文章である。犬養の機略と彼の漢学との間に果してそのような関連があったかどうかはしばらく別として、彼が謀将の役割をむしろ好んだのは、一つには狷介《けんかい》・狭量としばしば評されたような自己の性格を知っていたことにもよると思われる。彼のこのような人となりについては、後に又ふれることにしたい。

ところで、改進党が進歩党、憲政本党と変って行く中で大隈重信はつねに正式の、あるいは事実上の党指導者であったが、大隈はすでに記したように、とかく慎重を欠き、粗放・軽率な言動に陥りがちなところがあった。それだけに又、犬養は謀将として党内でおのずから甚だ重要な役割を荷うことにもなった。なお、彼が所属した以上の諸党、また後に属した国民党はいずれもつねに少数党であった。そのことも、彼の権謀術数の才を一層長じさせることになったであろう。

さて、議会開設から明治二七年にいたるいわゆる初期議会では、歴代の藩閥内閣と政党勢力とはしきりに激突をくり返す有様であった。しかし、日清戦争後に第二次伊藤(博文)内閣が戦後経営の重大を名として自由党と公然提携するようになったのを最初として、その後は歴代の藩閥内閣は二大政党の一つと結んで施政にあたるようになった。ところで、この伊藤内閣に代って松方正義(薩摩出身)がその第二次内閣を組織することになったとき、松方は進歩党と提携して組閣した。進歩党というのは、日清戦争後改進党と小会派とが合同して作った政党であるが、改進党のいわば後身といってよい。この提携の成立は、実は犬養の工作に負うところが大きい。そもそも世上からは薩長藩閥としばしば一括してよばれていたものの、由来薩長出身政治家の間には古くから一般に烈しい対抗意識が抱かれていた。しかも、薩派は人材の点でとかく長州派に押されがちであった。ところで、他方自由民権運動の時代以来二大政党対立の形がとられては来たが、自由・進歩(改進)の二大政党をみると、両党はその創立以来烈しく反目しがちであり、しかも、議会開設以来つねに自由党が第一党の地位を保持しつづけ、進歩党(改進党)は第二党の地位から脱し得なかった。そして、自由党はすでに日清戦争前に伊藤博文(長州出身)の第二次内閣に接近し始めていたが、戦後には公然提携するにいたった。そこで、進歩党としては対抗上から薩摩出身の松方以下の薩派に近づいて、これと結ぶようになったのである。松方内閣と進歩党との提携は、それ故に、劣勢なもの同士の提携に他ならない。そして、曽つて民党の合同を熱心に画策した犬養も、今はその党を薩派に結びつけることによって党勢の打開を企てるにいたった。これは、犬養の政治的転換のようにも見えるが、しかし、単なる転換ではない。それは二つの意味においてである。第一には、彼としては薩派と結ぶことによって藩閥勢力の中核をなしている長州派に対抗し、又これを牽制して、藩閥政治をゆさぶろうという含みをもっていたという意味においてである。第二には、あとに述べるように、以後犬養は民党の合同、薩派との提携というこの二つの目標の間を、状況に応じてあるときはその一方を、あるときはその他方を追って動くのである。これは、もちろん彼の属する党がのちのちまでつねに劣勢であったこととも関連する。なお、松方内閣とのこの提携は短命で、一年余りで決裂して進歩党は野党に戻った。

日清戦争後から歴代の藩閥内閣は二大政党の一つと提携して政権を担当するようになったものの、松方内閣における進歩党の場合と同じく、自由党も亦このような提携が結局においては藩閥勢力を徒らに利するにすぎないことを知った。この苦い経験は、やがて両党を合体させて明治三一年六月における憲政党の創立となった。その際に、犬養の演じた役割はきわめて大きい。そして、彼の抱いて来た民党合同の夢は、今やついに結実したかのようにも見えた。こうして憲政党が組織されると、当時の第三次伊藤内閣は総辞職し、つづいてこの新しい政党の指導者である大隈重信、板垣退助の両人に対して組閣の勅命が与えられ、ここに大隈を首相とし板垣を内相とし陸海軍大臣を除く全閣僚を憲政党員から起用したわが国最初の政党内閣(隈板《わいはん》内閣)が成立をみた。その際に尾崎行雄も文相として入閣した。しかし、犬養は閣外にとどまった。鳥谷部春汀は当時のことを評論して、「憲政党内閣の成立するや、彼〔犬養〕は総務委員として威権赫々、動《やや》もすれば内閣大臣を圧するものありしを以て、世間彼を称して無冠の宰相と謂ひ、太甚《はなはだ》しきは内閣の実権は大隈伯に在らずして犬養木堂に在りと呼ばしむるに至る」と述べたが、(6)このときも亦、彼は党の実権を握り機略をもって党内外の情勢に対処しつつ党を動かす参謀たることをむしろ好んだのであった。春汀は同じ評論の中で、犬養木堂といえば、直ちに「当世策士の標本」と称せられているといっているが、彼の縦横の策謀は政界ではすでに有名であった。なお、この少しあと『大阪毎日新聞』は、犬養のことを「短身にして痩軀、蒼顔にして顴骨《かんこつ》秀で、炯々《けいけい》たる眼光人に逼《せま》り、精悍なる梟雄《きょうゆう》の風丰《ふうぼう》」をそなえていると記しているが、当時の彼の写真をみると、この記述も誇張とはいえないことが判る。

ところで、憲政党内閣の末期に尾崎がいわゆる共和演説で文相を辞職したとき、犬養は後任文相として入閣した。この頃には憲政党内の旧自由党系と旧進歩党系とのかねてからの対立は全く激化しており、内閣は危機に瀕していたが、文相親任式の後まもなく憲政党は分裂して、内閣総辞職となった。彼の文相在任は一〇日にも満たなかったのである。この分裂の結果、旧自由党系は同名の憲政党を、旧進歩党系は憲政本党を組織した。そして、憲政本党は大隈を党総理に推戴し、犬養は同党の筆頭総務の地位に就いた。民党合同の夢は、こうして槿花《きんか》一朝に終った。

犬養と尾崎

それから約二年後の明治三三年、伊藤博文によって立憲政友会が創立された。それは伊藤を総裁とし、彼の幕下の官僚出身者および解党・参加した憲政党員を中心につくられたものであった。このとき、尾崎行雄は改進党以来の政友と離れ、憲政本党から唯ひとり伊藤の許に馳せ参じた。これは、共和演説事件によって頓挫したその政治的前途を打開しようとしてであったともいわれている。共に慶応義塾に学び、のち新聞記者として又政党人としてその行路を同じくして来た犬養と尾崎とは、このときにいたって訣別したのである。

この両人は、溢れる覇気、烈しい自負心の持主であった点や、弁論の才をもって政界に知られていた点は同じであった。けれども、他のいろいろな面ではむしろ対蹠的であった。犬養が機略を蔵して「陰の人」として大きな役割を荷うことを好み、演壇に立つことも生来は億劫《おっくう》がったのに対して、尾崎の場合は才気を恃んだその言動は華かであり、とかく世人の目を意識して衒気《げんき》にみちていた。そして、一たび壇上に登ると、その態度は甚だ厳粛荘重で、威圧的であり、大きなジェステュアを交えつつとかく激語、痛論した。また、犬養が村夫子然たる風采の持主であり、漢籍を楽しみ、東洋趣味の愛好者であったのに対して、尾崎はつねに風采に気を配り、ハイカラであった。洋書に親しみ、好んで西欧文明国の例を引用してひとを諭したりした。

なお、尾崎は憲政本党から唯ひとり代表的藩閥政治家の一人伊藤の組織する政友会に投じたのであったが、しかし、政友会内ではその後とかく振わず、二年余で伊藤と意見を異にして脱党した。ついで明治三六年には東京市長に就任したが、しかし、見るべき業績も示し得ず、その在任中に政友会に戻った。尾崎は後年その自伝にこの政友会への復帰について記している、「私は二十年来進退共に名義を求めて政治的行動を為して来たけれど、この数年前より其主義を改めて無名義で進退しようと考へ方を変へたので、今度の政友会入会も何等名義と称すべきものもなく、又一の条件もつけなかつた。それは、恰も昔日一度は客として宿泊した政友会てふ旅館に再び宿泊して、宿帳に姓名を記したるまでに過ぎない」。

性格の両面

明治三四年六月第一次桂内閣が成立したが、それから間もなく憲政本党内には烈しい内紛が生じ、それは爾来慢性化することになった。いわゆる改革派・非改革派の争いが、これである。この内紛の根本原因は、憲政本党が政権に全く縁遠かったことにある。そもそも政友会は——その前身とある程度いい得る自由党も——つねに第一党の地位を占め且つ政権と縁が深く、「万年与党」と綽名《あだな》されることになるが、これに対して、憲政本党、また遡ってその前身である改進党、進歩党は逆で、政府与党となったのはわずかに第二次松方内閣のときだけであり、且つ終始第二党にとどまった。そこで、そのような中で憲政本党の内部には政権への飢餓感が次第に昂進して、改革派・非改革派とよばれるものが生れ、両派の間には烈しい紛争が繰り返されることになった。改革派とよばれたひとびとは主張して、これまでのように藩閥勢力を正面の敵とすることは結果において徒らに政友会を利するにすぎず、従って、党としてはむしろ政友会に鋭く対立することによって藩閥勢力へ接近し、それによって政権に近づき党勢を打開すべきであるとした。これに対して、非改革派は、従来の建前をあくまでも堅持して、政友会との協調をはかり民党団結に力め、藩閥勢力とあくまでも戦うべきであると主張した。この両派の争は日露戦争の勃発によって一時下火になったが、戦後再燃して次第に激化する有様となった。

ところで、この改革派・非改革派の内紛は、犬養が非改革派を率いて一方の旗頭であったことによって、一段と苛烈を加えたといってよい。その点については、彼の性格を考える必要がある。犬養は生来俊敏であるとともに、自信も強くとかく狷介で雅量に乏しかった。さらに、ひとに対しても好悪・愛憎の念がきわめて烈しかった。古島一雄は述べて、犬養は嫌いな人間には議会の廊下で会っても、顔をそむけて一言も交えなかったといっている。原敬も、すでに述べたように、やはり愛憎の念が強く、敵・味方をはっきりと区別して振舞った。けれども、彼は議会の廊下などで反対党の者に出会うと、微笑をうかべてかすかに目礼し、その微笑は議場の内と外とではこれほど変るかと思うくらい好い感じを与えた、と伝えられている。犬養の直情径行と原のこのゆとりとは、元老・藩閥に対してこの二人の政治家がとった態度の差ともある程度照応する。山県有朋は曽つて杉山茂丸に語って、朝野の政治家の中で自分の許を訪れないのは犬養毅と頭山満《とうやまみつる》とだけだといったが、犬養は昭和六年のその組閣までは元老の門を叩いたことはなかった。民党合同による藩閥支配の打破を夢みたりした彼は、元老をあくまでも正面から敵視したのであった。原も内心においては、藩閥を自己の敵対勢力とみた。けれども、早くから藩閥系のひとびとに接近しつつ自己の、また政友会の前途を打開しようとした。そして、心中では山県を憎みながらも、政友会を政権に近づけるために山県の許をしばしば訪れて宥和工作を重ね、その信任を獲得するようまことに熱心に力めた。こうして、原はその政敵に対する態度において弾力性を示す余裕をもち、必要と考えた場合にはいわゆる低姿勢をとることをも決して辞さなかった。

さて、犬養はこのように、敵に対しては烈しい憎悪を端的に表明してかくすことがなかったが、味方、知友、身辺のものなどに対してはふかい温情をもって接した。尾崎も犬養の死後に回想して、犬養はきわめて親切な人で、親切というよりも「濃情」とでもいうか、情誼に厚く、旧友などにはとくに親切・誠実で義侠的であったといっている。

犬養は所蔵の軸物を売却して、大正四年に伊豆長岡に別荘をつくった。これは、党の同志の中には妻子が病気になっても保養させる余裕のないものもいるので、その便宜に供するためであった。また、犬養の書簡集の中には、年下の友人に宛てた一通の手紙が収録されているが、それはその友人がヒステリーになった妻を離婚しようとしている件について述べたもので、犬養は記している。ヒステリーは世間よくある困った病気である、貴下の述べた「夫人の言行は都《す》べて言語同断《ママ》なるべし。病気より発する言行なれば無論言語同断《ママ》のものになるべき筈ならずや」と述べ、しかし、自分の知るところでは、この病気は癒る病気である、妻が肺病にかかった場合、貴下にしても自分にしても離婚する勇気はないであろう、ヒステリーも亦一つの病気なのであり、しかも、肺病とは違って必ず癒る病気である、「僕ハ娓々《びび》此言を為すハ兄の児女の継母の手ニ懸るを如何にも気の毒ニ思ふ也。世に如何なる賢母と称せらるゝ継母と雖も、児女に取りてハ忍酷なる実母の方が優れるハ何人も異論なかるべし」と述べ、自分は夫人に「過度の同情」を抱いてかくいうのではない、貴下の児女の身の上を思ってかくいうのである、およそ世の中の夫婦で老年まで円満に生活するものは少く、過半は時として離婚したいと思いながらも遂に白髪の年に及ぶのである、貴下がたとえ離縁しても、自分は貴下を不徳とか不人情とか思わない、けれども「一段の大慈悲心を以て之に対する道なきや」と結んでいる。また、犬養晩年の頃に田中（義一）前政友会総裁の追悼法要が行われた際に、若いその嗣子が読経の間正坐をつづけるのに苦んでいるのをみた犬養は、早速翌日に嗣子に手紙を送った。そして、足の親指をそっと動かしていれば正坐に苦しむことはない、と教えたという挿話もある。

このような彼は家人・召使などに対してもつねに温容をもって接し、思いやりがきわめて深かった。犬養がその最晩年に孫の道子に教訓として書き与えたものに、「恕」の一字が記され、説明して「吾十四歳にして父を喪ひしより困苦の中に修学し成長し、既にして世に出て政事に関係せしより長らく逆境に居り、世の寒苦辛酸を嘗め尽したるが故に貧人に対する毎に若し吾身此境遇に在らはと思ひやるが故に、未た曽て僕婢なとを叱罵したることあらす。吾子孫も此心を以て人に接んことを望む。此心が即ち恕なり」とある。

尾崎は後年犬養の思い出を語って、彼の口の悪いのは「殆ど天下一品の称」があったといっているが、とくに座談での辛辣な皮肉、痛烈な毒舌は甚だ有名であった。しかも、その彼はこのような心優しい一面を具えていたのであった。

渦巻く党内紛争

さて、前にもふれたように、犬養が非改革派の中心であったことは、憲政本党の内紛を激成させることになった。

ところで、日露戦争後改革派は山県系の代表的政治家の一人である大浦兼武と策応して、藩閥勢力の御用政党である大同倶楽部と憲政本党とを合同させ、このいわゆる非政友合同によって政権に接近しようと画策した。非政友合同とは、政友会に対抗することを目的とした政派の合同をいう。改革派は又、大隈が「内閣製造者《キャビネット・メーカー》」である藩閥長老政治家(元老)からつねに白眼視されているので、大隈を党総理に戴くことは政権に近づく上から不得策であると考え、大隈排斥、新党首擁立の策動をしきりに行うようになった。しかも、改革派にとって大隈と並んで最大の邪魔者と考えられたのは、非改革派の中心である犬養であった。彼らは明治四〇年一月にはついに大隈を党総理の地位から逐うことに成功した。そして、その二年後には党の常議員会で犬養を除名した。しかし、党代議士会は犬養を支持したので、その結果党の臨時大会で犬養除名の否認が決議された。改革派・非改革派の間にはその後も相対峙して血で血を洗うような烈しい軋轢がくり返された。しかし、改革派としては非政友合同を実現する見通しが容易に立たず、その上に、日糖事件とよばれる疑獄事件に改革派中でこれに連坐するものが多数生じ、そのことは改革派に大きな打撃を与えた。そこで、ついに彼らは非改革派に和解を申し入れるにいたった。非改革派の方も亦、連年にわたる内訌に疲れ果てていたのでそれに応じ、紛争はここに一旦休止されることになった。

ついで、党勢立直しが考えられた末、憲政本党は戊申倶楽部の一部および又新会《ゆうしんかい》と合同して、立憲国民党が組織されることになった(明治四三年三月)。

なお、右に挙げた日糖事件は、明治時代の疑獄事件としては著名なものの一つであるが、ここで金銭に対する犬養の態度について付言したい。犬養はその政治生活においてしばしば経済的不如意に苦しみ、高利貸から借金もした。しかし、古島一雄によれば、犬養は友人や門下に対して、高利貸に金を借りるのはよいことではないが、恥ずべきことではない、「士として慎しむべきは、権力者はもとより自分より目上の者から借金することだ。一たび之れを冒すと、進退の節必ず困ることができる。高利貸はその心配はない。向ふは商売で、頭を下げて持つて来るから訳はない」といっていた、という。政治上において犬養は策謀をもって他を操ることを試みたが、彼みずからは自己の自由を大切にし、それを他の何者からも全く拘束されまいとしたのであった。

「憲政の神様」

非改革派は憲政本党と大同倶楽部との合同をさきに阻止し得たものの、しかし、国民党の傘下に入った上記二派の中には有力な非政友合同論者が含まれていた。その結果、新党内では改革派の勢力が著しく増大することになった。改革派と和解した当時、犬養は親しいものに語って、「丸腰になつて来るものをいやとも云はれまい。その代り此次には大揺れがある。其海嘯《かいしょう》には一層大きく浚《さら》はれるものと覚悟して居らねばならぬ」といったというが、彼は早くも将来の大きな波瀾を予想していたわけである。

このいわゆる津波が押し寄せて来るのには、しかし、長い時間を必要としなかった。大正元年一二月、第二次西園寺内閣が二個師団増設問題(「増師問題」)で瓦解したとき、当時の世上では山県系勢力が倒閣の具に増師問題を用いたということが、しきりに噂された。しかも、そのあと元老の奏薦によって山県の直系である内大臣桂太郎が宮中を出て後継内閣を組織するにいたった。このことは世論を強く刺戟した。しかも、その上に桂は宮中を去るに当って詔勅をうけてその進退を粉飾し、さらに組閣の際には前内閣の海相斎藤実《まこと》を留任させようとして又も詔勅を仰いだ。桂のこれらの遣り方は自己の政治的野心のために天皇を利用したものとして、囂々たる非難を世上によび起した。このような中で、国民党および政友会両党内の有志、新聞記者団は「憲政擁護」「閥族打破」を標語に掲げた憲政擁護会を組織し、犬養と尾崎とを先頭に立てていわゆる憲政擁護運動(護憲運動)を展開することになった。なお、尾崎は当時はすでに東京市長の地位を去っており、且つ政友会に復帰していた。この護憲運動は各地において演説会をひらいて桂内閣打倒の気勢をさかんに煽り、そのような中で世上も急速に騒然たる有様になった。そして、奔騰するこの運動の尖端に立った犬養は尾崎とともに絶大な人気の的となり、各地の演説会で両人が壇上に現われると、場内からは期せずして「脱帽、脱帽」の声が起り、万雷の拍手に包まれた。そして、街頭では彼らの姿を見たひとびとは帽子をとって敬意を表した。二人は「憲政の神様」などとよばれたのである。

このような中で他方、桂はやがて新政党の樹立を宣言した。彼は既成の諸党を大幅に切り崩して、これを新党の傘下に収め、それによって局面を一挙打開しようと企てたのであった。桂のこの新党計画に対しては、政友会員でこれに応じたものはきわめて少数であった。しかし、国民党からは改革派のひとびとが挙って脱党してこの新党に投じた。さらに非改革派の間からさえも馳せ参じるものが生じた。こうして、国民党はここに大分裂をとげ、第二次西園寺内閣末期の総選挙で九五の議席を獲得した国民党は、この大分裂の結果四三名の議員を擁するにすぎぬ小党へと顚落した。この頃犬養は岡山の知人に宛てた手紙の中に「只今四十四人迄ニ減少シタレトモ選挙後ハ多少回復ノ考ニ御座候。但資力ノ一事ニハ苦心致居候。目下孤城無援、小生ノ友人実業界ニ在ル者多クハ新党左袒也。此一事ハ頗ル困ル事ナレド、茲《ここ》ニハ又工夫アリ。小生ハ此一戦ノ為めに邸宅ハ申迄も無ク一切身辺を洗ひ去り、真ノ赤裸ｪトナリテ血戦スル考也。又斯クスルコトガ吾党立党以来ノ尽力セル前人今人ニ対スル小生ノ責任也」と記している。(7) ともかくも、犬養が曽つて予想した「海嘯」によって、国民党はついに大きく崩壊した。

ところで、国民党がこのように切り崩されて行く最中で、犬養はこの際に政友会との合同(「政国合同」)を実現しようと画策した。彼は政友会の原敬、松田正久、岡崎邦輔と会談し、政国両党は目下は桂内閣に対する関係で協調しているが、しかし、過去の例が示すように、このままではやがては又疎隔することになろう、それ故にこの機会にむしろ合同して、藩閥勢力の打破、政党内閣制実現への途をきりひらくべきである、また合同は政権を約束することになるから、合同に進むことになれば政権接近を焦る国民党内の一半が桂の下に投じるのを予防することもできる、と述べた。

この前後を通じて政友会の実権は原、松田両人の手中にあった。松田正久は曽つての自由党員で、政党人としての長い経歴をもち、政友会内の自由党系のひとびとの頭目の地位にあった。彼は犬養とも親しく、政国合同についても個人としては積極的であった。彼は閥族打倒のためには強い闘争力をもった犬養を政友会に迎え入れることが望ましいと考えていたのであった。しかし、政友会は結局犬養の申入れには応じなかった。これは、原の意向によること大である。原は、一つには政友会を将来自己の完全な支配下に置きたいと考えており、そこで犬養の入党を嫌ったのであろう。上に述べた会談の際に政友会側は犬養の提案に対して席上では何ら意見を述べなかった。しかし、そのあと雑談に移ったとき、原は犬養にさりげなく年齢を尋ねた。犬養はそのとき合同の見込みのないことを直覚した、という。その意味は、将来松田が総裁になることをかねて惧れていた原は犬養が原よりも年長の場合には原自身総裁に就任する上で障碍になると考え、犬養の年齢をきき、犬養が一年の年長であることを知った。そこで、犬養は、原は到底政国合同には同意しないと即座に判断した、というのである。原が合同に賛成しなかったのには、他にも理由が考えられる。すでに述べたように、原は藩閥勢力と交渉して或いは妥協し或いは譲歩を強いながら、政友会を逐次政界の決定的勢力へと高めようとかねてから考えていた。そこで、藩閥勢力にとかく正面から挑戦しようとする犬養を政友会に迎えることは、彼としてきわめて好まなかったのであろう。

ひとりこのときに限らない。すでにふれたように、犬養は長年民党の合同を考えて来た。そして、政友会と対立しつつ藩閥勢力と馴れ合おうとする改革派との間に現に悪戦苦闘を重ねて来た。しかも、肝心の政友会は、つねに結局は原の考えのように藩閥勢力と或いは妥協し或いは結託しつつ政権に近づく方針をとっていたのであった。そこで、犬養はいつも救いのない苦境に置かれたのである。

ところで、桂首相は組閣後最初の議会である第三〇議会に停会を命じて、その間に前述のように新党組織を進めたのであったが、その結果は諸派から結局九三名の議員を集め得たにとどまった。そこで、局面の一挙打開には全く役だたず、停会明けの議会においては政友会は二一四、国民党は四三であり、合計過半数を越えるこの政友・国民両党は停会明けの劈頭に共同で政府不信任案を提出した。そして、それが上程、討議に入ると、桂内閣は又も停会を命じた。このような中で、憲政擁護運動はいよいよ高揚して、政界を圧するごとき有様となるのである。政友会はこの運動には当初は有志が参加したにとどまり、党幹部は容易に動こうとしなかった。彼らは桂の組閣に烈しい不満を抱いてはいたものの、閥族打倒を叫ぶこの運動に加わって元老を正面の敵に廻わすことを政治的打算の上から少からず躊躇したのであった。当時犬養は「景気がよくなれば、〔政友会は〕やって来るよ。心配せずにどしどしやるさ」と側近の古島一雄に語ったが、憲政擁護運動が以上のように高潮に達して行く中で、政友会も果して世論に次第に押されるにいたり、この再度の停会の頃にはもはや党を挙げてこの運動に参加する有様となった。

こうして、全く窮地に陥った桂首相はここに天皇に奏請して、御沙汰を政友会総裁西園寺公望に伝え、諒闇中であることを理由に不信任案を撤回させようと企てた。けれども、その試みも無効に終った。そこで、局面全く行詰ったままで停会明けを迎えることになったが、この頃世上は全く反政府的空気にあふれ、人心は甚だ険悪となり、ついに群衆が議会に押し寄せ、つづいて桂内閣打倒を叫ぶ彼らによって市内諸所において騒擾が演ぜられる有様になった。このような事態を前にして、桂もついにやむなく内閣総辞職を行うにいたった(大正二年二月)。ここにいたる過程において、犬養は国民党を率いて尾崎とともに憲政擁護運動の先頭に立ちつづけ、桂内閣打倒の上においてその演じた役割は甚だ大であった。

凋落する人気

桂内閣が瓦解すると、海軍大将山本権兵衛が元老の奏薦によって組閣の勅命をうけることになった。これをみると、政友会はこれまで憲政擁護運動において「閥族打破」を唱えて桂内閣と戦って来たにもかかわらず、薩派の大立物とみられていたこの山本と交渉した結果、自党から原敬、松田正久、元田肇の三人を入閣させて、新内閣を支持するにいたった。それは、この際政権に接近することによって党勢の拡大をはかろうという原の意向にもとづくものであった。しかし、政友会のこのような進退は世上から烈しい非難を招いた。なお、当時山本および政友会から犬養に対しても入閣の交渉が行われた。しかし、犬養は新内閣が政党内閣でないことを理由として拒絶した。憲政擁護運動において「憲政の神様」とよばれて人気の絶頂にあった直後の彼として、この際入閣することは到底なし得ないところであった。

けれども、山本内閣に対する犬養の態度は、寛容であった。それは、一つには同志会に対する関係からであった。桂は内閣総辞職の後ひきつづいて新党の準備を進めたのであったが、正式の結党に先だって歿し、そのあと遺志をついで加藤高明を総裁として立憲同志会が成立をみた(大正二年一二月)。ところで、この同志会は国民党を脱して桂の傘下に走った多くのひとびとを包容したものであり、そこでこの同志会に対する犬養の憎悪は、文字どおり骨髄に徹するものがあった。古島一雄も記して、犬養は国民党分裂後「其宿敵たる同志会の攻撃に全力を傾注することとなつた。「兄弟喧嘩ほど深刻なものはない」と言ふが、此の感情は犬養の一生を支配したと言へる」と述べている。(8) 彼のこの憎しみは同志会にとどまらず、いわばその後身といってよい後年の憲政会、更にまた民政党にまでも及んだのであった。このような犬養は山本内閣当時、次の政権が長州派と結んだ同志会の手に移るのをあくまで阻止しようと考えていた。そして、このことは反面で山本内閣に対する彼の態度を寛容なものにすることになったのである。なお一つには、前にもふれたように、犬養は民党合同を夢みながらも、それらの希望がうすれた場合には薩派と提携することを考えたのであったが、山本内閣に対する彼の好意的態度にも、そのような考えが尾をひいているように思われる。

なお、注意すべきことは、桂の新党組織によって、国民党は政友会・同志会につぐ第三党に顚落したばかりではない。政友会は議席数において同志会を大きく引離していたので、国民党としては第三党としてキャスティング・ヴォートを握って活躍する余地はなく、こうして犬養の縦横の機略も用いる術を欠く有様であった。

ところで、山本内閣は第三一議会に大正三年度予算案を提出した。それは海軍の拡張に重点を置いて編成されたものであったが、山本が海軍の長老であった関係からもこの予算案は世上において少からぬ物議を招いた。しかも、それが衆議院に上程されている中で、たまたまジーメンス事件とよばれる海軍疑獄事件が明るみに出、それとともに、野党である同志会と中正会とはこの事件をとらえて政府を烈しく攻撃し、政府不信任の意味で海軍拡張費の全額削除を主張するにいたった。これに対して、犬養はジーメンス事件については確証ないままで山本の責任を問うべきではないとの態度を持し、また海軍費の削除は新規要求の分にとどむべきであると主張した。けれども、その後事件の捜査が進むにつれて、海軍高官で軍法会議に付されるものが相次ぐ有様になった。そのようになったとき、犬養も党内をまとめて行く必要上、ついに同志会・中正会に同調して政府不信任案、ついで内閣弾劾上奏案を提出した。けれども、これらの際の犬養の議会演説は常とは異ってきわめて精彩なく、また甚だ迫力を欠いていた。これは、山本内閣に対する彼の前述のような心持を反映したものであろう。

山本内閣は衆議院では与党である政友会が絶対多数を制していたので、野党の攻勢をどうにか切抜けることができた。しかし、山県系勢力の優勢な貴族院は、ジーメンス事件で世上に烈しい反政府的空気が漂っているのに乗じて予算案中の海軍費に修正を加え、結局そのために予算案は不成立となり、山本内閣は総辞職を余儀なくされた。

山本内閣に対する犬養の以上のような態度は、世人の間からとかくの非難を招いた。そして、彼と薩派との馴合いがしきりに噂され、憲政擁護運動当時の人気は全く失われてしまった。なお、犬養と並んで「憲政の神様」とよばれた尾崎の方は、どうであったか。彼は政友会が山本と妥協し、しかも、犬養が政友会のこの態度に同調しなかったのをみると、他の政友会議員二十数名とともに脱党して政友倶楽部をつくり、その後政友倶楽部と小会派とが合して中正会がつくられると、そこに籍を置いた。そして、彼は憲政擁護運動以来の「憲政擁護」「閥族打破」の立場に立って山本内閣に臨み、ジーメンス事件が起ると議会においては得意のジェスチュアを交えた激越きわまる弾劾演説を行って山本首相に詰め寄り、その退陣を迫ったのであった。当時の尾崎には、こうして、その言動において首尾一貫したものがみられた。

「背徳者」犬養

山本内閣が瓦解すると、元老の奏薦によって大隈重信がその第二次内閣を組織することになった。この際に井上馨、山県有朋らが熱心に大隈を首相に推したのは、前に述べたように、自由・改進両党の昔からの因縁で政友会に烈しい反情を抱いて来た大隈を擁立して政友会を膺懲《ようちょう》させようとしたのであった。

ところで、組閣の勅命をうけると、大隈は先ず同志会総裁加藤高明に援助を求めた。

同志会はさきに大隈を憲政本党総理の地位から放逐した改革派のひとびとを含んだ政党である。これに対して、当時における国民党は曽つて大隈擁護に力めた非改革派のひとびとから成る政党であった。しかし、それらにもかかわらず、大隈が組閣に際して先ず最初に同志会の協力を要請したのは、同志会が政友会につぐ第二党であったことによると思われる。しかし、大隈は同志会・国民党・中正会という非政友三派を基礎とした内閣を組織しようと考えていたので、ついで犬養に対してもまた入閣を求めた。しかし、犬養はこの要望を拒否した。大隈組閣後に犬養はその書翰の中で、「小生が此内閣に参加せざる所以の者は、其根本(成立の原動力)《原文ノママ》已《すで》に長閥に在りて、成立の当時より全く見込なきが故也。憲政の為めに閥力を打滅せざる可らず。閥力は事実は長閥也。隈閣は其成立の事情に於て断じて之に反対する事は出来ぬ也。小生の之を公衆面前に唱道せざる所以のものは多年の関係ある隈伯の名誉を保存せんが為めの一片の情誼のみ」と記している。[9] 大隈組閣の内情を察知していた犬養は、こうして、当初から大隈の内閣に全く期待をかけていなかったのである。しかも、古島一雄が後日述べているように、党員のきわめて多数を曽つて同志会のために失ったことに対する犬養の恨みはまことに深刻で、到底忘れ得ず、内閣において同志会員と席を共にすることを嫌悪した。このことも、彼の入閣拒絶の大きな原因であったのである。

山本内閣に対する犬養の態度が、彼に対する世上の人気を大いに失墜させたことは上に述べた。しかし、大隈組閣以来の尾崎の言動もまた世人の烈しい非難を招くことになった。大隈が当初尾崎の入閣を求めた際、犬養とともに入閣することを尾崎は希望した。しかし、犬養が入閣を拒否したとき、彼は大浦兼武を内相に起用しないことを条件として新内閣の法相に就任した。さらに、大隈の組閣後まもなく第一次世界戦争の勃発をみ、わが国は連合国側に参戦したが、大隈内閣は大正四年度予算案の中に二個師団増設計画を組み入れて、これを第三五議会に提出した。大隈は在野時代には、国を富ますことが急務であるとして一切の軍備拡張に強く反対していた。それにもかかわらず、今このように増師案を提出したのは、彼を強く首相に推した元老山県の歓心を買うためであった。ところで、尾崎もまた在野当時には増師反対を持論としていた。しかし、今は豹変して彼は大隈に同調して、増師計画を熱心に弁護し、世人を驚かした。この増師案が議会の審議に上ると、犬養は国民党を率いて政友会とともに強硬にこれに反対した。彼は議会において演説して、これまでよりも多数の「精兵」を擁することはわが国財政上到底堪えがたい、むしろ兵役年限の短縮、予備軍の設置によって軍備の充実をはかるべきであると主張した。なお、増師案の審議中に尾崎は以上のような変説改論を烈しく攻撃され、甚だしい窮地に陥った。ついで、政国両党がこの増師案を否決に導くと、大隈内閣はここに議会を解散した。

ついでひらかれた選挙戦は、犬養とその国民党とにとって甚だしい苦戦となった。すでに記したように、この総選挙当時世上における大隈の人気はまことに素晴らしいものがあった。その上に、多数の同志会員は曽っては国民党員とともに長年大隈を指導者に戴いて同一の政党に属していた。そこで、選挙戦において同志会側は大隈内閣に挑戦する犬養と国民党とを背徳者と宣伝し、大隈ブームに沸き立つ人心によびかけた。さらに又、大隈内閣は議会解散後農相大浦兼武を内相に移し、彼の指揮の下に選挙大干渉を行い、野党を圧倒しようと企てたのである。なお、尾崎は入閣に際して大浦の内相就任に堅く反対したにもかかわらず、総選挙を前に大浦が内相となったとき、彼はこれをそのまま傍観して、不問に付した。

この総選挙は与党である同志会および小会派の大勝に帰し、合計で過半数を制することになった。これに対して、解散前の議会において絶対多数を擁していた政友会は惨敗を喫した。そして、犬養の国民党も前議会末期にはなお四三名の議員を擁していたのに対して、わずかに二七名の当選者を出すにとどまった。桂内閣下の大分裂以後、国民党はここに第二の大打撃をこうむったわけであり、同党は今や第五党に顚落した。解散の当時犬養はその書翰の中で、来るべき総選挙で政友会は一五〇乃至一六〇、同志会は一一四か一一五位、国民党は少くも五〇の当選者を出し、この五〇名の議員で「議会の主宰者」となり、「両腐敗団体」(政友会・同志会を指す)を牽制して政弊を除去し得る「見込確実」と述べた。しかし、キャスティング・ヴォートを握る第三党という夢は、惨めにも破れたのである。

犬養とその国民党は今や何処へ行くか。当時彼はまたも政友会との合同を考えた。しかし、政国合同に積極的考えを抱いていた松田正久は大隈内閣成立直前に歿してすでに亡く、合同をかねてから好まない原敬が政友会総裁の地位に就いていた。こうして、政友会との合同談も進み得なかった。

長年犬養の同情者であった三浦梧楼《ごろう》(観樹)は、山本内閣の頃に国民党を評して、「どれもこれも蹴合鳥の軍鶏《しゃも》的ばかりだ。朝から晩まで喧嘩のし通しで、一疋として完全なのはない。鶏冠が裂けてダラリと下つとるのもあれば、顔が血ダラケになつてゐるのもあり、中には蹴爪《けづめ》が一本折れてゐるのもある。四十何羽といふ軍鶏的が眼ばかり怒らして血だらけになつてゐる。おまけに餌廻りが悪くて痩せコケて元気ばかり出すので、カンが立つてよその鳥舎の鶏を見ると、飛んで行つて蹴る突くひどいものだ」といったが[10]、大隈内閣下の総選挙後、三宅雪嶺は述べた、「犬養氏は乾分《こぶん》が二十七名で云ふに足らぬが、兎に角献身的な者が二十七名である。犬養氏の下に従つて居ても、入閣は勿論の事、参政官、副参政官にもなれない事は知つて居るが、何にしてもあの瘠《や》せた死にさうなものを戴いて共に事をなして居る」。それにしても、国民党は、霧の海に漂流する小舟にも似ていた。

総選挙後の新議会が閉会した後、大浦内相が政界引退を条件に起訴猶予処分に付されるという事件が起った。これは、大浦が解散前に増師案を成立させようとして政友会議員を買収した罪によるものであった。この事件が起ったとき、大隈内閣は責をひいて一旦辞表を提出した。しかし、天皇から留任するよう御沙汰があると、政権になお未練をもつ大隈はこの御沙汰を理由として留任することにした。この進退については、しかし、閣内にも異論があり、加藤(高明)外相、若槻(礼次郎)蔵相、八代(六郎)海相は辞表を撤回せず、政府を去った。なお、大浦の内相辞任が決し、内閣の進退が問題になった際に、尾崎はこの場合連帯責任を負う理由はないと主張した。そして、大隈が一旦辞表を提出することにしたとき、尾崎は首相が辞表を出す以上は閣僚は皆辞すべきである、但し、首相の辞表は連帯責任の建前に立つものではなくて、進退伺のような性質のものでなくてはならない、と唱えた。尾崎は後年その自伝の中に記して、自分は以上のように述べた上で辞表に署名した、「すると、八代海相は横合から「憲政の神様も怪しくなつて来た」と嘲つた。私は又、「斯く責任の大義を明かにするのが、憲政の神たる所以である」と応酬した」としている。ジーメンス事件の当時尾崎が痛烈をきわめた山本首相弾劾演説を行ったことを考えれば、彼のこのときの進退は明白に首尾一貫を欠いたものであった。

焦躁と逸脱

総選挙の翌年にあたる大正五年の秋に大隈は山県から政権を寺内正毅に譲るよう強要され、ついにやむなく内閣総辞職を行った。寺内は長州出身の山県直系の陸軍軍人であった。ついで組閣の勅命をうけた寺内は、政党の代表者を含まない超然内閣を組織した。この寺内内閣の成立直後に同志会は小会派であった公友倶楽部の約半数、中正会の大部分と合して憲政会を組織した。ところで、憲政会は新内閣に対して初めから強い敵意を抱いた。これは、一つには同内閣の閣僚顔触の関係からであった。しかし、なお一つには憲政会は結党とともに絶対多数党になったので、この際政府反対の態度をとれば、新内閣には議会解散を行う勇気なく瓦解するものと考えたのによる。他方、政友会は寺内内閣に好意的中立の態度をとることにした。原はそのような方針をとることにより、前内閣下の総選挙で大打撃をこうむったその党勢を立て直す機会をとらえようと考えたのである。

ところで、寺内が超然内閣を組織したことについては、当時の世上では少からぬ非難の声が挙げられた。そのような中で、犬養は超然内閣否認を唱え、憲政会・公正会を誘って、新内閣下最初の議会劈頭に政府不信任案を提出した。そして、犬養は演説して、今日は「大革新」を行うべき秋《とき》である、しかし、この「孤立無援」の内閣、この「微力なる薄弱なる組立の内閣」によっては、それをなしとげることは不可能であると断じて、処決を要求した。しかも、同時に同じ演説の中で、暗に大隈内閣の施政を攻撃し、且つさきに大隈内閣の与党であり今は不信任案の共同提案者である憲政会に対する非難をも仄めかした。この不信任案に対して寺内内閣は議会を解散した。

いよいよ解散となったとき、犬養は直ちに国民党代議士会を召集した。そして、国民党は今後憲政会と絶縁して自由な行動をとる旨を声明し、同時にまた述べて、国家本位の政策、世界の変局に処する大策についてわれわれの主張に賛成するものとは、たとえそれが昨日の敵であろうともこれと提携する、反対のものはこれを打倒する、諸政党の過去は咎めない、われわれは全力を現在および未来の大事業に集中すると称した。当時の彼としては早期解散を誘発して、大隈内閣下で築かれた憎むべき憲政会の勢力を覆して、いかにかして国民党のために新しい局面を打開しようとしたのであった。

この総選挙のときも、犬養は選挙の結果政友・憲政両大政党の勢力がほぼ均衡し、国民党がこの「無意味なる二大党を左右に制圧して吾命令を奉ぜしむ」る地位(当時の彼の書翰の句)に立つにいたることを予想したのであった。総選挙の結果は憲政会の大敗となり、政友会が第一党の地位を回復した。しかし、国民党は三六の議席を獲て第三党になったものの、キャスティング・ヴォートを握るまでにはいたらず、犬養の期待はこのときもまた裏切られた。こうして、彼の機略も結局早期解散を誘発し得ただけに止まった。総選挙後、寺内内閣は天皇に直属するものとして臨時外交調査会を設置することを決定した。それは、第一次世界戦争下の激動する世界情勢の中でわが国今後の外交の基本方針を審議、樹立することを目的としたものであった。寺内首相は原、加藤、犬養の三党首に対してこの調査会に参加するよう要請し、犬養は原とともに委員になることを受諾した。しかし、加藤は拒絶した。この外交調査会は実は犬養および犬養の同情者である三浦梧楼が計画し、寺内に説いて設置させたものであった。当時犬養は書翰の中に記して、少数の国民党では勝てない、勝つまでには一、二年を要する、しかも、現下の世界情勢を考えると、到底それまで待っていることはできない、そこで、自分としては超然内閣云々の問題はこの際棚上げにして、とにかく現内閣の外交を成功させたいのである、と述べている(11)。

犬養がさきには内閣不信任案を提出しながらも、やがて急転して、超然内閣の設置した外交調査会に参加したことは、長年彼が標榜して来た藩閥政治の打破、立憲政の確立という主張から逸脱したものであり、そのことは甚だ明瞭である。従って、このような進退については、一般世人はもちろん彼の支持者の間からも烈しい非難の声が挙げられた。古島一雄さえも当時評して、「犬養君は如何に弁疏するも、純理論を棄てたるの譏《そしり》は免る可らず」といわざるを得なかった。

ところで、以上の次第で国民党の党勢は振わず、そのような中で犬養はいつか六三歳になっていた。そのようなときに、犬養がこれまで多年にわたって標榜して来た信条を犠牲にして、超然内閣である寺内内閣の設けた外交調査会に参加したのは、何故であろうか。彼は「立憲の大義」を説く理想家型の政治家に終始安んずるということはできなかったのであった。本来彼の中には、自己の抱負を現実化する機会をとらえようとする現実政治家的志向が多分に存在していた。それだけに又、国民党の依然たる不振、又いつか身辺に迫り始めている老年の影は、彼を焦躁に駆り立てていたことであろう。そして、恐らくそれらの故にこそ、犬養は爾来五年にわたって存続した外交調査会に委員として終始きわめて熱心に協力した。そして又、彼は調査会の権限を拡大して国防・財政にも及ぼすことを強く要望したのであった。但し、彼のこの要望は容れられなかった。

大正六年六月、第三九議会がひらかれたが、それに先だって国民党は党の組織を変更して、犬養を党総理に推戴した。桂内閣下の大分裂以来国民党はすでに事実上彼の指導下にあったのであるが、彼はここに名実ともに党を率いる地位に立ったわけである。

普選にかける望み

寺内内閣が米騒動鎮圧のあと総辞職すると、原敬が元老の奏薦によって組閣の勅命をうけ、陸・海・外の三大臣を除く全閣僚を政友会員から起用した政党内閣を組織した(大正七年九月)。そして、第四二議会に国民党と憲政会とがそれぞれ普通選挙法案を提出すると(同九年二月)、原はこの機会をとらえて普選の是非を題目として突如議会を解散した。そもそも犬養が普選論を抱くようになったのは、一つには第一次世界戦争末期以来さかんとなったいわゆる大正デモクラシーの運動に刺戟されてのことであったが、しかし、解散後の選挙演説で彼は論じて、現在の政党は国政担当の能力を欠いている、ひとり現内閣ばかりではない、たとえどの政党が政権に就いても利権政治に陥る、このような事態を改革するための唯一の途は普選の実現である、普選が実現すれば必ず「立派な政治」が行われるようになると保証することはできない、しかし、他に改革の方法はないのであるから「旨く行つたら出来さうなと云ふ此方法を取るより外に致し方が無い」と主張した。[12] そして、彼はまた同時に国民党の党勢打開の望みを普選にかけていたと思われる。

ところで、注意すべきことは、この同じ演説の中で、次のようなことをも述べたのである。今日は政治・軍事・思想問題について大改革を必要とする時代である、「それをするには誰でも構はぬ。政党と云はず藩閥と云はず軍閥と云はず何人でも宜しい。新らしい時代に適応するだけの善政をする人があるならば、誰でも我々は之を援ける考である」[13]。国民党の前途は容易には打開できそうにみえず、また普選に期待しながらも何時の日に普選を実現し得るかの予測も立たず、普選の効果についても亦確信をもつこともできず、そこで、犬養は寺内内閣下で外交調査会に参加したあの「現実主義者《リアリスト》」の立場において、今や以上のような主張、いわゆる善政主義を敢て唱えるにいたったのである。逸脱のあとには又新しい逸脱がつづいた。

さて、原内閣下の総選挙は与党の大勝に帰し、政友会は絶対多数を獲得した。しかし、国民党は二九の議席を獲たにとどまった。議員の数はさらに減じたのである。しかも、近い将来に普選の実現する見込も、今や当然うすれた。そして、その後国民党が憲政会とともに毎議会に提出する普選案も、政友会のためにつねに一蹴される有様であった。

大正一〇年秋に原が暗殺されると、原内閣の蔵相であった高橋是清が代って組閣した。しかし、高橋が内閣の改造に失敗して半年余で辞職すると、海軍大将加藤友三郎が政友会の支持の下に超然内閣を組織した(大正一一年六月)。この加藤内閣の成立後、国民党はついに解党した(同年九月)。そして、その翌々月に犬養以下の旧国民党員は、若干の無所属議員、その他とともに革新倶楽部を創立した。犬養は解党大会において演説して、わが党は過去内訌に災いされながらも「改進党以来の主張を一貫して」守ろうとして苦難に堪えて来た、これまで党勢の不振であったのは資金の不足と「正理に即して、無理な手段を取らなかつた」こととに原因する、けれども、国民の同情・共鳴を得ているという点では決して他党に劣らなかった、今日二大政党といっても、実は「一部階級の代表」にすぎず、「全国民との意志、各階級との意思の調和を図ることは出来ない。これを調和する団体がなくてはならぬ。これを為すには、従来の行懸りを抛ち歴史を棄て、全国有志と共に起つ新団体がなくてはならぬ」、国民党はこの「新団体」となるために犠牲を忍んでここに解党する、われわれ同志はいよいよ団結して国民とともに起ち、「革新の大事業」を完成したい、と述べた。当時犬養としては新しいこの革新倶楽部を時代の波に乗せて将来有力な政党へと発展させ、それによって国民党の行詰りを実質的に打開したいと考えたのであった。この革新倶楽部は、しかし、結局は犬養を中心にした政派としての色彩を帯びたものになって行った。

以上のように、犬養は国民党の解党大会において今後国民とともに「革新の大事業」を完成したいと述べたのであるが、当時は第一次世界戦争終結のあとをうけて世界は激動の只中にあり、わが国においても労働者運動・社会主義運動が烈しく高揚しつつあった。そして、この年七月には日本共産党も極秘の中に創立された。又これより先、同年三月には第四五議会で過激社会運動取締法案が貴族院において可決され、ついで衆議院で審議未了となった。このような中でこの年夏、犬養は知人たちに次のように語った。わが国では近年思想問題が喧しく論ぜられているが、考えてみれば、維新後「藩閥の専制」が生じ、それにつづいて「資本家専制」の世の中になり、「中産階級以下、就中《なかんずく》下層階級は眼中に置いてない制度」になっている、そこで、「平等を求むる気運」が国際的影響の下に今や急速に擡頭して来、その結果思想の動揺が現出した、しかし、思想の「自由研究」をさせれば、必ずや「新しい健全な思想」がつくり出される、また、近年労働者問題が喧しくなったが、わが国は過去五〇年間に「藩閥寡頭政治」から「資本家の政治」へと移って来た、そこで、「法律制度」はすべて「上流階級の利益」を保護するのに厚くなっており、それ故にいつかは問題となるべきものであった、労働者問題の処理は立法に待たなければならないが、現在の議会にはそれを期待しがたい、それは議員の選挙に多額の費用を要するため、政党と資本家との結び付きが生じ、これがために立法は当然資本家に有利なものになる、この弊害を是正する一つの方法としても普通選挙は必要である、また、貧民に対する国の施設が乏しいと、「レーニン流の思想」を発生させることになりはしないか、甚だ危険である、「要するに、資本家も労働者も地主も小作も富豪も貧民も均しく国家の一分子として共存せしむるが為めに相当の分配を得せしむる」には、国家の干渉を必要とする、そして、この干渉が公平であるためには「総べての国民が政治に参加すべき制度」(普通選挙制度を指す)でなければならない。(14)

なお、革新倶楽部の創立に際して、尾崎も亦加わった。尾崎は憲政会結成のときに彼の属していた中正会とともにこれに参加、爾来憲政会に籍を置いた。しかし、原内閣当時憲政会提出の普選法案の取扱いについて党と衝突して除名され、その後は無所属議員となっていた。その彼は革新倶楽部に参加したが、しかし、尾崎はこの倶楽部を今後も単にクラブ的な集団にとどめることを望み、犬養らのように将来これを政党に発展させることには消極的であった。それにしても、尾崎が憲政本党を去って政友会に投じてから実に二二年の後、再び犬養と同一の団体に属することになったのである。しかし、再会したこの二人の古き政友の行路は、実はすでに目立って異り始めていた。すなわち、犬養が前にふれたように現実政治家的志向を際立たせて来たのに対して、尾崎は依然政界に身を置いていながらも、高踏的な立場から政治の理想を説いて現実政治を縦横に批判する政治評論家的存在にもはやなり始めていた。

さて、加藤内閣は政友会を基礎とした超然内閣であったが、この内閣に対して犬養はいわゆる是々非々主義をもって臨んだ。これは、一つには「善政をする人があるならば、誰でも我々は之を援ける」という前述の考えにもとづくものであったが、しかし、加藤内閣が背後に薩派の支持をもっていたことも亦、犬養の態度に恐らく若干の影響を与えていたと思われる。又さらに一つには、加藤内閣に対して正面から反対の態度をとり、その瓦解を促進した場合に、政権が憲政会に移る結果になるのを惧れたのにも、因るであろう。曽つての同志会の後身である憲政会に対する犬養の憎しみはこの頃にいたっても全くゆらぐことがなかった。なお、革新倶楽部もやがて後には内閣不信任案を提出して退陣を求めるように変った。

加藤首相が大正一二年八月病死すると、山本権兵衛がその第二次内閣を組織することになった。山本は最初各党の党首をも含んだ挙国一致内閣をつくろうと試みたが、政友会総裁高橋是清、憲政会総裁加藤高明はともに入閣を拒絶した。ところが、このとき犬養は山本の要請に応じて逓相に就任した。山本から入閣を求められたときに、犬養は普選実施の意志があるかどうかを尋ねた。これに対して、山本は普選のことはよく判らないからよろしく頼むと答えた。山本のこの言葉を理由に彼は入閣することとしたのであった。しかし、犬養がジーメンス事件以来の山本の政治的不遇にかねてから深く同情していたこと、また彼が由来薩派と縁故の深かったことも、入閣の重要な動機として考え合わすべきであろう。犬養は入閣後に革新倶楽部の臨時大会で演説して、原内閣以来政党政治の糸口がひらかれたが、しかし、政党政治の弊害は甚だしいので、自分は政党の改造を主張するようになった、けれども、それが実現をみるまでの「過渡時代」には、どのような内閣でも「国民本位の政治」を行うものであれば、自分は全力を挙げて援助する考えである、それが自分の今般入閣した動機であると述べ、このときもいわゆる善政主義の主張をくり返した。犬養のこの入閣は、しかし、世人の批判をまぬかれなかった。

山本内閣は成立後普選調査委員会を設けて、普選問題について審議を重ねた。しかし、政友会は当時も依然として普選に強硬に反対している有様であったので、普選に対する閣内の空気はおのずから次第に冷却するようになった。その矢先に勃発したのが、虎の門不敬事件であった。そして、この事件とともに山本内閣は責を引いて直ちに総辞職を行った。当時閣内には留任論を唱えるものもあったが、しかし、犬養は引責辞職論を力説した。普選問題の前途に見切りをつけ自己の進退をすでに考慮していた彼としては、この虎の門事件をとらえて退却の途をつくったのであった。

護憲運動の陣頭に

山本内閣の瓦解後、枢密院議長清浦奎吾が元老の奏薦によって組閣することになり、彼は研究会以下の貴族院の諸派を基礎とした内閣を組織した(大正一三年一月)。この「貴族院内閣」の出現は時代錯誤として当時の世上を甚だ驚かせ、忽ち囂々たる非難・攻撃の声が沸き立つ有様になった。そのような中で、この政変に際しても亦政権の埒外に置かれた政友会および憲政会は革新倶楽部とともに「憲政の本義に則り政党内閣の確立を期すること」を申し合せ、世上に横溢《おういつ》する反政府的空気を背景にいわゆる憲政擁護運動に乗り出した。そして、犬養はこの護憲運動の陣頭に立つにいたった。彼は演説して、政党が真剣に戦えば、貴族院も元老も恐れるに足りない、今日こそ政治への特権階級の干渉を排撃する絶好の機会であり、政党が交代して政権を担当する糸口は今やひらかれたと思う、と述べた。護憲運動に身を投ずることによって、民党団結の古き夢のことが時には彼の心をかすめたことであろう。

ところで、これより先、清浦内閣の成立直後から政友会の内部は同内閣に対する態度をめぐって意見の烈しい対立を来したが、内閣打倒に反対する者はついに脱党して、政友本党を組織した。実に多年にわたって優勢を誇って来た政友会が今このように大分裂をとげるとともに、ここに政友・憲政・革新・政本(政友本党)という諸党分立の状態が現出した。政界のこの流動化は、知られざる未来に対して犬養に期待を抱かせ、彼を少からず鼓舞したと想像される。満ち潮は坐礁した船を浮揚させる。行詰りに陥って来た彼の政治的前途は今ようやく打開の機会を迎えたであろうか。

清浦内閣は、こうして政友本党以外に頼むべきものをもたないまま護憲運動に包囲された形になり、そこで清浦は組閣後最初の第四八議会を解散した。しかし、つづく総選挙では政友・憲政・革新のいわゆる護憲三派が勝利を獲て、新議会において合計過半数を制することになった。但し、その内訳をみてみると、憲政会が勢力を激増して解散前の政友本党に代って第一党の地位を獲得したのに対して、他の二派はともにその議席を減じた。そして、前議会に四三名の議員を擁していた革新倶楽部は三〇名の当選者を出すにとどまった。護憲運動も、革新倶楽部の前途を拓くことには結局役立たなかった。護憲運動の勝利の凱歌も、こうして、犬養の心に空しさを感じさせずにはいなかった。

総選挙後清浦内閣は辞職し、新たに第一党となった憲政会の総裁加藤高明に対して元老の奏薦で組閣の勅命が与えられた。ところで、犬養は前に述べたような次第で年来憲政会を嫌悪していた。また加藤高明を嫌い、加藤もまた由来犬養を好まなかった。加藤は組閣前に政友会の小泉策太郎にむかって、政友会と提携して政権を担当する用意あることを洩らしながらも、犬養について述べて、曽つて自分も高橋も山本内閣に入るのを拒絶したとき、ひとり犬養は欣然として入閣したではないか、彼には政党内閣などを口にする資格はない、と冷評する有様であった(15)。けれども、組閣に際しては結局犬養にも入閣を求めて、護憲三派の連立内閣を組織した。犬養はこの内閣の逓相に就任したが、彼は内閣の政綱として掲げられた普通選挙、貴族院改革、行政整理の中で後の二つについてはさして期待できないと考え、年来の持論である普選の実現のため力を注いだ。普選法案は、大正一四年第五〇議会においてついに成立をみた。

なお、第三次桂内閣のとき犬養とともに護憲運動の先頭に立った尾崎は、清浦内閣下での護憲運動には加わらなかった。後年尾崎は語って、当時同じ革新倶楽部の秋田清、古島一雄からこの運動に参加するよう強く勧められた、しかし、自分は「護憲といふのは、軍部を他省と対等にすること、立憲政治を完全に直すこと、藩閥を根底から破ることなどの制度改革が目的で、人が目的ではない。桂内閣当時の護憲運動の時桂が倒れると、もう護憲は済んだなどといふ気になつて、先頭に立つてゐた犬養君は手を引き、山本内閣を援ける方の側に立つたから、怪しからぬ。今度の護憲運動も政権獲得が目的だから、私は入らぬ」といい、結局は護憲運動に参加しなかった、やがて清浦内閣は倒れ、護憲三派の内閣ができて、加藤が後継首班となり高橋、犬養も入閣した、と述べている。(16)

引退

大正一四年に、犬養は七一歳に達した。痩軀鶴のような彼が背をまるくして胡坐《あぐら》し、煙管《キセル》で刻煙草《きざみたばこ》をふかしている様子は、田舎の老翁のようであった。若い頃の俊敏・精悍な近づき難い感じは今は和らいで、いつか温容を帯びるようになっていた。しかし、依然鋭いその眼光には長年の悪戦苦闘の間にもなお失われることのなかった覇気が湛えられていた。

老い行くこの彼の政治的前途は、しかし、依然光明に乏しかった。革新倶楽部も成立以来その勢振わず、衆議院で交渉団体であるためには二五名の議員をもつ必要があったので、交渉団体としての資格さえも失う危険に今は瀕していた。その上、倶楽部内には憲政会と通謀して非政友合同への策動を試みるものも生じていた。しかも、資金は欠乏の有様であった。また、犬養が念願として来た普選はついに実現をみたものの、古島一雄が当時記したように、普選によって生れることになった新しい有権者たちが将来革新倶楽部の支持者になることは到底予期しがたかった。

犬養は、前途に曙光もみえぬ悪戦苦闘の途を老軀に鞭うちつつさらにあてどなく辿りつづけるべきであろうか。そして、多年艱苦の日々を共にして来た愛する後輩政友をこの旅路の道連れにすべきであろうか。

そこで、側近として長年彼を助けて来た古島一雄は政友会の小泉策太郎と協議した結果、犬養が多年持論として来た「経済的軍備」「産業立国」、その他の主張を政友会として政綱にとり入れて、革新倶楽部・政友会の合同、いわゆる政革合同をついに行うことにした。なお、犬養がこれまで唱えて来た「経済的軍備論」というのは、平時の兵力をできるだけ少くし、しかも一旦有事の際には大きな兵力をもち得るように工夫し、それらによって軍事費がつねに財政を大きく圧迫している状態を改めたいというのが趣旨であり、そのような観点から彼は兵役年限を二年から一年に短縮すること、その代りに軍事教育を学生・生徒を含めてひろく一般国民に普及すること等を唱えて来たのである。犬養がこの「経済的軍備論」を主張するようになったのは、明治四〇年代の初めからのことである。古島一雄は曽つてこの「経済的軍備論」を評して、この論は内容的には平凡である、しかし、犬養が唱えると、世人は「卓見」「達識」とした、これは、世人がいいたくて、しかも、いえないことを唱えたからである、元来軍事費の問題は「政海の暗礁」で、政治家は軍部を憚って、これに触れたがらない、といったが[17]、それは事実であろう。犬養はさらに大正一〇年頃から「産業立国」ということを唱えるようになった。これは、今後の世界ではもはや軍事力に訴えて領土を拡張することはできないから、国策の根本を産業の振興に置くべきであり、そのためには軍備の縮小をはかるべきである、という主張であった。以上これらの両論は、明治以来の軍備拡張が財政をつねに大きく圧迫しつづけ、且つ資本の蓄積を少からず阻害して来た事態に対して、彼が唱えた政策論にほかならない。

さて、政友会との以上の話合いがついたとき、犬養は革新倶楽部の関係者を集めて演説し、今後の重大問題は普選法の運用である、普選の実施によって無産階級の代表者も続々議会に送られ、政界には勢力の交代が起ることになろう、この交代には、しかし、七、八年乃至一〇年の時間を要するであろう、その間の過渡期には政治は引つづき旧勢力によって運用されるであろう、その政治が新勢力を刺戟せず、混乱を起さずに無事行われるようわれわれとして努力したい、われわれは多年政友会を攻撃して来た、しかし、政友会員に「非行」をなさしめないのは党首の責任である、田中(義一)現総裁も高橋前総裁と同様に「決して世の非難を受くるが如き行動に出でざるは自分の信ずる所である」、われわれはここに政友会と合同して、多年の逆境の中で鍛えた勇気をもって政友会の「改善」に力を尽したい、と述べた(大正一四年五月)。

上述のように、犬養は曽つて古く民党合同を熱心に唱えた。その後国民党の時代以降は、やはり藩閥勢力の打破を目的に政友会との合同をしばしば強く望んで止まなかった。その合同は、今ここにいたってついに実現の日を迎えたわけである。しかし、この政革合同を「民党の合同」などとみたものはもちろん誰もない。否、犬養が革新倶楽部のひとびとを率いて山県・桂の直系であり長州出身の陸軍軍人出身である田中義一を総裁とする政友会、また世人から腐敗した政党の典型とみられて来た政友会に入ったとき、世上ではこれをもって戦い疲れてついに敵の軍門に降伏したものとして、又はついに晩節を汚した進退として、憐憫の、あるいは罵倒の声が挙げられた。

政革合同が行われることになったとき、尾崎は犬養と行を共にしなかった。彼はこれまでの革新倶楽部の若干のひとびと、その他とともに一時は新正倶楽部と称する新団体をつくった。そして、高踏的な政治批評を行い、つねに警世の言葉を口にしつつ「政界の孤児」としての途を歩みつづけることになった。

政革合同後まもなく、犬養は政界引退を発表した。そして、逓相および議員の地位を辞任した。彼の郷里であり選挙区であった岡山のひとびとは、議員辞職のことをきき一旦は呆然としたが、やがて補欠選挙に犬養を再選させた。そして、議員に復するよう懇願した。彼も郷里のひとびとの言葉についにほだされて、それを承諾した。犬養はこうして再び議席をもつことになったものの、しかし、もはや政界の正面には立たなかった。

これより先、大正一一年に犬養は長野県の富士見で夏を過した。そのとき以来、八ケ岳山麓のこの高原の美しい風光に彼は深く心をひかれ、翌年そこに別荘をつくった。邸内には白樺が多いので、白林荘と名づけた。引退後の彼はこの山荘に自然を楽しみつつ時を過すことが多くなった。「柴門不レ設《ケ》レ扉《ヲ》、只任《ス》二清風《ノ》至《ルニ》一、箇裏一洞《ノ》天、莫《シ》レ容《ルル》二塵世《ノ》事一」。これは白林荘の入口に掲げられた犬養の詩である。彼は自然の趣を生かした庭作りに耽った。モンペをつけ、腰に花鋏をさして、木の手入れをするのが、ここでの日課であった。そして、高原の大自然の中でおのずと心に泛《うか》ぶ感興を、久しく試みなかった漢詩に託したりもした。

「朝霧山腰白《ニク》、夕照山巓紅《ニナリ》、有《リテ》レ時雲海湧《ケバ》、万象忽《チ》空濛、古来詩画《ノ》妙、孰《レカ》能《ク》比《セン》二天工《ニ》一」。

また、「満山《ノ》秋葉黄紅、一道《ノ》寒流紺碧、倦鳥帰《リテ》レ巣《ニ》有《リ》レ声、閑雲入《リテ》レ岫《ニ》無《シ》レ迹」。

多年の悪戦苦闘に疲れ傷ついたこの老政治家は、今は雄大な高原の懐に静かな時を送り迎えて、艱難の日のことは次第に遠ざかる思い出になって行った。自適の日を送りつつも、しかし、犬養は政治のことを全く忘れ去ったのではない。

政界引退にあたって発表した声明の中で彼は述べて、自分は議員を辞任したからとて国事を放棄したわけではない、今後とても国家のために尽したい、自分は「何の繋累もなく何の欲求もなき純粋の浪人」として「青年の相談相手」になりたい、過去四十余年の自分の政治的生涯は失敗もあり成功もあったといいたいが、実は「失敗だらけで今日に至った」、「それ故失敗の経験から之を青年に話して、青年をして自分の如き失敗を繰返さしめぬ様に、所謂水先案内でもしたいのである」といった。そのような彼は、富士見に退いてからも時折各地に講演に赴いて、政治を論じた。

昭和四年(一九二九年)五月、彼は頭山満とともに中国に渡った。当時国民政府は南京城外に中山陵を築き、北京に埋葬されていた孫文の柩をそこに改葬することにした。そして、この移柩の式典にあたって孫文と生前親交のあったこの二人を招請したのであった。犬養らは国賓の礼をもって迎えられた。

犬養と中国との縁故はきわめて遠く又深い。彼は早くから中国が国内改革によってその衰頽から立ち直り、更正した中国とわが国との間に提携の関係が結ばれることを切望して来た。彼が明治三一年東亜同文会の創立に関与したのも、明治三八年中国革命同盟会の成立に力を藉《か》したのも、皆すべてそのような考えに発する。彼はまた、中国での改革に失敗してわが国に亡命して来る中国人たちを暖く庇護し、助力を与えることを惜しまなかった。それらのひとびとの中には、たとえば康有為《こうゆうい》、梁啓超《りょうけいちょう》のような保皇派も、孫文、黄興《こうこう》のような革命派も含まれていた。孫文との関係のごときはとくに古く、それは実に明治二九年以来のものであった。

昭和四年には、国民党による中国統一の事業はすでに一応達成されていた。犬養はわが国において政治的に結局蹉跌して引退、もはや閑散の身となっていたのであったが、曽つての日に失意・落魄《らくはく》、しばしば彼の助けを求めた孫文は今は中国では国民革命の父と仰がれていた。孫文の柩が盛大な儀式の中に改葬されるのを目の当りみて、犬養も感慨の抑えがたいものがあったであろう。

なお、犬養は中国人亡命者ばかりでなく、明治一七年クーデタに敗れて亡命して来た韓国独立党の金玉均、朴泳孝を保護したこと、またフィリピン独立運動、安南独立運動に援助を与えたこと、大正年間にわが国に亡命して来たインド独立運動者ラス・ビハリ・ボース(R. B. Bose)を庇護したことも、よく知られている。

犬養がこのようにアジア諸地域の民族解放運動に対して彼なりに支援の手をさしのべたのは、いかなる動機によるものであろうか。孫文の移柩にあたり中国に渡った際に、彼は孫文と過去親交を結んだことについて上海で述べて、一つにはわれわれ両人がそれぞれ自国においてひとしく政治的に逆境・失意にあったことに由来する、なお一つには白人の手からアジアを解放したいという点で相一致したことによる、といったが、同じことがアジアの他の地域の民族解放運動者たちと彼との関係についてもある程度いえるのであろう。

政界への復帰

昭和四年、犬養は七五歳であった。過去長年の波瀾にみちた曲折の行路、風雪に荒れた多難の日々を経て、今ようやく彼の上には静かな晩年が訪れているようにみえた。しかし、このとき突如として奇しき運命が見舞うことになった。同年九月に政友会の総裁田中義一が急逝すると、犬養は後継総裁に推戴されることになったのである。田中は総裁としても又首相としても世評きわめて香しくなかった。そこで、政友会としては田中のこの急死の機会に、かねてから清貧をもって知られ又曽つて「憲政の神様」とも謳われた犬養を後任総裁に据えて、世上における政友会の人気・信用の挽回をはかろうとしたのであった。このとき、犬養は総裁に就任することを快諾した。前にふれたように、本来現実政治家的志向の持主であった彼は、政友会という大政党を率いて政権を担当し得る可能性を、蹉跌を重ねて来たその人生の黄昏において迎えたとき、直ちに立ち上ったのである。

政友会臨時大会で総裁に正式に推戴されたとき、犬養は挨拶していった、「元来わが党の制度は、前総裁が選挙制を取られて以来、総裁の任務は党の議定を経たる諸般の事項を執行するものであつて、即ち党の代表たるに過ぎないことになつてゐる。又政党は斯くあるべきものと信ずる故に、政策の如きは都《す》べて党議を待つて之を宣明致す考へである」。こうして、彼は総裁としては党内の意向を重んじ、これと妥協しつつ進むことを示唆したわけである。しかし、総裁就任後の演説で、彼は「経済的軍備」「産業立国」と並べて社会政策の徹底を主張し、また大選挙区制の採用を主張し、その他選挙法の改正によって無産者・水平社の代表も容易に議会に出られるようにしたいと論じるなど、それらの点に彼の面目をうかがわせた。

犬養が政友会総裁に就任したのは、浜口(雄幸《おさち》)内閣の下においてであった。浜口内閣は民政党内閣であったが、民政党は昭和二年に憲政会と政友本党とが合同してつくられたものである。ところで、この浜口内閣のとき、ロンドン海軍軍縮会議がひらかれ、軍縮条約調印の過程において政府は海軍軍令部と大衝突を演じた。これがために、批准に当っては、浜口内閣は軍令部と策応した枢密院のために一旦甚だしい窮地に追い込まれた。このときに、政友会は軍令部・枢密院と連絡をとりつつこの海軍軍縮問題をもって内閣を打倒しようとしてしきりに策動したが、犬養も総裁として政友会のこのような画策に従って動いたのであった。たとえば、条約調印後の第五八議会で犬養は質問して、浜口首相、幣原《しではら》(喜重郎《きじゅうろう》)外相はわが国防上この条約は毫も危険でないと断言している、けれども、ロンドン会議に臨む際には「国防用兵の責任に当る各機関」が種々検討した結果、補助艦艇について対米七割の比率はわが国国防の最低限の要求であるということになっていた、現に軍令部長は政府の調印回訓後に声明して、調印することになった条約の兵力量では国防を全うできないと断言したではないか、と詰め寄った。そして、その後枢密院でこの条約が審議されている当時、犬養は政友会大会で演説して、ロンドン会議に際して政府が軍令部の同意を得ないままに全権委員に対して調印の回訓を発したのは、明白に統帥権を干犯したものである、と痛撃した。彼のこれらの論旨は、年来のその持論とは著しくかけ離れたものであった。それにしても、政友会は、このロンドン条約問題で浜口内閣を倒すことは結局できなかった。ところが、この問題が一段落を告げて間もなく、浜口首相は右翼の一青年の襲撃をうけて重傷を負い、それが因で民政党総裁を辞するとともに内閣総辞職を行った(昭和六年四月)。

そこで、元老西園寺公望は民政党が新総裁に推戴した若槻礼次郎を後継首班に奏請し、第二次若槻内閣の成立となった。若槻のこの組閣から約五カ月の後に、満州事変の勃発をみた(昭和六年〔一九三一年〕九月)。事変勃発後、犬養は政友会議員総会で演説して、今日わが国は「古来稀に見る一大国難」に突入しようとしている、わが国が要求するところは中国による条約の尊重、満蒙の歴史尊重、わが民族の最小限の生存権の承認であると述べ、この事変は本来国際連盟の議に付すべき性質のものでないにもかかわらず、現内閣がこれを連盟の議題にするのを容認したのは失態である、また事変の真相を速かに明かにしなかったために、わが国は国際会議において被告の地位に立たされることになり、また諸国の誤解をも招き、さらに又「満蒙におけるわが自衛権の発動が恰も軍部独自の意図なるが如く誤認されて居る」と論じた。彼は、こうして満州事変の勃発を肯定し、事変の推進力である軍部に同調するごとき態度をとりつつ、若槻内閣を烈しく攻撃した。これも亦、党略的な言動であったといってよい。

組閣へ

この昭和六年の一二月若槻内閣は閣内意見の対立によって瓦解した。満州事変の勃発以来、若槻内閣はこの事変を誘発し且つその推進力となった陸軍を抑制する力に全く欠けていた。しかも、この事変の前後から少壮将校を中心にクーデタが計画され、浜口内閣下では三月事件、若槻内閣の下で一〇月事件があり、これらの陰謀はいずれも未発に終ったものの、いわゆる軍ファシズムの黒雲は、政界の地平線の彼方にすでに現われていた。しかも、若槻内閣下において政民両党の一部には早くも親軍的動機にもとづく協力内閣運動(この場合、協力内閣とは政友・民政両党の協力を基礎とした挙国一致内閣を意味する)が行われる有様であった。以上これら重大な情勢の下で元老西園寺は熟慮の末、犬養を後継首班に奏薦して、この時局を担当させることにした。

組閣の勅命をうけた犬養は古島に、「オイ、成るべく虫の入らない材木を集めようナ」といい、政友会員中で過去とかくの噂のあったものは除外して閣僚を銓衡し、組閣を行った。[18] ただならぬこの難局を眼前に政権の座に就いたとき、犬養は七六歳であった。彼は、組閣の翌月の昭和七年一月議会を解散したが、これに先だって、犬養は選挙資金の調達については不浄の金を避けるよう力めた。そして、蔵相として入閣した高橋是清も亦、特殊銀行の首脳部を更迭することにより資金を獲得するという在来の選挙の常套手段はとらなかった。そこで、選挙資金は潤沢を欠いた。けれども、総選挙の結果は、政友会の圧倒的勝利となった。このとき政友会は総議席四六六の中で実に三〇一を獲得した。一党でこれほどまで多数の議席を占めたのは、帝国議会開設以来未曽有のことであった。

しかし、軍部を制御することは、犬養内閣にとっても到底容易なことではなかった。現に議会解散の直後には上海事変の勃発をみ、一時はこれを機として日中間の全面戦争の爆発が危惧された。元老西園寺は犬養内閣も亦軍に引摺《ひきず》られる有様なのをふかく歎息した。当時天皇も亦、軍部の意のままに翻弄される国の行方を憂慮・懊悩され、夜も安眠しがたい有様であった。このような中で、犬養は満州の事態の処理について彼なりに一方ならず苦慮した。彼は組閣直後に萱野《かやの》長知《ながとも》を極秘の中に南京に派遣することにした。犬養と萱野とは中国問題について多年同志として事を共にし、互にふかく信頼した間柄であった。且つ萱野は亡き孫文と親交のあったほか、当時の国民政府要人たちの間にも知己を持っていた。南京に入った彼は、犬養の旨を含んで、行政院長孫科《そんか》と会談を試みた。犬養の構想は、満州に対する中国の主権を承認し、満州に政務委員会を設けて地方的な問題はこの委員会で処理し、満州の開発に関しては日中両国が平等の立場であたるというのであった。萱野・孫科の会談ではこのような構想を基礎に諒解が成立した。そこで、犬養はかねてから敬愛していた山本条太郎(前満鉄総裁)を満州に送って同地で司法院長居正《きょせい》との間に以上の趣旨の協定を正式に結ぶ段取りに進もうとした。ところが、たまたま山本は病床に倒れ、事は停頓した。[19] そのような中で、軍部の画策により満州国の独立が宣言されたのである。このことは、犬養を甚だしく困惑させた。

五月一五日

さて、上海事変収拾のための交渉は甚だしく難行したが、五月五日にいたってようやく妥結、日中間に停戦協定が調印されて、戦火に荒廃した上海にはともかくも平和が立ち戻った。それから一〇日後の五月一五日は、晴れ渡った春の日曜日であった。この日、犬養は首相官邸に籠ってくつろいでいた。堀部観山に宛てて、かねて頼んでおいた硯はまだ出来ないか、「今か今かと日々待ち居候。石質は細かくあれば何んでもよろしく急に出来ることを熱望す」と書き、その手紙を使いに届けさせた。また、楠瀬日年《くすのせにちねん》宛に印章注文の書面を認めて、投函させた。そして、この日の夜は、趣味生活の面で同好の交りを結んでいた折田誓一を夕食に招いて、古硯・古紙・古墨などの趣味談に一夕を過す筈になっていた。事件の起ったのは、その夕刻であった。このときの模様は、今日では軍法会議の記録、その他の多くの資料によって相当に明かである。(20)

午後五時半、陸海軍人の制服をつけた合計九名のものが官邸に自動車で乗りつけた。

彼らは二手に分れて、表玄関と裏門とからピストルで巡査を或は脅かし或は射撃しつつ乱入した。

このとき、犬養は食堂前の廊下にいた。異様な物音につづいて巡査が駆け込んで来て「総理、大変です。暴漢が闖入《ちんにゅう》しました。早くお逃げなさい」と叫んだ。その場に居合せた犬養健《たける》(子息)夫人もしきりに避難を勧めた。そのとき、犬養はいった、「いや逃げない。そいつ達に会はう。会つて話せば分る」。そうする中に、部屋々々を探した将校たちは食堂に入って来て、ついに犬養と出会った。そのとき、中尉三上卓はすでに途中で巡査を射ったことを忘れて、あわてて拳銃の引金を引いた。そのため不発であった。このとき、犬養は議会の壇上で野次を制するときしばしばしたように、右手を挙げてゆっくり上下に動かしながら「まあ、待て。射つのは何時でも出来る。あっちへ行つて話を聴かう」といい、懐手して無造作に彼らを和風の客間に案内した。三上は拳銃を擬したまま、そのあとに従った。

犬養は床の間を背にして着座した。そして、彼をとり囲んで立った将校たちを静かに見廻して、「靴位脱いだらどうぢや」と詰り、卓上の煙草入れから敷島を一本とり、将校たちにもすすめるような身振りをした。このときに、三上は「靴の心配はあとでも宜いではないか」、われわれが何のため来たか判るだろう、いい残すことはないか、といった。犬養はうなずきながら両手をテーブルについたまま何事か話し出そうとした。その刹那に中尉山岸宏は「問答無用、撃て」と叫ぶと、犬養は手を挙げて「待て。待て。射つに及ばん」といったが、それと間髪を入れず三上と他の一人は相ついで射撃し、犬養は身体を前方に屈した。それをみた山岸は「出ろ出ろ」と叫び、一同は駆足で退去した。犯人らの出たあと女中が部屋に駆け込んだとき、卓上に両肱をついた犬養の頭部とこめかみとからは夥しく出血していた。犬養は右手にもっていた煙草に火をつけるよう命じた。そして、「いまの若い者をもう一度呼んで来い。話して聞かせてやる」と三度ほど繰り返していった。

事件後に外出先から首相官邸に帰って来た子息の健に、意識のまだ明瞭だった犬養はいった、「その辺から撃ったのだから、下手でもアタる」。平静な、普段と変らぬ口ぶりであった。けれども、それから六時間の後、犬養は絶命した。七八歳であった。

犬養の死とともに、第一議会以来連続当選の議員は尾崎行雄ただ一人になった。尾崎は前年の八月に外遊の途についた。満州事変の起る前月である。五・一五事件の起ったときには、イギリスに滞在していた。外遊に際しては、尾崎は国際親善に彼なりに幾分とも貢献したいと考えていたが、出発後極東のみならずひろく世界の情勢は険悪の度を加える有様であった。イギリス滞在中に彼は妻を失った。そして、昭和八年二月その遺骨を抱いて帰国した。このとき、わが国では政党内閣制度はもはや終焉していた。政治への軍部の重圧はいよいよ増大しつつあり、言論の自由も急激に狭められつつあった。そして、翌三月には国際連盟脱退の詔勅が渙発された。帰国した尾崎は、自由主義政治家として当局の厳重な監視の下に置かれた。昭和一二年に公にしたその自伝の中で、彼は当時の心境をつぎのように述べている。「私の畢生の努力は、憲政の樹立と政党の組織、訓練とに在つた」、しかしながら、二つともに失敗に帰し、政党の腐敗は甚だしく、立憲政は到底成功しないかと思われる有様になってしまった、「六十年間心血を濺《そそ》いで尽力した事柄は誠に見苦しい結果を生じ」、何となく一生を無駄に費してしまったと思い悩むことになった、しかし、ある一夜ふと、それは「女々しい後悔」であり、「今日までの失敗は、今後成功するための試練であり、準備である」と気づいた、それとともに、「まるで天地が一変したやうな心持がした」。尾崎は破局にむかって雪崩のように動いて行く暗澹たる破局の中で「警世家」の心境において寂寥、孤独な日々を生きつづけることになった。

犬養の性格の中に元々多分にあった現実政治家としての志向が、晩年の彼を政友会総裁にし、また首相にし、ひいては又非業の死を迎えさせることにもなったとすれば、尾崎の老年の日の生き方の中にも亦彼の過去とつらなるものを感じさせる。高齢に達した彼がその若き日を回想した歌に、「時し得ば我は五洲の民草を活かさんものと夢みたりしか」というのがある。ファシズムの怒濤が荒れ狂う中で辞世を懐中にして議会の演壇に上り、その信条を昂然として直言する彼の姿には、この歌に述べられた彼の若き日の気負った胸裡と実は一脈相通ずるものがないであろうか。すでに前に述べた少壮の頃の彼の性向を改めて思い浮べざるを得ない。

犬養が昭和六年に内閣を組織したとき、三宅雪嶺は犬養と尾崎とを対比しつつ評論して、「ひとたび首相となり、犬養毅の相場がとみに変じた。世間で下にもおかぬもてなしである。押しも押されもせぬ大政治家の極印がついた。これと比べて、尾崎は何処に何をしてをるか。あはれ果敢《はか》ない姿と感ぜられる」、尾崎は「大隈内閣の法相を最後とし、実際政治よりはなれ、一人理想を描くの身となつた」、「曽て両々轡《くつわ》を並べた二人が、一は党首として国政の首班にをり、一は単独議員として議場の一隅に立つ。運命の飜弄といはうか、何と言はうか。不思議な対照を世間に示す。併しそれは犬養内閣の成績如何に依ること」である、犬養内閣の業績挙らなければ、「尾崎氏が理想を描き世間に示したことが、政治家の主義主張に忠実なるを明かにすることにならう」、「犬養氏及び尾崎氏は、理想と実際とを何の比例にするか。今のところ、一方は実際をモットーとし無理想の形となり、一方は理想をモットーとし実際とかけはなれてをり、その得失如何は後の批判を待つ」と論じた(21)。

ところで、われわれは今日犬養と尾崎とを比較論評できる時点に立っているのであろうか。この二人の政治家の辿った行路を比較することは、たしかに興味あることである。けれども、犬養・尾崎の優劣を論ずるのは、いささか退屈なことである。それよりも、犬養の長い政治的生涯を回想しながら、「性格は運命をつくる」というあの古い諺を思い浮べ、又、彼にあのような運命を辿らせた当年のわが国政治のあり方について考えることの方が、より有意義なように思われる。そして、犬養の一生の中に示されている清濁・明暗の両面を思い起しながら、戦後わが国政治の実態についてあらためて考えてみることは、さらに重要なことのように思われる。

最後の元老・西園寺公望

風雲の中で

西園寺公望は、嘉永二年(一八四九年)一〇月京都において生れた。西園寺家は九清《せい》華《が》の一つ、公家中の名門である。彼が生れて三年余りの後に浦賀にペリーの黒船が現われ、そして、これを糸口として幕末動乱の世となる。過去まことに久しい間その存在を世の中から半ば忘れられ政治的にもいわば仮死の状態にあった朝廷は、やがて急速に高揚して来る尊攘運動に、そして、のちには尊王倒幕運動に擁せられて、激動、変転する時代の風雲の只中に登場し、歴史の脚光を華かに浴びることになった。

このように正に騒然たる世の姿は、年少の西園寺の心をも烈しくゆり動かさずにはいなかった。彼は馬術を試みた。剣術を学び始めた。但し、剣術は途中で関白から差止められた。『日本外史』をよみ、王政復古を論じたりするようになった。そのような彼は、古格・先例に呪縛され、煩瑣な伝統的な儀式・慣行の中に明け暮れる朝廷生活の日々を次第に大きな苦痛と感じるようになった。「事々物々が歎息の種」と彼は後年当時のことを回想している。

このような気持は、西園寺と限らず、この幕末の若い気概ある公卿たちに多少とも共通した風潮であった。ただ西園寺の場合に注意をひくことは、文久年間一四、五歳の頃、いまどき弓術を学ぶのは迂遠であり、今後の武器は銃器だといい、また福沢諭吉の『西洋事情』をよんで、「こういう天地に生れたならば、さぞ面白かろう」と考えたりしていた、という点である。[1] 彼は、多くの公卿たちのように世を王政の古にかえすことにひたすら憧れて、それのみを夢みていたのではなく、西洋の事物にも関心を寄せていたのであった。幕末・維新の朝廷には排外・攘夷の雰囲気が冬の霧のように深く垂れこめていたことを考えるとき、このことは注目に価する。幕末公卿の子弟に漢学を授けていた儒学者伊藤猶斎は西園寺を柳原前光《さきみつ》と並べて年少公卿中の俊秀と評したといわれているが、西園寺は聡明であったとともに、すでに開明的でもあったといえる。

慶応三年(一八六七年)一〇月に将軍慶喜によって大政奉還の上表が提出され、一二月には王政復古の大号令の渙発をみて、明治新政府が誕生した。それとともに、西園寺は参与職に任ぜられた。時に一九歳である。しかし、まもなく戊辰戦争の開幕(慶応四年一月)を迎えると、彼は山陰道鎮撫総督に任ぜられ、烏帽子《えぼし》・直垂《ひたたれ》をつけ、馬に打乗り、薩長両藩の兵を率いて錦旗を風に飜して丹波にむかった。幕末の日にいそしんだ馬術が、このときはからずも役に立った。家臣から馬上の姿が似合うと賞められたという。やがて大阪に凱旋すると、今度は北陸道鎮撫使として越後に出動、同地の平定をみたのちは会津に転戦した。なお、越後に出立する前に西園寺は洋服をつけて参内し、きわめて守旧的・排外的な朝廷のひとびとを驚愕させ、大いに物議をかもした。今後西洋の軍制を大いにとり入れるには先ず服装から、というのが、当時の彼の考えであった。なお、西園寺の回顧によれば、洋服で参内したのは彼が初めてあったとともに、公卿の中で断髪したのも彼が最初であったという。

会津が落城した後は越後に戻ったが、ついで東京に出て、江東の中村楼別館を宿とし、狭斜《きょうしゃ》の巷《ちまた》に出入りして楽しんだといわれている。その後京都に戻った。維新後の四民平等の風潮に西園寺は少からず共感していた。当時彼はその身分を連想させる公望の名前に重荷を感じており、『金比羅利生記』の田宮坊太郎にヒントを得て、しばらくの間望一郎と名乗ったりもした。

若き日のパリ

西洋の事物に夙《つと》に心をひかれていた彼は、外国に留学したいと早くから考えていた。そして、参与に任ぜられて間もなくその希望を新政府当路者に述べたが、前述のように、戊辰戦争の勃発によって彼は征途に上ることになった。しかし、越後から帰還する頃から、その留学の希望は再燃した。西園寺は晩年に回顧して、明治初年のある日「木戸〔孝允〕公が自分に、〔貴下は〕堂上中第一の人物だと云はれた（ママ）ので自分は余り喜ばなかつたので、それでは日本一かと云はれたが、それにも答へず、然ば世界一と云はれたいかとのことなりし故、否自分は一とか二と〔か〕を争ふものでない、世界で略働ける、役に立つ人間だと云はれたいと答へたところ、そこだのーと膝を叩いて賞されたことを覚へて居る」と語っている。[2] 木戸とのこの問答に、開明的で闊達な若き日の西園寺の面目がよくうかがわれるが、当時彼の将来に期待を寄せていたのは、木戸だけではなく、岩倉具視、大久保利通も亦そうであった。そこで、彼の留学の希望もやがて認められて、明治三年暮に彼は横浜を出帆、アメリカ経由イギリスを経てフランスに渡った。パリに着いたのは、パリ・コムミューンの革命政権が樹立された直後のことであった。

西園寺はパリに滞在して、進歩的な法学者エミル・アコラス(É. Acollas)について勉学もした。しかし、パリの自由奔放な生活をも心ゆくまでに楽しんだ。中江兆民、光明寺三郎らとも識り、親交を結んだ。また、アコラスの許でクレマンソー(Georges Clemenceau)を知った。文学者のゴンクール兄弟、テオフィル・ゴティエ、音楽家リストなどとも交わり、ゴティエの娘とともに『古今和歌集』を仏訳して、'Poèmes de la Libellule'(蜻蛉集)と題して公刊したりもした。彼はパリの生活を愛し、その滞在はついに一〇年の長きに及んだ。その日々のことは、忘れがたい懐しい思い出として晩年まで彼の心にふかく残った。

人となり

明治一三年に彼は帰国した。当時三二歳である。あたかもこの頃は自由民権運動が凄じい勢で高揚しつつあるときであった。そのような中で、翌年の春に自由民権主義を標榜した東洋自由新聞が創刊されたが、その際彼はフランスで知り合った松田正久に勧められてこの新聞の社長に就任した。名門の出である西園寺がこうして自由民権の時流に関係をもったことは、当時の世上を甚だしく驚かせた。そればかりではない。政府関係者はその影響を惧れて少からず困惑し、宮中に働きかけた結果、同新聞社長を辞任するようとの御沙汰が西園寺に伝えられ、彼はやむをえず退社した。

しかし、政府のこのような措置に釈然としなかった彼は、ついで上奏文を提出した。それは述べて、今般の御沙汰の趣旨は一つには「自由の論」は人心をまどわして政治に害があるということであろう、しかし、それならば、漸次立憲政を導入するという明治八年の詔勅は無意味なものになる、また御沙汰の趣旨の第二は、華族たるものは新聞事業に関係すべきではないということであろう、しかし、もしも新聞が政治に害悪を及ぼすというのであれば、士族・平民に対してもまた新聞事業を営むことを禁止すべきである、華族に対してだけ禁ずるのは理解しがたい、陛下の余暇の折にもし謁見を賜るならば、自分の意のあるところを充分に申し上げたい、と記している。この上奏文に対しては、明治天皇から何の御沙汰もなく終った。

東洋自由新聞社長就任から辞任までの以上のいきさつには、西園寺の人となりがよく現われていて、その点で興味が深い。第一には、彼が当時すでにリベラルな思想の持主であったことがよく判る。第二に、社長就任の動機の中に彼の性格がよく現われている。その動機について西園寺は後年回想して、「大いに民権を主張するとか、新聞事業に確信があったとかいうのではない。ほんの遊び半分で、一時の快を買おうというのにすぎなかった」といっている。(3)この言葉は彼の当時の真意を述べたものであろう。

西園寺は、元来いわゆる貴族気質の持主であった。ここでいう貴族気質とは、自己を他からの拘束をうけない自由な状態につねに保とうとする生活態度を意味する。そのような気質の持主は、自己の外の世界の物事に対しては深くコミットせず、熱中せず、従って、根本においては冷かであり、事物に対する態度はこうしておのずからとかく遊戯的あるいは傍観者的になる。東洋自由新聞社長に就任した動機についての彼みずからの前述の言葉にも、そういう点がうかがわれる。別の例を挙げれば、西園寺は維新直後に被差別部落民の間に妻を求めようとしたが、そのときのことを彼は後に回顧して、「何も因習を改めるとか門閥を打破しようとかいう六《むつ》ヵしい考えから出たのではありませんでした。そんなことに大いに骨を折って身を犠牲にしようなどとは思わないのが、わたしの流儀だ」(圏点著者、以下同じ)といっている(4)。また回顧して、フランスから帰国したとき、自分にはわが国内の人心がゆるんでいるように感ぜられて、若干不平を抱いたり又歎息したりもした、けれども、「わたしには時勢を憤って、それを切り開こうとか、狂瀾を返そうとかいうようなアンビション、希望といいますか、勇気といいますか、それがない。今日でもそうです」。だらけた人心を「回転する、逆流させるという豪気、努力はわたしの及ぶ所ではない。西園寺が冷淡だと云われる所以であろうが、自分ではこれを冷淡とは思わない。時流に逆らいもしなければ時流に従いもしない」と述べている(5)。これらの言葉も、西園寺の貴族気質を物語るものといえよう。

西園寺は清華家に生れて、名誉《フェーム》をさらに求める気持もなかった。実弟に住友吉左衛門をもっており、富のために心を動かされることもなかった。権力への欲望も生来淡かった。彼の場合、その貴族気質は実はこれらの事情によっても亦強く支えられていたのである。そして、彼のリベラルな考えも、一つには彼が理智的な性格の持主であり、合理主義的な思考を愛したのによるが、しかし、同時にそれは彼の以上のような気質が知性によって原理化された場合に到達するところの結論でもあったのである。

これらの意味で、リベラルな考え方は彼の中に深く根ざしたものであった、ということができよう。

さらに付け加えて置きたいことは、彼の貴族気質は往々自分勝手、気むずかしさ、つむじ曲りな言動にもなって現われた。「貴族の我儘《わがまま》」である。そのような点は、ことにその私生活の面に見出された。

なお、晩年に小泉策太郎との座談の中で小泉が立派な邸をつくったことが話題になった折、西園寺はいった、「家でも宅地でも、やはり大きな地所を取ったり、良い家を作ったりする者がなくては、世の中が狭苦しくていけない。跼蹐《きょくせき》はいかんな。暢達《ちょうたつ》でなければいけない。金持などがおびえて小さくなっているようではいかぬ(6)」。また、昭和一一年六月に西園寺は原田熊雄との話の中で、「よくこの頃大衆々々と言ふが、あまり大衆々々と言つてゐると、世の中の進歩がとまつてしまふ。ある意味からいへば、贅沢から進歩もあり文明も向上してゐるのだから、その辺は為政家もよほど考へなければならん」といったりした(7)。これらの談片にも、彼の貴族趣味が現われている。

さらに第三に、彼の人となりは東洋自由新聞の社長の地位を辞する際に抗議的な上奏文を提出したことの中にもよく現われている。自分をあらゆる意味で無拘束な自由な境地に置きたいと考える結果、一面では自分の方から外界に働きかける意欲に乏しく、この点では甚だ消極的であったものの、しかし、他面では外界からの圧迫・束縛に対しては烈しく反撥した。その意味においては、彼は強い覇気の持主であった。

第四に、抗議的な上奏文の提出は、実は西園寺が皇室ときわめて近い関係にあったことをも象徴するものである。九清華の一つである西園寺家は皇室と由来きわめて深い関係にあった。彼は少年時代には明治天皇の遊戯の相手であり、画を一緒に描いたりもして、天皇とは幼馴染みの間柄であった。また、後年その首相の時代には、宮中の内宴の際に皇后の所望で席上琵琶を弾じたりした。琵琶は西園寺家の家芸であった。なお、第二次西園寺内閣に蔵相として入閣した山本達雄は、西園寺の侍立の下で初めて明治天皇に財政意見を上奏することになったが、その際のことを後年小泉策太郎が山本からきいて、次のように記録している。自分(山本)が「式部官に導かれ、ドアをあけてその室〔謁見室〕内に参入したのに御気がつかれてか、陛下は正面に向き直られる。西園寺公は椅子を片寄せて、屹然侍立の容に改める。その遽《にわか》に開き直ったやうな状況により、それまで御さし向ひでいかにも寛ろいで御はなし合ひになつてゐられたであらうことが、はつきり想像される。御幼少からの御馴染でもあり、皇室と清華家といふ古来の関係からしても、およそ我々が意識する君臣の義とは異なる友愛的御情味が自然に上下の差別を融解する一種特別な御間柄であることが直感された」[8]。

なお、前にふれたように、西園寺は晩年に語って、伊藤博文は皇室をつとめて荘厳な存在にしようとしたが、自分は「自然的にリベラールに皇室を敬うと共にもっと親しみのあるようにしたい考えであった」といっている[9]。そして又、次のようにも述べている、「国務の御下問は、今の陛下〔今上天皇を指す〕が殊に御熱心だから、国務大臣のみならず次官でも局長でも進んで謁見して、政務の研究をするがよいと思う」、大臣など、御前に出るのを遠慮しすぎる、日常の政務は、天皇と意見が異った場合でも遠慮せず反対の理由を奏上して差支えない、明治天皇の御代でも、たとえ天皇が反対されても、これはこうしなければならないと直言し、時には激論の後に御理解を得たこともある、そこに輔弼《ほひつ》ということがあるのである、「君臣の礼、上下の別というものは、たゞ思召に違わない、御言葉には皆従うということではない」[10]。彼のこのような皇室観は、そのリベラルな思想ともともとより関連をもつが、同時に、それは、一面では皇室に対して彼個人が本来抱いていた以上のような深い親近感の投影でもあった、といえよう。

このようなわけで、東洋自由新聞の一件にはその前後を通じての西園寺公望の面目がよく現われているといってよい。

「世界之日本」

東洋自由新聞を去ったのち、西園寺はやがて参事院議官補に任ぜられて官途に就き、翌明治一五年伊藤博文が憲法取調べのため渡欧するのに随行した。そして、その機会に伊藤と昵懇《じっこん》になった。明治一七年華族令が発布されると、侯爵を授けられた。その後オーストリア・ハンガリー駐在公使、のち駐独公使となり、約六年間ヨーロッパで外交官の生活を送った。この在外時代は仕事は閑散であり、ベルリン時代などでもべッドに寝ころんで義太夫の本ばかりよみ耽っていたという。退屈のあまり、ある日本外交官をベルギーで殺した女が出獄後パリで街の女になっているときき、パリに行ってその女と戯れることを考え、それをつい口にしたところ、皆から真剣にとめられ、とうとう実現できなかった、などと彼自身後年回顧して語っている。明治二四年に帰国、賞勲局総裁に任ぜられた。

在外生活から帰った彼は、大森の入新井村に初めて邸宅を構えた。それは彼自身で図面をひき大工に指図して建てたもので、敷地は二千坪余り、庭には二間幅の用水が流れていて、梅林もあった。春には付近の田には白鷺が群れて遊んでいた。この邸を彼は望緑村荘と名づけて、のどかな田園の風光の中で後に述べるような多彩な趣味生活に余暇を楽しんだ。明治二六年に貴族院の副議長に就任したが、翌年一〇月には日清戦争下で第二次伊藤内閣に文相として入閣した。時に四六歳である。

文部大臣・西園寺は、明治二八年三月高等師範学校卒業式の際の演説、同じ年六月文部省でひらかれた尋常師範学校長会議の折の演説、翌年三月の高等師範学校卒業式に寄せた式辞、その他で、教育に対する彼の意見を示した。それらの中で西園寺は、わが国が今後西洋諸大国に伍して行くためには教育をさかんにし、科学の応用に力めなければならない、それには英語教育に力を注ぐべきであり、そのためには生徒の負担の上から国文科授業の全廃または時間縮小を行ってよいと考えるといい、さらに文明国として立つ以上、また女子が母として次代の担い手を保育するものである以上、女子教育に力を注がなければならないと唱え、国民の気性は「活潑、爽快」「正大、有為」でなければならず、「慷慨、悲壮」「偏曲、奇癖」に陥ってはならない、世上には往々「衰世逆境の人」を模範にして今日の青年子弟をそれに倣わせようとするが、これは将来に弊害を残すものであり、国家今日の隆盛にそぐわない、教育にたずさわるものは世界の大勢、文明盛衰の理を考えて教化に力めることが望ましい、と述べた。西園寺の以上のような意見は当時としてはきわめて開明的なものであり、それだけに日清戦争下または戦後の熱狂的な国粋主義的雰囲気の中で述べられたとき、世上の一部からは烈しい論難の声も挙げられたのであった。

西園寺は又、国家主義一色に塗り固められて来た在来の教育方針をリベラルなものに修正しようとして、これがために第二の教育勅語の発布を考え、天皇の内諾をも得た。しかし、その成案をうる前に伊藤内閣は倒れ、それはついに実現をみずして終った。

なお、この伊藤内閣の末期に陸奥宗光、西園寺、その他のひとびとの間に新しい雑誌を発刊する話がまとまり、竹越与三郎《たけこしよさぶろう》(三叉《さんさ》)を主筆として『世界之日本』という雑誌が生れた。この誌名は、西園寺の提案によるものであった。彼は誌名として提案しただけでなく、実はこの「世界の日本」という言葉を終生好んで口にした。彼の場合には、この言葉の意味するところはひろく、それは、西洋文明に対する彼の高い評価を基礎としつつ、日本も英米に伍する世界の文明国の一つにならなければならないという願望をこめて用いられたのであった。しかも、そのような考えの根柢には、実は文明の進歩とともに世界は国際的協和の方向にむかい、世界平和の実現へと次第に近づくという見通しがあった。それ故に、日本を世界の文明国の一つに成長させるというのも、日本としては世界史のこのような発展方向に沿って進むべきであるということを同時に意味した。従って、彼はそのような観点において国際主義《インターナショナリズム》に立っていた。そこで、日清戦争下および戦後の世上でわが国前途の目標として「東亜の盟主」を云々する議論がもてはやされるのをみて、彼はそれを視野・識見において狭小であると考え、甚だしくあきたらなかった。新しい雑誌の名称として「世界之日本」という案を出したのも、それ故に、決してその場の単なる思い付きではなかったのである。

明治三一年に伊藤博文がその第三次内閣を組織すると、西園寺は再び文相に就任した。しかし、このときは病のため在任三カ月余りで辞職した。

大磯に引籠る総裁

明治三三年に伊藤博文は立憲政友会を組織したが、その際に西園寺は創立委員の一人であった。しかし、その後まもなく西園寺は枢密院議長(枢相)に就任したので、政友会との関係は一旦切れた。ところが、明治三六年七月に伊藤が勅旨によって枢相に任ぜられると、西園寺は伊藤の依頼によって後任政友会総裁に就任した。このときのことを彼は、伊藤が「わたしにやれと云うから、御用に立つことなら引受けましょうという位のこと」であったと後に回顧している。(11) 西園寺は前にふれたように明治一五年伊藤の渡欧に随行した機会に伊藤と親しくなり、伊藤の内閣に過去二度にわたって入閣し、そして、今ここに総裁の地位をうけつぐことになったわけである。

当時鳥谷部春汀は評論して、侯(西園寺)は当世の政治家にみられる「功名熱」に侵されていない、そのことは、侯の人となりをうかがわせる、又その「識見の透徹」を讃えられている、しかし、「自家の主義、信条を実行するが為に社会と奮闘して成敗を争ふほどの熱心」を欠いており、そればかりでなく政治に対してとくに「濃厚なる趣味」をもっていないようである、侯をイギリスの政治家ローズベリー（Lord Rosebery）に似ているとするものもあるが、ローズベリーが「政界を演劇視するの好奇心」を抱いているのに対して、侯はむしろ「政界の批評家若くは傍観者たる態度」をとり、みずから「舞台の花役者」になろうとする様子を示したことはない、「政党を率ゐるには、智見よりも根気を要し、聡明よりも胆勇を要し、或る場合に於ては教訓よりも煽動を要することあり。而して、侯は智見に富み、聡明余りあれども、唯だ根気と胆勇とに於ては窃に侯を疑ふもの」が少くない、しかし、他を識るの明と自らを知るの明とをもつ侯が総裁となるのを快諾したのは、自信あるいは大きな動機があってのことであろう、けれども、「党首として善く党人を指導統督するの手腕あるや否やは、是れ実に未来の疑問に属せり」とした。(12) 春汀のこのような「疑問」に答えるのには、しかし、後に述べるように多くの時を必要としなかった。

西園寺は就任とともに在京政友会議員総会で挨拶して、「私は私の力の有らん限りの勇を奮ひ、私の有らん限りの智慧を尽して之を本会に捧げ、之を貫くに誠心誠意正々堂々以て事に当る積りであります。故に所謂策略とか縦横とか云ふ様な事は、熟々天下の有様を洞察致しまするに既に時勢遅れであつて何にもならないことで、唯識者の一笑を買ふに止まり、少しも価値のないこと、考へます。況《いわ》んやさういふ事の出来る人間でない。願くば諸君も此意を御諒察下すつて、此意を以て本会に尽され、新総裁の足らざる所を御助力願ひたいが為め一言申上げて置きます」といった。しかし、総裁就任後、彼は党務を原敬と松田正久とにほとんど一任した。そして、大磯の邸宅に引籠りがちであった。なお、この頃には西園寺はすでに大森から大磯に移っており、そして、別に神田駿河台に屋敷をもち、上京の折にはそこに滞在するのを常とした。

大磯の邸宅も西園寺は自分で設計して、大工に指図して建てたものであり、雅致を帯びた瀟洒《しょうしゃ》とした構えであった。彼は隣荘と名づけて、清閑の時を楽しんだ。西園寺は由来ひろい又ゆたかな趣味の持主であった。彼は好んで和漢洋の書籍に親しみ、きわめて博学多識であった。洋書の多くはフランス書であった。日本画・洋画についても鑑賞眼をもち、芝居・相撲が好きで、また碁・将棋を玩び、盆栽を楽しんだ。俳句も趣味の一つであった。「滄浪閣を訪ふて帰るさ」と題する「捨ててある富士を拾ふてもどりけり」の句、また「小ゆるきの浪こころせよ芥子の花」、「花水を渡て来たか青あらし」(花水とは花水川を指す)など、皆この大磯での作である。若い頃から狭斜の巷に出入りし、そこでは「お寺さん」の名で通っていた。そして、通人が贔屓《ひいき》にした染物店・笠仙で染めさせたトランプの模様を散らした紅絹《もみ》裏の羽織を着て喜んでいたという挿話も伝えられている。そのような彼は、清元・端唄を好んだ。また、高い味覚の持主であり、日常の食事なども喧しく、気に入らない料理には箸をつけようとせず、料亭・灘万の板場を一年交代で置くようになってからも、料理人はいたたまれず、暇を願い出たりする始末であったという。

このように多趣味であった関係からも、交遊や出入りのひとびとの範囲は甚だ広かった。西園寺は、ひとに接しては腰が低く、言葉も大変鄭重であり、そのことは終生変らなかった。家人に対しては、自分を訪ねて来るものは大臣、実業家、役者、幇間、芸者みな自分のお客様なのだから、決して差別をしてはならない、と堅く申し渡していた。対談においては聴き上手であった。また、多趣味の故に話題も豊富であった。相手の客によっては諷刺・皮肉を交えて話し、明敏を印象させた。

しかし、家人などに対しては、甚だ気むずかしかった。親戚にあたる橋本実斐《さねあや》は西園寺が癇癖の強かったことを回想して、文部大臣時代、政友会総裁時代からパリ平和会議に赴いた頃までは西園寺公の最も元気さかんな頃であった、この時期には公と近い関係に立ったもので叱責されなかったものはほとんどなく、「仕へる人」は苦労をした、けれども晩年には人柄もおだやかになり、怒りを現わすこと稀になった、「それでも事と次第に依つては雀百迄踊を忘れず、時に怫然色をなさるることも有つた様であります」といっている。(13)

日露戦争の下で

政友会総裁に西園寺が就任してから約半年で日露戦争が勃発したが(明治三七年〔一九〇四年〕二月)、開戦以来の連戦連勝の戦況は国内を愛国的熱狂に沸き立たせる有様になった。彼は世人が排外的愛国心《ショーヴィニズム》に陶酔して理性・節度を喪失したごとき状態に甚だあきたらなかった。戦時下最初の第二〇議会の開会を前に政友会臨時大会がひらかれたとき、彼は演説して、国運のかかるこの戦争において国民は最後の勝利を目指して奮励しなければならないと述べるとともに、近時挙国一致という言葉が流行しているが、「世間には往々此一致なる文字を消極的に解釈して附和雷同と云ふことと混じて居ることがありはせぬか」、「譬《たと》へて言へば、議会は挙国一致の実を挙るを名として唯だ政府の言ふ所に盲従さへすれば夫れで宜いと云ふやうなことであつてはならぬ。又政府も此れは民論であるといふことを聞て、深く其の由つて起る所を察せずして直に之を採用するといふやうなことがあつてはならぬ。若し此の如き傾向を生ぜんか甚だ憂ふべきの極であります」と述べた。その後にも政友会議員総会で演説して、国民が盲目的な「排外心」、度を失った「敵愾心《てきがいしん》」に陥ることを戒め、今日のごとき場合こそ各人が冷静な態度をもってその本務に力めることが必要である、そして「此の国家の艱難なる時に当つて愈々益々文明国たる本領を徹底しなければならぬと私は考へる」といった。

さて、明治三八年(一九〇五年)九月ポーツマス会議における講和交渉が妥結し、講和条約案の大要がわが国に伝えられて来ると、世上にはこの条約案をきわめて軟弱、正に屈辱的であるとして烈しい不満を抱く者が実に少くなく、この条約案を破棄し満足し得る講和条件を獲得するまで戦争を続行せよという主張も一部ではしきりに唱えられ、人心は騒然たる有様になった。このとき、西園寺は政友会協議員会で演説して、元来ポーツマス会議は国際平和への列国の希望に従い「人道」のために日露対等の立場で和平を結ぼうとしたものである、それは「戦敗者が戦勝者に屈伏して和を乞ふ」

建前でひらかれたものではない、それ故に、ある種の講和条件が貫徹されなかったからといって、戦争継続を叫ぶことは、列国に対して果していかなる印象を与えるであろうか、又わが国の利害の上から考えても「露国の横暴を懲し、満韓の天地を廓清する」ことはすでに達成し得ている、今日は戦勝のあと「政治経済の発展を図り、以て大帝国の基礎を確定すべきの時」である、と述べた。この演説から三日後に、ポーツマス条約に対する人心の憤激が日比谷の騒擾事件を爆発させたことを考えるならば、西園寺の以上の発言は、当時としては勇気を要する発言であった。そして、この演説は彼の国際主義《インターナショナリズム》のきわめて率直な表明でもあったのである。

無気力な首相

日露戦争後、西園寺は桂太郎と交互に政権を担当するようになった。このいわゆる桂園時代において、彼は前後二回にわたってその内閣を組織した。

第一次内閣成立(明治三九年)の翌年六月、彼は当時の文壇人たちを駿河台のその邸宅に招いて清談に晩春の一夜を楽しんだ。それを最初として、これらのひとびととの間にその後幾度か歓談の会合が催された。この雨声会のことは、今日もよく世に知られているが、それは文雅の人としての彼の一面をよく物語るものであろう。又この第一次内閣のとき、社会主義運動に対するこれまでの峻烈な取締りが若干緩和され、そこに彼のリベラルな思想の片鱗がうかがわれた。このことを別にすれば、二回に及ぶ西園寺内閣の施政には、首相としての、あるいは政治家としての彼の面目を示したような施策は、格別見出しがたい。そのことは、注意に価する。

西園寺は前述のように総裁として党務を原、松田にほとんど一任したが、首相に就任しても重要な政務は主として原に委せたのであった。二度の彼の組閣それ自体も、前に述べたように、実は原の対桂工作に負うこと大であり、施政に関しても亦再度にわたって内相となった原の画策によることが少くない。それだけではない。組閣すること自体についても、また政権を保持しつづけることについても、西園寺はとかく熱意に欠け、物憂くさえ思う有様であった。彼のこのような態度に対して原が往々憤懣やる方なかったことは、これも上述したので、ここでは繰り返さない。首相としての西園寺の以上これらの諸点も、結局前に記したように行動の意欲に乏しく、また名誉・権力への欲望も淡いその性格に由来するものと思われる。

彼の第二次内閣のあと、桂太郎が内大臣(内府)の地位を辞して第三次内閣を組織する(大正元年一二月)が、桂のこの組閣はいわゆる憲政擁護運動を激発して世上は騒然たる有様と化し、桂は容易ならぬ窮地へと追い詰められた。そこで桂は大正天皇を動かして、政友会が議会に提出していた不信任案を撤回するようにという含みの御沙汰が西園寺に伝えられるにいたった。西園寺はこのとき政友会議員総会をひらき、自分は「臣子の分」として御沙汰に従わねばならない。しかし、諸君は国民の代表であるからその意見を主張することは当然である、唯充分慎重に考慮されたい、と述べた。しかし、桂が政権の投出しを考慮しているのを察知した政友会代議士は既定方針をもって進むことを満場一致をもって決議した。ついで政府打倒を叫ぶ群衆が議会を包囲する事態となり、そのような中で桂はついに内閣総辞職を行うの余儀なきにいたった。

ところで、他方西園寺はこの機会に総裁辞任の意を表明して、彼の京都の別荘清風荘に退いた。そして、その後は党務を全くとらなくなり、党内からの慰留を堅く拒みつづけた。彼は後年回顧している。「政友会総裁をやめたのは、あの場合勅命(前述の御沙汰を指す)を奉じて政友会をおさめることが出来ない為に自ら責を負うたという程の強い意味はない。……実はあれは勅命と云えば勅命と云えるが、陛下がそれ程御心配になったのではなかった。仰せの通りに政友会を抑えることが出来なかったのも不本意だが、しかし、議会の空気を強いて転換して、あの通り激昂した人心を鬱屈させることがお為になるとも思わなかった。政友会の方も、わたしが居なくてもよかろう。或は居ない方がよいかも知れない。わたしは前にも云う通り、行前に多少の余地を残して置く方がよいという流儀でもあり、益になるなら勉強もするが、役にも立たない、そして、自分でなくても誰にでも出来ることなら、成るべく御免蒙りたいというなまけ気分もあって、丁度よい機会だと考えて、総裁をやめたが、……勿論違勅の責任というようなことではない。原にやらせる、もう其の時機が来たと思ったのだ。少しは面倒くさくなったという気も出たものね[14]」。以上は、当時の彼の真実の気持であったであろう。

なお、桂内閣が総辞職すると、元老たちは宮中に集まって後継首班について協議したが、その際に西園寺もその席に招かれた。そして、このとき以来彼は元老の一人に加えられることになった。ところで、政友会はその後も西園寺の総裁辞任を諒承せず、慰留をくり返した。しかし、彼はあくまでこれに応ぜず、党務をみようとしないので、結局原敬、松田正久の二人が事実上党の運営にあたることになった。そして、大正三年に松田が歿すると、原が西園寺の推薦によって総裁に推戴されることになるのである。

パリ講和会議へ

その後、大正七年に寺内内閣が瓦解したとき、元老山県有朋は西園寺に組閣を求めた。しかし、彼は固辞した。そして、代りに原敬を推し、結局原が政友会内閣を組織することになった。この原内閣の成立後まもなく第一次世界戦争は連合国側の勝利の中に終り、翌大正八年(一九一九年)の一月からパリにおいて講和会議がひらかれることになった。このとき、西園寺は山県、原から首席全権委員として会議に列するよう懇請された。一旦は辞退したが、しかし、彼の後年の言葉でいうと「まあそう頑なに思わんでも、久しぶりに遊びに行ってもよいという気」になり、引受けた。(15) そして、当時七〇歳の西園寺は「お花さん」の名で世上に知られていた内室奥村花子を伴い、さらに食膳の掛医師として三浦謹之助、勝沼精蔵の両博士、それに看護婦を同伴し、りとして灘万の主人をも連れて、横浜を出発した。この大掛りな旅立ちは世上の話題をにぎわせ、「雪月花旅行」などと評された。

この講和会議で、西園寺は曽つて若き日のパリで相知ったクレマンソーに再会した。クレマンソーは、今は戦勝国フランスの首相として赫々たる勝利の栄光に包まれていた。「愛すべき西園寺公は法律学の教授E・アコラスの許で教えを共にうけた昔の仲間であり、曽つては烈しい気性の持主であったが、今はおだやかな皮肉をいうひとになっていた」。クレマンソーは回顧録の中にこのように記している。[16]

講和会議では、西園寺以下のわが国全権委員は自国に直接関係のない問題については発言することがきわめて稀であった。ところで、やがて山東問題が会議の日程に上ると、わが国の主張をめぐって論議は烈しく紛糾し、そのような中で、わが国の会議脱退が噂されるようになった。また現に全権団の中にもそれを主張する声も挙げられる有様になった。このときに、西園寺は全権団のひとびとを集めた。そして、われわれの眼前には山東問題よりもわが国にとってさらに一層重大な国際連盟の創設という問題がある、区々たる山東問題に心を奪われ、国際連盟の問題を放置して会議を引揚げるなどというごとき愚かなることはない、けれども、もしも引揚げたければ皆引揚げよ、自分は一人踏みとどまってまとめるから、速かに引揚げよ、といい渡した。[17] 山東問題に関するわが国の主張は、結局容認されて、事は終ったが、西園寺はその国際主義的立場から連盟の創設に大きな意義をみとめ、わが国としても当然この企てに協力すべきであると深く確信していたのであった。他者に対して自己を守る点においてはきわめて強いその性格は、首席全権委員としての責任を帯びることによって、今このような断乎たる言葉を彼にいわせたのである。

なお、西園寺が講和会議から帰国して間もなく、朝鮮総督に任ぜられて京城に赴任することになった斎藤実の送別宴が原首相の主催でひらかれ、西園寺もこれに出席した。主賓である斎藤の挨拶が終ったとき、席上は一旦静かになった。そのときに突然に西園寺は盃を上げて大きな声で「閣下、文明の政治を願ひます」と斎藤総督にむかっていった、という挿話がある。[18] この「文明の政治」という言葉に彼が託した意味は、すでに上に述べたところからおのずから明かであろう。

講和会議から帰った西園寺は、かねて愛好していた興津《おきつ》の地に新邸が落成したので、そこに移った。そして、その後は上京の折には駿河台の屋敷に滞在し、平生は興津で過すようになった。波静かな駿河湾に面した簡素で雅趣漂うこの邸宅は、渡辺千冬《ちふゆ》子爵の撰により坐漁荘と名づけられた。これは、周の文王が渭陽で呂尚(太公望)の茅に坐して釣をしているのに会い、礼を厚くして迎えて軍師としたと伝えられており、渡辺は中国のこの故事に因んで、太公望を西園寺公望の名に通わせ、坐漁を庭前に海の迫る地形に結びつけ、さらに元老として天皇補佐の重責を荷う西園寺の地位を軍師呂尚のそれに対照させて、かく命名したのである。なお、西園寺は帰国の翌年に勲功の故をもって公爵を授けられた。

「憲政常道論とは何か」

西園寺公望が元老の一人となった当時、元老として他には山県有朋、井上馨、松方正義、大山巌、桂太郎がいた。しかし、大正一〇年一一月原首相が暗殺された頃には、元老として健在であったのは、もはや山県、松方、西園寺の三人にすぎなかった。しかも、当時西園寺は七三歳であったが、山県は八三歳、松方は八六歳の高齢に達していた。そこで、西園寺は将来やがては彼の双肩にかかる巨大な責任を時とともに身に沁《し》みて感じるようになった。

原が殺されたとき、元老たちは西園寺の発議により原内閣の蔵相で政友会員であった高橋是清を後継首班に奏薦した。西園寺がこのとき高橋を推したのは、首相を殺せば政権の移動が起るという悪例をつくってはならないと考えたのによる[19]。高橋内閣成立の翌年、元老中で過去久しきにわたって最大の勢威を擁し、且つ政党内閣制に烈しい反情を抱きつづけて来た山県は歿した(大正一一年二月)。元老は今や松方、西園寺の二人になった。この年の春に、西園寺は彼の許に出入りしていた松本剛吉にむかって、山県公の歿後松方侯は老齢なので余が全責任を負って宮中や政治の世話を焼く考えである、と洩らした。その後また松本に語って、自分ももうしばらく生きていて「皇室及び国家の大事」に当りたい、殊に摂政宮(大正一〇年一一月大正天皇の病のために皇太子〔今上天皇〕が摂政に就任、摂政宮とよばれた)はお若いので、「四、五年先の事をも見届けて置きたい」と語った[20]。

ところで、西園寺は原、高橋という二つの政党内閣の成立に力を藉したものの、当時の彼は今後の立憲政を政党内閣の方式で運用したいと考えていたわけでもない。高橋内閣の当時、西園寺は松本にむかっていった、このごろ「憲政純理論」とか「憲政常道論」とかいって、ある一政党の内閣が倒れれば政権は反対党の手に移動すべきものであるということがいわれるが、「私は政友会内閣と云ふも政友会の内閣に非ず、陛下の内閣と思ふ」、憲政純理論とか憲政常道論とかいうことはどういう本に書いてあるのか、どこの国で現在そのようなことをやっているのか、近く学者をよんで尋ねてみるつもりであるが、貴下はどう考えるか、と尋ねた[21]。

当時の西園寺は、こうして、政党内閣制について未だ充分な理解をもってはいなかった。そして、現に高橋内閣の当時、彼は政友会には首相たるべき人材が欠けていると考えつつも、反対党である憲政会の総裁加藤高明には政権を担当させるべきではないと堅く信じていた。これは、主としては加藤が曽って第二次大隈内閣の外相として対華二一カ条要求の責任者であった関係から、加藤の外交とその国際的信用とについて甚だ強い不安を抱いていたことに因るようである[22]。そこで、彼は考慮の末に、次期首班には山県系政治家として知られていた田健治郎を起用して彼に政友会を与党としたいわゆる中間内閣を組織させることを考えた。

しかし、高橋内閣がいよいよ瓦解したとき、西園寺は後継首班の奏薦について先ず松方正義(薩摩出身)の意見をきくことにした。ところが、薩派に擁せられた松方は、このとき、前内閣の海相でワシントン会議の首席全権委員であった海軍大将加藤友三郎を推し、その結果加藤内閣の成立となったのであった(大正一一年六月)。

この年の秋、西園寺は御殿場に別荘を購入した。それ以来毎年夏に入ると、野の花の咲き乱れる富士山麓のこの山荘に暑を避け、涼風の中に読書と散策との日々を楽しむようになった。

大正一二年八月、加藤首相が病で歿すると、西園寺の発議によって山本権兵衛が奏薦された。西園寺は、政友・憲政両党の党首には政局担当の能力が欠けており、且つ両党ともに党内の統一がないとし、山本に挙国一致内閣をつくらせて、施政一般をはじめ総選挙をも公正に行わせ、また財政および行政の整理をも実現させたい、と考えたのであった。しかし、山本の内閣は、成立後三カ月余りで虎の門不敬事件の勃発に会い、その責任をとって総辞職した。

唯一人の元老

このあと、西園寺は山本を奏薦したのと同様の理由で枢相の清浦奎吾を後継首班に推し、松方もこれに同意した。当時西園寺としては清浦が政友会を尊重し、政友会もまた政策の面で清浦の内閣を助けることを期待していた。ところが、彼のこの期待に反して清浦は貴族院の諸派を基礎とした超然内閣を組織するにいたった。それとともに、世上にはこれを時代錯誤とする囂々たる非難の声が忽《たちま》ちに湧き起った。そして、そのような中で、この新内閣に対してとるべき態度について政友会内の意見は分裂し、新内閣支持を主張するものは脱党して政友本党と称する新党を組織した。そして、政友会は憲政会・革新倶楽部とともに世論を背景にいわゆる憲政擁護運動(護憲運動)を開始し、清浦内閣の打倒をめざすという事態になった。ところで、政友本党の議席は過半数からは遥かに遠く、そこで解散・総選挙は必至となった。この頃でも、西園寺は総選挙の結果憲政会が勝利を獲て、彼として大勢の上から加藤高明を次期首班に奏薦しなければならなくなること、あるいは又憲政会の参加した連立内閣の生れることを前述の理由によって甚だ惧れていた。(23) ところで、大正一三年五月に総選挙が行われた結果、政友・憲政・革新といういわゆる護憲三派が合計で過半数を制する結果となり、且つ憲政会が第一党となった。そこで、清浦内閣は総辞職した。選挙の右のような結果を知った後も、西園寺はなお逡巡、考慮を重ねた。しかし、中間内閣を組織するにも適任者を見出すことができず、そこで彼は意を決して加藤憲政会総裁を奏薦した。なお、当時松方は病のため後継首班の下問に答えることを辞退した。こうして、ここに加藤高明を首相とする護憲三派の連立内閣が成立した。その翌月に、松方は歿した。それとともに、西園寺はついに唯一人の元老になった。

元老の役割の最も重要なものは、「内閣の製造者《キャビネット・メーカー》」「内閣の後見人」たることにあった。外界からの働きかけに対しては生来あくまでも自己を守って動かされまいとする西園寺は、今や唯一人の元老としてその巨大な責任を今後果そうとする。その場合、彼にとっては、政治的責任の問題があっただけではない。常に彼の全人格が当然賭けられることになった。

さて、加藤内閣の下で、西園寺は加藤の首相としての手際を拙劣であるとした。また、政党党首に人材の依然乏しいことを歎息した。そして、将来の政変の場合に、事情によっては又も中間内閣を考慮せざるを得ない、と考えたりした。そして、田中義一を総裁に戴くことになった政友会が次期の政権を狙って政友本党との提携を画策しているのをみて、苦笑した。やがて、政憲両党の疎隔が烈しくなった末、ついに加藤内閣が閣内不統一により総辞職を行うと、時を移さず政友・政本の両党は両党提携の成立したことを世上に発表した。そして、衆議院において二党が合計で過半数を制したことにより、次期政権の与えられることを期待した。西園寺は、このときそのような妄動を無視した。そして、次期首班には第一党である憲政会の総裁加藤高明を奏薦し、ここに第二次加藤内閣が憲政会の単独内閣として成立した。

大正一五年一月に加藤首相は病死したが、憲政会は直ちに若槻礼次郎を後任総裁に推戴し、ついで若槻が西園寺の奏薦によってその第一次内閣を組織した。西園寺としては、加藤内閣の政策が未だ行詰ってはいないと判断し、また原の死んだ際の先例をも考慮して、若槻を推したのであった。しかし、彼は若槻の政治的手腕を余り評価してはいず、到底首相の器ではないと後には松本剛吉に洩らしたりした。西園寺は政党方面に人材の乏しいことを依然痛感しており、彼の念頭からは今後場合によっては中間内閣も亦やむを得ないという考えが去らなかった。

ところで、若槻内閣は政友本党と提携して施政にあたることを試みたが、政友会と政友本党とは政権の獲得をしきりに焦った。しかし、第一次加藤内閣の下で普通選挙法が成立しているため、解散になった場合の選挙の結果については容易に見通しを立て得ず、そこで解散は極力後に延ばしたいと考えていた。そして、この点は憲政会も全く同様であった。それらの結果として、政権をめぐる政争は一段と暗く醜いものになって行った。大正天皇崩御の直後に第五二議会がひらかれたが、政友会と政友本党とは同議会に政府不信任案を提出した。そこで、議会の解散はついに必至と思われた。ところが、このとき若槻首相は議会の停会を奏請した上で田中(義一)政友会総裁、床《とこ》次《なみ》(竹二郎)政友本党総裁と会見し、新帝即位匆々《そうそう》の今日政争をかもすことは回避したいと述べた。これに対して、田中、床次は不信任案提出にいたった事情について政府の側においても「深甚の考慮」を払うよう要望し、若槻もこれを諒承する旨を答えた。そこで、田中、床次は若槻から内閣の早期退陣の約束を獲たものと考え、不信任案を撤回した。三党首間のこのような妥協の成立は、当時の世上を唖然たらしめた。当時西園寺も亦、解散によって政局の打開されることを期待していた。それ故に、これより先彼の秘書原田熊雄が興津に西園寺を訪ねて、先ず議会に停会を命じ、野党が反省の実を示さなかった場合には解散する旨の若槻の伝言を伝えたとき、西園寺はいたく失望して、原田にむかって「それではもうとても解散は出来ない。真に解散の決意があるのなら、即時断行するよりほかないのに……。元来御大葬と解散となんの係《かかわ》りがあるのか。議会の解散が、御大葬に対してどうして不謹慎にあたるのか。……高所から大局を観得る者の極めて少くなつた政治家に責任のあるのは勿論のこととして、やはり水準の低い国民もその一半の責は負はなければなるまい。洵《まこと》に残念ではあるが、この成り行きもまた止むを得ない次第だらう。……あゝ、これでまた当分低級下劣な政争を繰り返して行くのか」とふかく歎息した。(24) そして、西園寺はその後も中間内閣の問題を考えつづけた。

国際状況に対する態度

三党首妥協から幾許もなくして、若槻内閣は金融恐慌の対策について枢密院と衝突して瓦解した。このとき、西園寺は政友会総裁田中義一を後継首班に奏薦した。ところが、田中内閣の成立した翌年(昭和三年〔一九二八年〕)の六月に奉天において張作霖爆殺事件が起った。この事件は、蔣介石の北伐にともなう中国統一運動の進展する中で関東軍関係者によって企てられた陰謀であり、それは約三年後に起った満州事変の歴史的序曲ということができる。

この事件後に田中首相はひそかに西園寺を訪ねた。そして、犯人はわが国陸軍軍人らしい旨を洩らした。そのとき、西園寺は田中に対して、もしもわが国軍人であったことが判明した場合には、断然処罰して軍紀を維持すべきである、そうすることこそ、日本陸軍の信用の上からはもちろん国家の面目の上からもわが国の国際的信用を保つ所以である、また長期的にみれば中国側にも好感をもたせることにもなる、さらに対内的には、田中首相が軍出身であるために軍部を抑えることができた、政友会のような有力な政党であればこそ思い切ってこのようなことができた、ということになり、貴下自身のためにも政友会のためにも大変よいことである、と述べた。ところが、事件の真相がその後明かになるにつれて、政府部内および政友会幹部の間では、犯人が日本軍人の場合には事件を闇から闇に葬るべきであるとの意見が支配的となった。そこで、この間にあって田中はいたく逡巡する有様であったが、しかし、西園寺は田中に対して事件の内容を奏上するようしきりに督促した。そこで、田中は天皇に謁して、事件の首謀者はわが国陸軍軍人である疑いがあり、目下調査中である旨を上奏した。ところが、陸軍部内では犯人を愛国者として賞揚するものが多く、軍法会議により処断することには同意しようとせず、そこで田中はいよいよ窮地に陥った。そのため、調査に名を借りて事態の処理を徒らに遷延させる有様になった。このような中で、西園寺は「この事件だけは、西園寺の生きてゐる間はあやふやに済まさせないぞ」と原田にむかって独り言のように呟いた。(25) この間に、天皇から田中首相に対して調査結果について報告するよう重ねて督促もあり、そこでついに田中は参内して、その後の取調べの結果幸にわが国陸軍内部には犯人のなかったこと、また警備上の責任者を行政処分に付することを上奏した。しかし、事件の真相をすでに知っておられた天皇は首相に対して、そのような上奏は曽つての上奏と違うではないか、といわれた。ついで、田中の上奏を天皇が甚だしく不満としておられることを伝え聞いたとき、田中は恐懼、直ちに内閣総辞職を行った。そのあと、西園寺の奏薦によって民政党総裁浜口雄幸が後継内閣を組織した。

浜口内閣成立の翌々月、田中は失意の中に急逝した。ついで、後任の政友会総裁には犬養毅が就任することになった。これに先だって、かねてから犬養を総裁に擁立しようとして動いていた内田信也(政友会員)は、田中の死の直後に西園寺を訪ねた。そのときのことを、内田は後年次のように記している。西園寺公に対して自分は、犬養に対して総裁となるよう勧めたところが「公爵〔西園寺〕の御意見を聞いて来い」といわれたので、参上いたしました、といった。これは、犬養が元老制度廃止論の「急先鋒」であり、西園寺公とはこれまで疎遠であったので、犬養がいかにも西園寺公を尊重しているかのように自分(内田)が話をつくったのである。ところが、自分の以上の言葉をきくと、西園寺公はいずまいを正し、犬養は何であるか、つねに「元老廃止〔論〕の先頭」に立って来たくせに、この期に及んで余の意見を求めるとは、といった。そこで、自分は狼狽して、いや、犬養の御挨拶は元老に対するものではなく、前政友会総裁としての老公に対する敬意の現われであり、他意はありません、と取り繕った。そのとき西園寺公は遁辞を看破したような表情であったが、別段追及もされず、そこで自分は安心して帰京した。(26)

この浜口内閣の下で昭和五年(一九三〇年)一月からロンドン海軍軍縮会議がひらかれることになった。当時西園寺は、軍縮問題について原田に次のように語った。「パリの講和会議後の新機軸であつた平和の促進とか、人類の幸福とかいふ精神に立脚してゐる今日、攻撃的の設備をしようといふ国は何所にもない」、この「新機軸」も実はルッソーなどが昔から唱えていた「精神」の現われたもので、「軍縮も不戦条約もさういふ過去の立派な歴史をもつた条約」である、それ故に軍縮は「平和愛好の精神から来た人類幸福のために企図されたもの」であると思う。(27) そのような考えを抱いていた西園寺は、海軍側がこの会議においてたとえどのようなことを主張しても、首席全権委員若槻礼次郎は軍縮条約を是非とも成立させるよう切望した。そして、パリ講和会議の際の彼みずからの当時の心境を思い浮べたりした。西園寺はこの年三月に風邪から肺炎になり、老齢のために病状は一時心配されたが、会議の成行を憂慮する彼は高熱の病床で「軍縮」、「イタリー」、「フランス」などとうわ言を口走る有様であった。

しかし、四月に軍縮条約は調印の運びとなった。その後枢密院にこの条約が諮詢《しじゅん》されると、枢密院は条約内容に烈しい不満を抱いていた海軍軍令部と策応しつつ浜口内閣を烈しく論難し、一時は窮地に陥れた。しかも、その際犬養の率いる政友会はそのような枢密院と呼応して、しきりに浜口内閣打倒の気勢を揚げる有様であった。この状況をみて、西園寺は海軍年来の横暴に対しては与野党の別を越えて相提携して当るべきところであるのに、野党たる政友会が政権欲に駆られて軍部を利用するのは危険で心配に堪えない、と原田にむかってふかく歎息した。(28)

坐漁荘の日々

西園寺はこの昭和五年には八二歳の高齢に達していた。同年春の大患が回癒した後は、摂生に一層の注意を払うようになった。

坐漁荘の彼は、一日の大部分は和漢の書籍やフランス書をよみ耽った。また、篆刻・盆栽を楽しんだりもした。風のない暖い日には庭を散歩した。午睡から覚めた夕方には、いつも机の前に端坐してトランプの独り占いをするのがその日課であった。前にもふれたように、美食家なので、食事の注文は中々むずかしかった。晩餐には灘の酒を手酌で嗜《たしな》んだ。また明治屋を通してフランスから取寄せたヴィシー(食卓飲料水)をかかさず、太平洋戦争前夜についに入手できなくなるまで常用した。これも滞仏生活の名残りであろう。彼はハバナの葉巻を好んだが、老境に入ってからはエジプト紙巻を愛用するようになっていた。外出や旅行の折は渋い和装のことが多かった。足袋は必ず尾張町の佐野屋の紺キャラコのもの、下駄はつねに銀座西の阿波屋のものを用いた。夏はいわゆるカンカン帽、冬は好んで鳥打帽をかぶった。装身具は洋服の場合には紅色を配した金製品を好み、手袋・紙入れなどとともに、フランス製品を使っていた。香水・石鹼・うがい水なども皆ウビガン製品を愛用した。これらも亦フランス時代の名残りであろう。西園寺は高齢に達しても、ハイカラな通人の面影を失わなかった。

打寄せる軍ファシズムの波濤

昭和五年一一月浜口首相は右翼の一青年の襲撃をうけて重傷を負い、これが因でやがて内閣総辞職を行い、それと同時に民政党総裁の地位を若槻礼次郎にゆずった。西園寺はこのときも、原・加藤のときの先例に従って若槻を後継首相に奏薦した。この第二次若槻内閣が成立してから約五カ月を経た昭和六年(一九三一年)九月、満州事変が勃発した。昭和三年六月の張作霖爆殺事件、同五年九月の陸軍青年将校による桜会結成、翌六年の浜口内閣下のいわゆる三月事件などは、軍部、とくに青年将校を中心として急速に高まりだしたファシズムの波の大きなうねりを象徴するものであったが、それは今ついに満州事変を生み出したのである。そして、それとともにわが国政治はここに疾風怒濤の時代に入ることになった。

満州事変は柳条溝における満鉄線路爆破事件を口火に開幕され、同事件発生とともに関東軍は予《かね》ての計画に従って軍事行動を忽ちに満州にひろく展開するにいたった。若槻内閣は狼狽しつつ不拡大方針をもって局面をいかにか収拾しようとしたが、到底軍部を抑え得ず、全く困惑した若槻首相はその苦衷を元老西園寺に訴えるばかりであった。そして、一二月に若槻内閣は閣内不統一のため総辞職した。そのあと、西園寺の奏薦により政友会総裁犬養毅が代って後継内閣を組織することになった。

正式に組閣の勅命の発せられるに先だって、西園寺は犬養を招いた。そして、天皇が軍部の統制欠如、軍部の独走について深く憂慮しておられることを伝え、新内閣としてはこれらの是正のためにその力を尽すよう要望した。犬養内閣も、しかし、軍部を抑えることは容易にできず、昭和七年(一九三二年)三月に軍部は満州の建国を、ついで同月の中に宣統廃帝・溥儀《ふぎ》の満州国摂政就任(昭和九年〔一九三四年〕三月には皇帝となる)を実現させる有様であった。西園寺はこの頃に興津を訪ねた近衛文麿にむかって、「文臣銭を愛せず、武臣命を愛せざれば天下泰平云々」という言葉がある、しかし、今日では「文臣命を愛せず、武臣銭を愛せざれば云々」といいたいところだ、というよりも、「文臣暴力団を恐れ、武臣銭儲けを計る世の中」で、困ったものである、と痛歎した。[29]

そして、近衛にむかって、またいった。近来の政治情勢は自分の期待とは正反対の方向にむかっている、将来政変の場合に軍人を後継首班に奏請するごときことは自分として到底忍びがたい、そこで、今の中に慎重に考えて決意しなければ、恥を後世に残すことになろう、それ故にこの際元老としての優遇・栄爵を拝辞したいとも考えている。(30) 西園寺は今後事態の重圧によって元老としての自分の所信を曲げなければならなくなることを惧れ、ついにこのような突きつめた心持にも駆り立てられたのである。しかし、国家の余りにも重大な局面は、彼にこのような決意を実行に移すことを結局躊躇させた。

西園寺は時局の前途についてこのように深い歎息と憂慮とを抑えることができなかった。その彼は昭和七年の早春寒さ未だきびしい中を冒して上京することを決意した。そのことについて、原田を招致していった、「先日侍従長が来ての話の中に、陛下は陸軍の跋扈について頗《すこぶ》る御心配で、実は夜もろく〳〵お休みになれないらしく、十一時頃侍従を侍従長の家に遣はされて、「すぐ来てくれ」といふやうなお言葉もあつたとか、まことに畏れ入つた話であるが、かく言ふ西園寺も実は陛下以上に心配してゐるのである。陛下が心配されるのは当然だけれども、さう御心配になつたところでどうなることでもないのだから、とにかく自分は近日天機奉伺に上京して、陛下にあまり御心配にならぬやう申上げたいと思ふ。まさか右から左に国がどうなるといふわけでもないし、自分の上京がいくらかなりともお気休めになるならば、出かけがひがある。まあそれくらゐのところで、いま自分が出たところで、どうなるものでもないけれども、かういふ時局に際して、一遍まあ元老としても、財政経済の点は高橋〔蔵相〕に、或はまた陸軍大臣にも会つて、行政長官として、同時に国務大臣としての意見などきいておくことは、時宜に適つた処置だと思ふ。寒さが厳しいから、医者にきけばきつととめるに違ひないので、実はまだ勝沼〔主治医〕にも言つてないのだが、〔三月〕五日に上京して、いろ〳〵の人に会つた上、天機奉伺に出ようと思ふ」[31]。軍部を推進力とするファシズムの重圧は、いよいよ増大しつつあった。現に西園寺のこの上京の日に、三井合名会社理事長の団琢磨は血盟団(右翼団体)の手で射殺された。厳重をきわめた警戒の中を入京した西園寺は、参内の日に原田にいった、今日拝謁しても自分から特に奏上することもない、それで「今日の状態において憂慮すべきこともございますが、決して悲観する状態ではないと考へます。自分等も随分紆余曲折に遭つて今日に至つたのでございますが、とにかく大局から見て、あまり余計な御心配のないやう、落付いてをられることが最も必要だと存じます、といふ風な根本的なお話を申上げたいと思ふが、どうだらう。それよりほかに申上げることはあるまい」と語った[32]。

八四歳の年老いた西園寺は、懊悩の若き天皇を慰めようとして参内した。それは三月一四日（昭和七年）のことであった。

それから二カ月の後、五・一五事件が勃発した。そして、犬養首相は白昼首相官邸で制服の青年将校らのピストルによって射殺された。

この椿事が起ると、西園寺は後継首班の御下問に奉答するため興津から上京した。その際の鉄道沿線の各駅はきびしい警戒の下に置かれて、まことに物々しい光景を呈した。この五・一五事件は、青年将校によって画策されていたクーデタ計画が実行に移されたものであった。軍部、とりわけ青年将校の内部では腐敗した既成政党および政党政治を排撃する空気がかねてから甚だ強かったので、次期首班の問題はきわめて慎重な考慮を必要とした。西園寺は重臣たちの意見を徴した後、海軍大将斎藤実を奏薦した。西園寺としては、中間内閣の下でここしばらくを凌《しの》ぎ、その間に情勢が緩和されて政治が軌道に戻ることを期待したものと思われる。

西園寺は、斎藤内閣の成立した年の暮れに内大臣秘書官長木戸幸一が坐漁荘を訪れたとき、元老拝辞の希望を重ねて述べた。木戸はこのときのことを次のように日記に記している。「自分〔西園寺〕は最早頽齢で身体も弱るし責任もとれず、終始政治に注意し居るのも苦痛だから、元老を拝辞したいと思つて居るとの御話故、余は今日の時勢は特に元老を必要と考へます、御迷惑ながら軍人の主動的言動の多い今日、而して政治家の極めて低調なる態度を見るとき、政治は真に元老の双肩にかゝれる様に思ひますと申上たところ、それだから自分は苦痛に堪へず、自分は元来隠居と云ふことは嫌ひなのだが、隠居でもしたらどうだらうと重ねてのお話なので、私は元老が仮令御隠居になつても、優諚《ゆうじょう》が更に下らずとは保障致し兼ねますと御答したので、そんなことになつては尚困るとのお話だつた」(33)。元老拝辞の意向をあくまでも固執することは、このときも亦西園寺はなし得なかった。しかし、いやしくも元老の地位にとどまっている限りは、押し寄せる軍ファシズムの怒濤に対して彼としてはあくまでも抗せざるを得ない。それ故に、昭和九年四月に斎藤首相が興津を訪ねて、人心転換のためこの際辞めたいと申し出たとき、西園寺はそれに耳をかさなかった。「とにかくこの際一層一つ御奮発願ひたい」と頭ごなしにいい、斎藤を思い止まらせた。その後、倉富(勇三郎)枢相が病気のため辞表を提出した。このとき斎藤首相は後任として副議長の平沼騏一郎を昇任させることを考えた。しかし、西園寺は平沼をしりぞけて前宮相一《いち》木《き》喜《き》徳郎《とくろう》を推し、ついで一木を招致して国家に殉ずる決意をもって引受けよと語気烈しく迫って、受諾させた。西園寺は、かねてから右翼団体と密接な関係をもち軍部とも親しい平沼を枢相の要職につけることは、宮中側近に軍ファシズムを導入する糸口をひらくものとみて、いかにしても阻止すべきであるとしたのであった。なお、この頃には軍ファシズムの重圧はすでに政界にはひろく又ふかく及んでいた。そのような中で、宮中側近はなお辛うじてその圏外に立ちつづけていたのであった。

また同じ斎藤内閣の下で、わが国は軍部の強要により、満州事変勃発以来鋭く対立しつづけて来た国際連盟から脱退するにいたった（昭和八年〔一九三三年〕三月）。そのことは、西園寺をふかく悲しませた。連盟脱退の翌年秋に彼は木戸にむかって、わが国も「大亜細亜主義」などといって極東にとじ籠る態度をとらず、英米とともに世界の問題を処理することをして行ったら「押しも押されもせぬ世界の三大国」として確固たる国際的地位を占め得たであろうに、惜しいことをしたと沁々《しみじみ》と歎息した(34)。

二・二六前後

昭和九年七月、斎藤内閣は帝人事件の責を引いて総辞職した。暑中のすぐれない健康をおして御殿場から上京した西園寺は直ちに参内して、前首相・枢相・内府を宮中に集めて意見を徴したのち、後継首班として海軍大将岡田啓介を奏薦した。西園寺は斎藤内閣下で諸政党が軍部にしきりに媚を売り、軍部の歓心を得ることによって政権の分前に与《あずか》ろうとして種々策動する有様をかねがね甚だ苦々しく思っていた。そして、西園寺は岡田の組閣に際して、現在の政党政治家については綱紀問題に関してとかくの醜聞がある、立憲政は尊重しなければならないが、しかし、政党の質が悪いのだから政党に余り重きを置く必要はない、と岡田に伝えた。その後も、西園寺は原田に、政府は二度でも三度でも解散をやって所信を断行したらよい、と語ったりした(35)。

七月の末に、岡田首相は御殿場に避暑中の西園寺を訪ねたが、そのとき西園寺は自分が数年前天皇に拝謁したとき、天皇に対して「憲法中止も宜しうございます。改正も宜しうございます。しかし、憲法違反は臣等国民は死すともできません。条約改正は勿論必要の時がございます。廃棄も宜しうございます。しかし、堂々たる帝国として条約違反はできません」と奏上したところ、天皇は「いたく御嘉納あらせられた」と岡田に話した。そのとき、岡田も「我が意を得たり」という様子で、「自分もこの義を守ります」といった(36)。

西園寺は、その後も依然平沼を警戒した。昭和一〇年春に一木枢相は健康の関係で辞意を抱き、平沼を自己の後任とすることを考えた。しかし、西園寺はこの件で興津を訪ねた木戸に対して、一木は倒れるまでやったらよいではないかといい、また平沼の昇格には自分としては絶対に反対だといった。ところが、その後同年の秋に入ると、平沼を昇格させて軍部・右翼を宥和すべきであるという論が諸方面で唱えられ出した。それをきいた西園寺は、原田にいった、「平沼の議長昇格は絶対にならぬ。とにかくあゝいふ類の者はなるべく力のないやうにしてしまはなければ、世の中のためにならん」。結局一木はそのまま留任することになった。又この年初夏に興津を訪ねた牧野(伸顕)内府が、自分の健康が甚だ弱ったように述べたとき、西園寺はいった、このような時勢なのだから、お互に死ぬまでやろう、国家のことを考えれば大いに奮発しなければならない(37)。

ところで、岡田内閣の下で、軍部の強要によりわが国はワシントン海軍軍縮条約の破棄を通告した(昭和九年〔一九三四年〕一二月)。また、ロンドン海軍軍縮会議から脱退した(昭和一一年一月)。他方、国内にはいわゆる二・二六事件、天皇機関説問題が起った。このようにして、政治に対する軍部の重圧は増大の一途を辿りつづけた。そして、昭和一一年二月、二・二六事件の勃発を迎えた。

二月二六日、興津も大雪の中に明けた。午前七時すぎに、降りしきる雪の中を襟巻をまいた西園寺は八八歳の老軀を秘書中川小十郎と女中頭とに助けられて坐漁荘の前から自動車に乗った。一旦県警察部長官舎に避難したのち、ついで知事官舎に移った。そして、そこで一夜を過した。坐漁荘を出るとき、西園寺は中川に「自分のからだは君らにまかせる。けれども、自分の住所はお上《かみ》に静岡県興津町とどけてあるので、軽々にながく居を移動するというわけにはいかない」といったという。こうして、翌二七日には西園寺は坐漁荘に戻った。県当局は、しかし、その後もしばらくは坐漁荘前の海上にランチを碇泊させて、万一の場合にそなえるという警戒措置をとりつづけた。なお、この叛乱にあたって、西園寺も「君側の奸」として主謀者の暗殺リストに上っていた。しかし、叛乱直前になって計画が変更され、彼は襲撃を免れたのであった。

当時天皇は軍のこの騒擾に激昂されたこと一方でなく、速かに「暴徒」を鎮圧せよと関係者に対してしきりにきびしく督促される有様であった。しかも、内大臣斎藤実は暗殺され、鈴木(貫太郎)侍従長は重傷を負って出仕できず、天皇の側近は全く乏しい状態にあり、そのような中で天皇は西園寺に対して、後継内閣の件を協議するためなるべく速かに上京するよう命ぜられた。当時西園寺は健康を害していたため、叛乱鎮定の直後に厳重をきわめた警戒の中を入京、直ちに参内した。そして、一木枢相、湯浅(倉平)宮相、木戸(幸一)内府秘書官長らと協議し、熟慮の後、近衛文麿を後継首班に奏薦した。しかし、近衛は健康を理由として組閣をあくまでも固辞した。そこで、前内閣の外相広田弘毅を奏請し、広田は閣僚の人選について軍の干渉に苦しみつつ辛うじて組閣を完了した。

広田内閣は、成立以後もつねに軍の強い掣肘をこうむり、甚だ無力であった。西園寺は原田にいった、軍と衝突するつもりの内閣が出来なければ結局駄目だ、しかし、今日のところそのようなものはとてもできない、軍と衝突すれば「憲法なんか飛んで行つてしまふ。今でも半分ぐらゐ飛んでゐるんだから」、やはり広田のやっているようにやるほかはないであろう。(38) しかし、広田内閣が陸軍の要求を容れて、昭和一一年(一九三六年)一一月ドイツとの間に防共協定を結ぶことになったとき、西園寺は「結局ドイツに利用されるばかりで、なんにも得るところはない」と原田にいい、将来をしきりに心配した。その翌月、西園寺は来訪した小山完吾《こやまかんご》に、広田内閣の外交を憂慮に堪えないと繰り返し歎息した。それは、極東の日本として外交は英米および中国を度外視しては他になく、独伊のごときは極東に何らの利害関係はないから、これらの国に接近してもただ徒らに利用されるだけである、というにあった。そして、その折西園寺は馬場(鍈一《えいいち》)蔵相の財政は軍部の要求の「まるのみ」にすぎないといい、広田を「オッポチュニスト」(「機会主義者」)である、と評した。

この年西園寺は内輪で米寿の祝いをしたが、その折に原田に述懐して、「今にして思へば、木戸、大久保、伊藤、或は加藤高明、やゝ落ちるが原敬など、いづれもひとかどの人物だつたが、……」と国家多難の折人材の乏しいことをふかく歎息した。(39)

昭和一二年一月、第七〇議会で政友会の浜田国松が行った軍部批判の演説は烈しい波瀾を捲き起した。この演説に激昂した軍部は、議会を解散して政党を反省させるべきであると強硬に主張したが、これに対して閣内の意見は分裂し、その結果内閣総辞職となった。そこで、西園寺は陸軍大将宇垣一成を後継首班に奏薦したが、しかし、宇垣は軍部の妨碍により結局組閣できず、西園寺はあらためて平沼騏一郎を第一候補、陸軍大将林銑十郎《はやしせんじゅうろう》を第二候補に推したが、平沼は辞退し、結局林内閣の成立をみた。

抵抗と後退

前年の夏、西園寺は木戸に「近頃つくづくそう思ふ。種々やつて見たけれど、結局人民の程度しかいかないものだね」と洩らした。(40) また、「どうもなんと言つても、国民のレヴェルがこれなんだから、……まづ国民の政治教育を徹底させて結局国民のレヴェルを上げるよりしやうがあるまい」と原田にしきりに語った。(41) 政治の立直しを政治教育に期待するほかはないというこの言葉は、当面の情勢に対して彼の抱いた深い挫折感の告白でもあった。たしかに、軍ファシズムの荒れ狂う攻勢に政界はもはやほとんど圧倒されんばかりで、西園寺の試みるその抵抗も、とかく空しく後退を余儀なくされるという有様であった。

西園寺が一時あれほどまでに烈しく反対しつづけた平沼の枢相昇任は、広田内閣の下で実現した。そればかりではない。その後情勢上彼は平沼を後継首相の第一候補に推すにいたった。又さらに、曽つては彼は軍人を首相に奏請するごときことは到底忍びがたい、恥を後世に残したくないと激語したのであった。しかし、その後、斎藤実を、ついで岡田啓介を首相に推した。但し、これらの場合には開明的な軍人出身者の手で軍部を抑制させることにその狙いがあったことは、明かである。ところが、広田内閣のあとに林銑十郎を奏請したとき、西園寺はこの林には前二者の場合のような開明性をもはや期待していたわけではない。林を奏薦したのは、林が岡田内閣の陸相として急進的ないわゆる皇道派を軍中央部から一掃することを試みたのを考慮に入れてのことであろう。それ故に、林内閣成立後に原田が林首相も段々にものが判るようになって来ましたといったとき、西園寺は「なあに、判りやあせんよ。軍人なんか、国家のためとか人類のためとかいふ風なことは、本当に判るもんぢやない」といい棄てた。(42)

西園寺は政変の際の後継首班奏薦の拝辞、元老の地位拝辞の意向を今や又も口にしていた。しかし、湯浅(倉平)内府、木戸内府秘書官長らは、天皇の側近を切崩そうとする外部の運動が存在しているときに、西園寺公が宮中と関係をもっておられるからこそこの動きに対抗して相当持ち堪えて行くこともできる、しかし、もしも公が身を引かれた場合には、どうなるであろうか、として、懸命に西園寺を慰留した。結局、西園寺の意向も酌んで、今後政変の際には内大臣が元老(西園寺)と協議の上で後継首班の奏薦にあたることに改められた。軍ファシズムの押し寄せる澎湃《ほうはい》たる大波を前に天皇側近のひとびとは、こうしてすでに八八歳の高齢にある西園寺をひたすら頼みとし、一途に彼にすがる有様であった。

昭和一二年六月、林内閣は議会対策に行詰って瓦解した。このとき、右の新しい方式によって近衛文麿が後継首班として奏薦された。西園寺家は前述のように九清華の一つであり、九清華は五摂家につぐ公卿中の名門であった。これに対して、近衛家は五摂家の筆頭で、公卿中の最高の家柄であった。西園寺は門地の上からも由来近衛家と縁故が深かった。西園寺は近衛が京都帝大の学生であった頃に初めて彼を識り、その聡明と人柄とを認めて前途に期待をかけるようになった。その後、近衛は貴族院において次第に重きをなし、昭和八年以来は貴族院議長となり、政界において将来の首相候補者としていつか噂されるようになった。しかし、西園寺は、近衛の将来に嘱目していただけに、近衛を自重させたかった。斎藤内閣の末期に斎藤が後継首班には近衛を最も適任であると考えている旨を原田からきいたとき、西園寺は、近衛はこの際その希望のようにアメリカに行くのが一番よい、そして、先ず海外から現在の日本をよく見たらよい、首相には、いつでも出られる、なお、軍部に対する関係などを考えても、汚れていない「綺麗な人物」だとか家柄だとかの取柄はもちろんある、しかし、それら以外に何をもって軍部などに対抗して行けるのか、といった。その後、広田内閣の終り頃にも、西園寺は原田に後継内閣の問題について「近衛公爵はこの際よくない。結局やつぱりロボットに終るやうでは面白くない。当分誰が出ても結局ロボットかもしらんが、とにかく近衛はなほ自重した方がいゝ」と語った。ところが、他方満州事変頃から近衛は軍部・右翼の主張や行動に対して次第に理解的態度を示すようになり、それとともにこれらの方面で人気を博するようになった。近衛のそのような行き方に対して西園寺は疑惑と危惧とを抱いた。二・二六事件後の昭和一一年八月、西園寺は原田に、過日近衛が来て話ししたが、軍部を代弁あるいは弁護するようなことをいっていた、それらは自分自身の本来の考えなのか、それともいわされているのか、あるいは恐怖心からそういう風にいっているのか、そういう風にいった方がこの時勢では立場上いいと思っているのか、判らない、「あゝいふ人物であゝいふ家柄に生れて実に惜しいことだと思ふ。なんとか近衛をもう少し地道に導く方法はないだらうか」といった。原田はこれに対して、近衛は「なんとか話せば無論判るし」、一体に怖がりでもあり、余り人気を落したくない気持もあるらしい、しかし、天皇からもう少し自重するようとのお言葉でもあればよいのでないかといい、原田のこの意見に西園寺も賛成した。そして、湯浅内府を通じてそのように取り計られたようである。

ところで、林内閣が総辞職したとき、西園寺は興津を訪れた原田に、この際近衛を出してはどうか、自分はこれまで近衛を起用することを躊躇していたし、又なるべく出したくないと思っていた、しかし、自分に御相談があれば、自分の信念に合致しないものを奏薦することに賛成する訳にはいかない、甚だ気の毒なことであるが、近衛の他には適任者はない、と語り、その決意は甚だ堅いように原田には思われた。当時西園寺は近衛ならば軍部・右翼と摩擦を起すことが少く、同時にそれほど常軌を外れることもないであろうと考えたものと思われる。西園寺のこの意向を背景に、近衛に組閣の勅命が与えられた。

裏切られた希望

近衛内閣が成立した翌月、華北に起った蘆溝橋事件を口火として日中事変が勃発した(昭和一二年〔一九三七年〕七月)。そして、日中の両国はついに全面衝突へと突入した。このいわゆる支那事変が軍部の意のままにはてしなく規模を拡大して行く中で、西園寺は限りない憂慮を抑え得なかった。

このような中で、近衛首相はやがて血盟団事件、五・一五事件、二・二六事件など青年将校・右翼の企てた内乱の陰謀に連坐したものをこの際大赦することを、しきりに考えるにいたった。それによって、ますます重大化しつつある時局の下で国内協力の実を一層挙げようというのが、その意図であった。この大赦論はかねてから陸軍部内で唱えられていたものであり、近衛は首相として今それを取り上げたのであった。しかし、湯浅(内府)、木戸(宗秩寮《そうちつりょう》総裁)らは近衛を飜意させようとしきりに力めた。「筋の立たない思い詰めている近衛は動かず、そこで湯浅らは西園寺の力にすがることになった。近衛のこのような意向を初めてきいたとき、西園寺はいたく激昂した。「筋の立たないやうなことをやるくらゐなら、辞めた方がいいぢやあないか。別に総理大臣が近衛でなければならんといふことでもないのだから」と原田にいった。その後、近衛は御殿場に避暑中の西園寺を訪ねて、大赦論を親しく述べたが、西園寺はその意見の片鱗を口にしただけで、この問題にふかく立ち入らせなかった。西園寺はその後も原田に、大赦の詔勅の渙発だけはどうしても止めさせたい、それをやれば、近衛の前途は甚だ狭まり、また右翼などのロボットになってしまうのは惜しい、近衛はもっと成長して、「文明政治の旗ふり」にならねばならない、公的に考えても、国家に対する首相の責任上から甚だ不当であり、そのようなことになったら、憲法も何もない滅茶苦茶なことになる、と語った。近衛の大赦論は結局実現をみなかったが、それは恐らく西園寺の以上のような烈しい反対とも関連がある。

さて、近衛は内心では事変の不拡大を望みつつも、しかし、つねに軍に引摺《ひきず》られた。その結果、戦局はますます拡大するばかりであった。そして、昭和一二年暮の和平交渉が失敗に終ったあと、翌年一月には近衛は「爾後国民政府を対手《あいて》とせず」という有名な声明を公にし、それとともに事変はここに長期戦の性格を帯びることになった。

右の声明の直後に、近衛内閣は国家総動員法案の要綱を発表した。この法案は事実上軍部が中心となって立案したものであり、広汎きわまる委任立法をその内容とし、国民の基本権、帝国議会の権限をも有名無実になし得るものであった。この法案が第七三議会に上程されると、軍部の重圧の下ですでに全く無気力に陥っていた当時の議会においても、さすがに論議が起った。当時憲法学者清水澄《とおる》がこの法案は憲法違反とはいえないといっていたことを原田からきいて、西園寺は「清水なんかに憲法が判るもんか」、この法案は実質上憲法無視の法案である、議会を通過しない方がよい、何か手段はないだろうか、と原田にいった。しかし、議会は結局軍部・右翼の威嚇的言動に脅え、また政友・民政両党内の親軍派の策動もあって、この法案はついに無修正で可決された。

西園寺は首相としての近衛に対して、あき足らない気持を到底抑え得なかった。彼は近衛の責任感と指導力との欠如を歎いて、近衛のやり方をみると、「なにか使用人みたやうな気持」で働いているようだ、もう少し国政にみずから任ずるという自信をもって欲しい、且つみずから自主的態度でもっと積極的に指導する気持をもって欲しい、「いかにも奉公人のやうな気でやつてゐるやうでは、とても駄目ぢやないか」と原田にいった。それでも、近衛が辞意を洩らすと、西園寺は留任を希望した。代るべき適当な後継首班を見出し得なかったからである。

その後、彼は原田にいった、「どうも甚だ不吉なことだけれども、明《みん》の亡びる時はちやうど今の日本と同じで、識者がたくさんをつても、みんな黙つてをつて、いかにも団結がなく、聯絡がないといふことが弱点だつたが」と歎いたりした。(43)

この昭和一三年秋、近衛首相は日中事変収拾の見通しも立て得ないので辞意を洩らした。そして、当時辞任の意向を抱いていた湯浅に代って内大臣に転じ、それによって政局当面の責任の地位から逃れることを考えた。そのことをきいた西園寺は原田にむかって、近衛の内閣のつづいているのは陸軍の支持による、それ故に、近衛が内大臣になれば軍の勢力は宮中に及ぶことになる、「もう政治でもこゝまで来て、ほとんど陸軍にすべてやられてゐる」、しかし、宮中だけは是非とも陸軍の勢力の外に置きたい、それ故に近衛の内大臣就任には絶対に反対である、と内府にだけ伝えてほしい、近衛が辞めたいのなら、責任をつくし後のことも考え、無責任といわれないようにして堂々と辞めたらよい、といった。そして付け加えていった、内大臣に対しては「非常に御苦労だけれども死ぬまでその職を離れてはならん。ぜひ御奉公しろ」と伝えてくれ(44)(昭和一三年一〇月)。西園寺は近衛をもはや到底信頼し得なくなっていた。

翌一一月、小山完吾が興津に西園寺を訪ねた。小山は、時局が意外な方向に次第に発展して、自分らは意見の立てようもなく、呆然静観しているばかりであると述べた。これを聞いて、西園寺は「君等はわかいから、まだ、たたかってゆくことができるが、自分はモウなにぶん……」といい、この言葉に時局に対するその限りない不満を託した(45)。

その後、軍部によって計画された汪兆銘《おうちょうめい》の重慶脱出工作が進んだ。これをきいて、西園寺は「謀略は文明の政治外交には不適当」だと原田にいい、外交の低調を嘆息した。そして、「一体どこに国を持つて行くんだか、どうするんだか、未だに自分にも判らん」と独り言のように呟いた。そのような中で、近衛は汪の重慶脱出(一二月)に呼応する形で日華国交調整に関する首相談(「近衛声明」)を発表した。そして、それを機会として内閣総辞職を行った(昭和一四年一月)。これより先、近衛が辞職することをきいたとき、西園寺は原田に、「とにかく近衛が総理になつてから、何を政治してをつたんだか、自分にもちつとも判らない。どういふんだらうか」といった。しかし又、いった、何事も「時勢だから已むを得ない。陛下に対してまことにお気の毒である。あれだけ陛下は判つた方であられるだけ、まことに御同情に堪へない」、「内大臣に対してもまことに気の毒だ。結局近衛にもまあ時勢がかういふ風だから気の毒だ。まあなんとしてもかういふ時勢である以上已むを得まい(46)」。これは、彼がみずからにいいきかせる諦めの言葉でもあったのであろう。

後継内閣については、湯浅内大臣が興津に西園寺を訪ね、その意見を尋ねたのち、自己の責任において平沼騏一郎を奏薦した。西園寺は、平沼組閣の直後に原田に、平沼についてただ一言「エラスティックだから」といった。原田はその評を、平沼も責任の地位に就けば、そんな乱暴なことをできもせず、又やりもしないであろう、との意味であろうと考えた。平沼内閣は前内閣以来の日独防共協定強化問題をとり上げたが、その外交交渉は甚だ難行した。当時西園寺は原田にいった、「結局日本は独伊からバルカンの一小国扱ひにされてゐるぢやあないか。万一独伊が英仏と戦つた場合――言ひ換へれば、独伊の天下になつた場合には、今以上に日本が〔独伊から〕ひどく圧迫されることを覚悟しなければならない。だから結局、味方して勝つたところで、日本としては非常な損害を蒙るばかりで、政府に先の見通しがついてゐないやうなことではまことに困るぢやあないか」。その後、西園寺は又いった、「総理はしきりに道義外交といふことを言つてをるが、あれは一体どういふことか。国家の利害を外にして外交もなにもないわけであつて、道義とかなんとかいふことは、空念仏みたやうなことだ」。なお、原田は「公爵の言はれる利害」というのは「正しい観念に立脚した利害」という意味である、と付記している。ところで、交渉が遷延を重ねている中に独ソ不可侵条約の締結が突如発表され、それをみて平沼は内閣総辞職を行った。西園寺は避暑先の御殿場で原田に、後継首班については全く考え及ばない、といい、「今度政治をする者は、どうしても陛下の御意思が明かになるやうにして欲しい」、といった。西園寺はもともと防共協定強化には全く消極的であったが、以上のような交渉始末について「外交は有史以来の大失敗である。どうも今日のやうな陸軍の勢力では困る。誰がやつても非常に難しいやうに思はれる。日本はどうしても英米仏と一緒になるやうにしなければならん」といった。

平沼内閣のあと、湯浅内府は西園寺の同意の下に陸軍大将阿部信行を奏薦した。この阿部内閣成立の直後に、ヨーロッパではドイツ・ポーランド戦争が勃発し(昭和一四年〔一九三九年〕九月)、これを糸口として第二次世界戦争の開幕となった。阿部内閣は成立以来陸軍の傀儡にすぎなかったが、その陸軍にもやがて見放されて僅か四カ月余りで倒れた。このとき、湯浅内府は西園寺の諒解を得て海軍大将米《よ》内《ない》光政《みつまさ》を後継首班に推した。しかし、陸軍は米内の組閣に当初からあきたらず、半年余りでこれを総辞職させた(昭和一五年七月)。

終　焉

昭和一五年には、西園寺は九二歳に達した。この年は健康が思わしくなく、例年のように御殿場に避暑することはとり止めて、坐漁荘に冷房装置を施して夏の日を凌いだ。

米内内閣が瓦解したとき、木戸(幸一)内大臣はかねて用意していた新しい方式に従って、後継首班について先ず前首相たち、および原(嘉道)枢相の意見を徴したところ、皆ひとしく近衛を推したので、そこで西園寺と協議することにした。近衛はこれより先、枢相を辞任していわゆる新体制運動に乗り出し、世上の注目と期待とをその一身に集め、当時異常な人気に包まれていた。近衛が次期首班とならざるを得ない情勢であると原田からきいたとき、西園寺は「今頃、人気で政治をやらうなんて、そんな時代遅れな考ぢやあ駄目だね」と洩らした(47)。その後、松平(康昌)内府秘書官長が内府の代理として興津を訪れて、近衛奏薦について西園寺の意見を求めた。このとき西園寺は答えて、自分はもはや老齢であり、また先頃病気もしていて、世の中のことがよく判らない、判らないままに何らかの奉答をすることは却って天皇に対する忠節に背くと思うといい、奉答を辞退した。こうして、近衛の再度の組閣となった。西園寺は近衛にはもはや何の期待ももっていなかった。

　第二次近衛内閣は成立直後に、「基本国策要綱」を決定した。それには「皇国の国是」は八紘一宇の「肇国《ちょうこく》の大精神」にもとづき先ず「皇国」を中核とした「大東亜の新秩序」を建設することにある、と述べられている。つづいて大本営連絡会議で「世界情勢の推移に伴ふ時局処理要綱」が決定されたが、その中には日中事変処理と「南方問題」解決とのため独伊との提携を強化し、日ソ国交に「飛躍的調整」を行う必要がある旨が述べられている。これらの文書は皆、軍部の主張を基礎に作成されたものであり、第二次近衛内閣も軍部の傀儡以上の何ものでないことを端的に物語るものである。その頃西園寺は原田に、どうも様子をみていると、近衛は「のたれ死」をしはしないかと語った。そのことを原田からきいた近衛は「いや、のたれ死に以上で、実に困つてゐる」と洩らした。

　九月に入ると、日独伊三国同盟条約がベルリンにおいて調印された。そして、この三国同盟は、「大東亜の新秩序」建設の重要な礎石であると盛んに宣伝された。この前後を通じて、松岡(洋右《ようすけ》)外相は大東亜共栄圏の建設を叫んで止めどない大気焔をしきりに挙げ、「時代の英雄」として街のひとびとからさかんな喝采を浴びていた。三国同盟条約の調印直後、原田は興津を訪ね、松岡は気が狂っているのではないかとの説もありますというと、西園寺は「気でも狂やあそれはいゝ方だ。かへつて今度は正気に返るかもしれないよ」と冷笑した。(48)

一〇月には、近衛の新体制運動は大政翼賛会の結成となって具体化された。これより先、第二次近衛内閣成立の前後にかけて政友会・民政党以下の諸政党は続々相ついで解党した。これは、近衛の新体制運動に便乗し、これに参加することによって政権に実質的に接近し得ることを期待してであった。そこで、国家総動員法の制定、ついで政党の解消、そして、今この大政翼賛会の成立を経て、議会政は事実上ついにほとんど終焉したといってよく、政治的自由はこうして地を掃《はら》った形となった。

この年の一一月一〇日に天皇・皇后臨御、文武百官、国民各方面の代表が参列して、紀元二千六百年記念式典が盛大に挙行されたが、それは実はこのような状況の中においてであった。宮城前広場で、五万を越える参列者の「天皇陛下万歳」の三唱が晩秋の空に轟き渡ったこの日の夜、興津の坐漁荘で西園寺公望は病床についた。そして、腎盂炎が因で重態に陥った。一三日の夜に興津を訪れた原田にむかって主治医の勝沼精蔵はいった、「自分は何十年か公爵に附いてゐるけれども、病気になられて、国事について自分にまでいろんなことを言はれたのは、今度が初めてだ。どうも内外の政情に対する心配が、非常に公爵の身体に利いてゐるやうだ。「どうも新体制とか言つて、国が二つ出来るやうなことぢやあ困る」とか、「外交もどうもこれぢやあ困る」とか、いろんなことを独りで言つてをられた」。また、勝沼はいった、なるべくいいことがあったら公爵にきかせて下さい、それが「精神的の注射」になる。一八日、原田は病床を見舞った。勝沼の過日の言葉もあったので、原田は対米戦争をできるだけ回避するために政府・陸海軍の懇望によって野村吉三郎大将が駐米大使として赴任することになった、と報告した。西園寺は大変喜んだようにみえた。「本当に行くのかね」といい、「どうか野村に宜しく言つてくれ」と伝言した。そのあと、原田は近衛首相が日中事変収拾のため目下蔣介石に対して非常な努力を試みていると述べると、西園寺は独り言のようにいった、「蔣介石に関する限り、いまなんとしたつて日本の言ふことなんかきくもんか」[49]。

時局に対する西園寺の失望と憂愁とは、今はもはや余りにも深かった。病床の西園寺は生に対する執着を失ってしまったようにもみえ、その有様は勝沼を嘆息させた。そして、二四日の夜、西園寺は糠雨に煙る坐漁荘に九二年のその生涯を終った。

*　　*　　*

明治二二年憲法は簡潔な条文から成っている。それは絶対主義的な面をもっていたとともに、とにかくも近代憲法である以上リベラルな面をもある程度はもっていた。西園寺公望はこのリベラルな面の成長をつねに心に望んでいた。そして、天皇の下そのようにしてリベラルな政治体制をもった日本が英米など西欧諸大国と協調しつつ世界政治の中で重きをなすことが、その長い生涯を通じて抱きつづけた変らぬ彼の夢であった。

しかし、それにもかかわらず、その晩年に及んで軍部を推進力としたファシズムがその支配を暴力的に樹立して行くことになったとき、元老としての彼は彼なりの及ぶ限りの抵抗をこれに対して試みた。そして、それに挫折した。当時政党には抵抗を期待し得なかった。政党人の大多数は挙げて、政権に些《いささ》かでも近づくためには軍部に阿《あ》諛《ゆ》し迎合して寸毫も恥じることない有様であった。その政党も、しかし、上に述べたように第二次近衛内閣成立の前後に相ついで解散、姿を消した。民衆にも亦、到底抵抗を望み得なかった。一般の世人は軍部および政府の宣伝を素朴に受け容れて疑わず、ひたすら国策を礼讃・謳歌し、それに順応・協力する有様であった。このような中で、西園寺はせめてもの抵抗の拠点を宮中に求めた。これは、正に逆説《パラドキシカル》的ともいえよう。

しかも、見渡す限り軍ファシズムの怒濤が荒れ狂う中に取り残された宮中は、政治的に到底有力ではあり得ず、正にここにこそ、彼の抵抗が結局みじめにも挫折した原因がある。それにしても、ファシズムにおける国際平和への侮蔑、また自由の否認は、彼自身の信条――そして、より根本的には彼自身の心情・性格と全く相容れないものであった。それ故に、彼の毅然たる抵抗は、実に前述のような彼の貴族気質と内面的にふかく固く結びついたものであったといえよう。

ひとり、若き日のパリばかりではなく、小春日和のような自足の日々を長年送り又迎えたのちに、彼の晩年は、ついに時代の暴風雨の吹きすさぶ只中に閉じられた。悲劇は、しかし、彼ひとりのものであったであろうか。西園寺というひとりの人間のこのような運命をさらに掘り下げて考えるときに、われわれがそこに発見するものは正に近代日本そのものの悲劇なのである。

付　註

初代首相・伊藤博文

（1）尾崎行雄、『近代快傑録』、昭和九年、一六九―七〇頁。
（2）熊田葦城編、『観樹将軍縦横談』、大正一三年、三四―六頁。
（3）古谷久綱、『藤公余影』、明治四三年、二〇七―八頁。
（4）山路愛山、『思ふがままに』、大正三年、一九二、一九三頁。
（5）鼯庵、「伊藤公の演説振」（『東京朝日新聞』、明治四二年一一月五日所載）。
（6）陸奥宗光、「諸元老談話の習癖」（『伯爵陸奥宗光遺稿』、昭和四年、六〇九―一〇頁）。
（7）「組閣大命拝辞に関する伊藤博文手記」（春畝公追頌会編、『伊藤博文伝』、中巻、昭和一五年、一〇四七―八頁）。
（8）津田茂麿、『明治聖上と臣高行』、昭和三年、七二五、七二七―八頁。
（9）尾崎、前掲書、一六六―七頁。
（10）「犬養毅談」（『東京朝日新聞』、明治四二年一〇月二八日所載）。
（11）金子堅太郎、『伊藤公を語る』、付録、春畝公追頌会主催・座談会速記、昭和一四年、五八―九頁。
(12) 尾崎、前掲書、一六七―八頁。
(13) 小泉策太郎筆記・木村毅編、『西園寺公望自伝』、昭和二四年、一〇二頁。
(14) 『明治天皇の御日常』、日野西資博談話速記、昭和二七年、六一頁。
(15) 古谷、前掲書、二一三―五頁。
(16) 鼉庵、前掲。
(17) 金子堅太郎述、『余の知れる伊藤公』、其二、昭和三年、一七―八頁。
(18) 鳥谷部春汀、「伊藤侯は党首の器なるや」(『春汀全集』、第一巻、明治四二年、一五頁)。
(19) 古谷、前掲書、一五七―九頁。
(20) 鳥谷部、「第四次の伊藤内閣」(『春汀全集』、第一巻、三九頁)。
(21) 徳富蘇峰、『我が交遊録』、昭和一三年、七九頁。
(22) 「菊池足柄下郡長談」(『読売新聞』、大正一一年二月二日所載)。
(23) 「犬養毅談」(前掲)。
(24) 天籟生、「歴代首相の官邸生活」(『太陽』、明治四一年一〇月号)。
(25) 鳥谷部、「個人としての伊藤侯と大隈伯」(『春汀全集』、第一巻、五頁)。
(26) 植松考昭、『公爵伊藤博文・侯爵西園寺公望』、明治四五年、二四六頁。

「民衆政治家」大隈重信

（1）『木戸孝允文書』、第四、昭和五年、一〇二頁。
（2）『大隈重信関係文書』、第一、昭和七年、四四〇―二頁。
（3）市島謙吉、『大隈侯一言一行』、大正一一年、一八二、四四五―六頁。犬養毅、「大隈侯の特性」（『文明協会ニューズ』、大隈侯追慕号、昭和七年、二三頁）。
（4）円城寺清編、『大隈伯昔日譚』、大正三年、一五頁。
（5）陸奥宗光、「大隈伯出身始末」（『伯爵陸奥宗光遺稿』、六五三―五頁）。
（6）尾崎行雄、「大隈侯と私」（『大隈研究』、第二輯、昭和二七年、一九六頁）。
（7）無名氏、『政党と首領』、大正四年、二五六、二六九頁。
（8）「久米邦武談」（『東京朝日新聞』、大正一一年一月八日所載）。
（9）福本誠、『日南草廬集』、明治四五年、三八三―四、三八五頁。
（10）江森泰吉編、『大隈伯百話』、明治四二年、一一〇―九頁所収の「銅像開被に就て」。なお、同書、一一九―二三頁所収の「銅像服装の弁」を参照。
（11）陸奥、「諸元老談話の習癖」（前掲『遺稿』、六一一頁）。
（12）中野正剛、『七擒八縦』、大正二年、三八―九頁。鵜崎鷺城、『活人剣・殺人剣』、大正二年、六七―九頁。古島一雄、『政界五十年・古島一雄回顧録』、昭和二六年、二五、二八―九頁。

(13) 山田一郎、「大隈伯は党首の器に非ず」(『太陽』、明治二九年五月号)。
(14) 池田林儀編、『隈侯閑話』、大正一一年、一九五頁。
(15) 五来欣造、『人間大隈重信』、昭和一三年、四六九頁以下。徳富蘇峰、「大隈重信侯の片鱗」(『人物景観』、昭和一四年、二二〇—二二頁)。
(16) 「久米邦武談」(前掲)。
(17) 尾崎行雄、「政界に於ける巨人大隈侯の生涯」(『実業之日本』、大隈侯哀悼号、大正一一年二月、四五—六頁)。
(18) 三宅雪嶺、「逝ける隈侯」(『東京朝日新聞』、大正一一年一月一一日所載)。
(19) 横山健堂、『伯大隈』、大正四年、二二一、四二八—九頁。
(20) 鳥谷部春汀、「最近の板垣伯」(『春汀全集』、第一巻、一一九、一二二、一二四—六頁)。
(21) 『東京朝日新聞』、大正二年一月二七日。
(22) 『新日本』、大正二年二月号所載。なお、早稲田大学編輯部編、『大隈伯演説集・高遠の理想』、大正四年、に収録されている。
(23) 『新日本』、大正三年四月号所載。なお、前掲『大隈伯演説集・高遠の理想』に収録されている。
(24) 大正四年一二月一八日の衆議院での答弁。
(25) 松枝保二編、『大隈侯昔日譚』、大正一一年、二二九頁。

「平民宰相」原敬

(1) 『原敬日記』、大正三年二月六日の条。
(2) 同、大正六年九月八日の条。
(3) 同、明治三〇年八月二四日の条。
(4) 石川半山、「原氏の遭難」(『大観』、大正一〇年一二月号)。
(5) 『原敬日記』、明治三六年六月一三日の条。
(6) 同、明治四〇年一月一三日の条。
(7) 同、明治四一年一月二五日の条。
(8) 同、明治四二年四月七日の条。
(9) 同、明治四三年一二月二五日の条。
(10) 同、同年四月六日の条。
(11) 同、明治四四年六月八日の条。
(12) 同、同年一二月二三日の条。
(13) 同、同年一二月一六日の条。
(14) 同、大正三年六月一一日の条。
(15) 同、同年七月九日および一〇日の条。

(16) 同、大正五年一一月一一日の条、その他。
(17) 同、大正七年八月二〇日の条。
(18) 望月圭介、「原総裁の思ひ出」(『主張』、第一巻第五号、大正一一年一一月刊)。
(19) 片岡直温、『大正昭和政治史の一断面』、昭和九年、二一〇―一一頁。
(20) 尾崎行雄、『近代快傑録』、九五頁。
(21) 徳富蘇峰、『第一人物随録』、大正一五年、九三―四頁。
(22) 横山健堂、「原敬と張禄先生」(『中央公論』、大正一〇年一二月号)。
(23) 徳富、前掲書、九二―三、九八頁。
(24) 横山、前掲書。
(25) 「原奎一郎の追憶」(東京日日・大阪毎日両新聞社編、『父の映像』、昭和一一年、六三頁)。
(26) 前田蓮山、『原敬伝』、下巻、昭和一八年、三六五頁。
(27) 水野錬太郎、「原敬氏を憶ふ」(『論策と随筆』、昭和一二年、五五八頁)。
(28) 『原敬日記』、大正九年一〇月二一日の条。
(29) 大正一〇年一月二八日の貴族院での答弁。
(30) 『原敬日記』、大正一〇年一〇月三日および二一日の条。
(31) 同、大正九年一〇月九日および一四日の条。

(32) 同、同年八月五日の条。
(33) 同、大正一〇年四月四日の条。
(34) 前田、前掲書、下巻、三六六頁。
(35) 馬場恒吾、『現代人物評論』、昭和五年、三一一二頁。
(36) 『原敬日記』、大正九年一一月二三日の条。
(37) 馬場恒吾、『回顧と希望』、昭和二三年、九七頁。
(38) 岡義武・林茂校訂、『大正デモクラシー期の政治——松本剛吉政治日誌』、第二刷、昭和五二年、大正一〇年三月二七日の条。
(39) 『東洋経済新報』、大正一〇年七月一六日、「小評論」欄所載「憲政擁護運動の夢」。

挫折の政治家・犬養毅

(1) 犬養毅、『木堂談叢』、大正一一年、一四〇—七頁。
(2) たとえば、鷲尾義直編、『犬養木堂書簡集』、昭和一五年、三五五頁。
(3) 犬養、前掲書、三〇二—四頁。
(4) 古島一雄、「犬養木堂を語る」(『中央公論』、昭和七年七月号)。
(5) 横山健堂、「現代人物管見」(鷲尾義直編、『犬養木堂伝』、下巻、昭和一四年、四七八頁所収)。

(6) 鳥谷部春汀、「犬養毅氏」(『春汀全集』、第一巻、五〇一頁)。
(7) 前掲『書簡集』、一三七頁。
(8) 古島一雄、「政革合同顚末」(古一念会編、『古島一雄』、昭和二四年、九〇三頁)。
(9) 前掲『書簡集』、一六二頁。
(10) 三浦梧楼、「千万年に一人しか生れぬ男」(『起てる犬養木堂翁』、昭和五年、六三頁)。
(11) 前掲『書簡集』、二五七—八頁。
(12) 「帝国の危機」(大日本雄弁会編、『犬養木堂氏大演説集』、昭和二年、二三九—四〇頁)。
(13) 同演説(同書、二四三頁)。
(14) 犬養、前掲書、七二—一〇三頁。
(15) 小泉策太郎、『懐往事談』、昭和一〇年、一三一頁。
(16) 尾崎行雄、『咢堂放談』、昭和一四年、二八六—七頁。
(17) 古島一雄、「雲間寸観」(古一念会編、前掲書、三二四頁)。
(18) 古島一雄、『政界五十年・古島一雄回顧録』、昭和二六年、一七六—八頁。
(19) 犬養健、「山本条太郎と犬養毅・森恪」(『新文明』、昭和三五年七月号)。
(20) 五・一五事件に関する記述は、軍法会議記録、犬養健、「追憶」(『中央公論』、昭和七年七—八月号)、同、「亡父の一周忌」(同誌、昭和八年六月号)、前掲『犬養木堂伝』、中巻、昭和一四年、に収録されている事件関係者談話、故犬養健氏の著者宛書翰などにもとづいてなした。

(21) 三宅雪嶺、『人物論』、昭和一四年、三〇八―一一頁。

最後の元老・西園寺公望

(1) 小泉策太郎筆記・木村毅編、『西園寺公望自伝』、昭和二四年、二四頁。

(2) 『木戸幸一日記』、昭和八年一月二七日の条。なお、原田熊雄述、『西園寺公と政局』、第三巻、昭和二六年、六―七頁。

(3) 前掲『自伝』、八一頁。

(4) 同、五〇頁。

(5) 同、七三―四頁。

(6) 同、二二四―五頁。

(7) 『西園寺公と政局』、第五巻、昭和二六年、九九頁。

(8) 小泉策太郎、『随筆西園寺公』、昭和一四年、二三〇―一頁。

(9) 前掲『自伝』、一〇二頁。

(10) 同、一七四―五頁。

(11) 同、一三九頁。

(12) 鳥谷部春汀、「政友会の新総裁」(『春汀全集』、第一巻、五三六―七、五四一頁)。

(13) 橋本実斐、「西園寺公の想ひ出」(二)(『心』、昭和二九年九月号)。
(14) 前掲『自伝』、一六四—五頁。
(15) 同、一六八—九頁。
(16) Clemenceau, G., *Grandeurs et misères d'une victoire*, 1930, p. 126.
(17) 『西園寺公と政局』、第一巻、昭和二五年、二〇—一頁。
(18) 同、二二頁。
(19) 同、二二〇頁。
(20) 岡義武・林茂校訂、『大正デモクラシー期の政治——松本剛吉政治日誌』、第二刷、昭和五二年、大正一一年五月八日の条。
(21) 同、同年三月九日の条。
(22) 同、大正一三年一月一九日の条。
(23) 同右。
(24) 原田熊雄、『陶庵公清話』、昭和一八年、一〇一—二頁。
(25) 『西園寺公と政局』、第一巻、一〇頁。
(26) 内田信也、『風雪五十年』、昭和二六年、一一九頁。
(27) 『西園寺公と政局』、第一巻、八八頁。
(28) 同、二二〇頁。

(29) 同、第二巻、昭和二五年、二二九―三〇頁。
(30) 『木戸幸一日記』、昭和七年二月二六日の条。
(31) 『西園寺公と政局』、第二巻、二三二―三頁。
(32) 同、二四〇頁。
(33) 『木戸幸一日記』、昭和七年一二月一五日の条。
(34) 同、昭和九年八月九日の条。
(35) 『西園寺公と政局』、第四巻、昭和二六年、五、一二頁。
(36) 同、三〇頁。
(37) 同、二七六―七頁。
(38) 同、第五巻、一五六―七頁。
(39) 原田、『陶庵公清話』、九八頁。
(40) 『木戸幸一日記』、昭和一一年七月四日の条。
(41) 『西園寺公と政局』、第五巻、一三五頁。
(42) 同、二六四頁。
(43) 同、第七巻、昭和二七年、八四頁。
(44) 同、一七一―三頁。
(45) 『小山完吾日記』、昭和三〇年、二一二頁。

(46) 『西園寺公と政局』、第七巻、二五一―二頁。
(47) 同、第八巻、昭和二七年、二九一頁。
(48) 同、三六〇頁。
(49) 同、三九六―八頁。

解説　『近代日本の政治家』執筆の発端から完成まで

松浦正孝

歴史と理論の狭間で

本書は、岡義武の『山県有朋』と共に、日本近代史を代表する伝記的研究の傑作である。本書のもととなった各章はまず、「初代総理・伊藤博文」、「民衆政治家・大隈重信」、「平民政治家・原敬」、「最後の元老・西園寺公望」、「挫折の政治家・犬養毅」として、『文藝春秋』一九五九(昭和三四)年六月、七月、八月、一九六〇(昭和三五)年一月、五月の各号に掲載された(以下、「文春版」)。そしてほどなく六〇年九月に、若干の加筆・増補を加えた『近代日本の政治家——その運命と性格』が、文藝春秋新社から刊行された(以下、「旧版」)。犬養の章が四番目に繰り上げられ、章題にも多少の変更を加えられた。

その後、「旧版」に少なからぬ修正・増補を行って副題を削除したものが、七九(昭和五四)年八月に『近代日本の政治家』として、岩波書店より刊行された(以下、「新版」)。

さらに九〇(平成二)年に岩波同時代ライブラリー(解説：石川真澄)、九三(平成五)年に『木戸幸一日記』解題」と併せて『岡義武著作集』第四巻「近代日本の政治家」(解説：萩原延壽。岩波書店)に、二〇〇一年に岩波現代文庫(解説：山内昌之。四刷まで重版、二〇一〇年に品切)に収録された。いずれも「新版」を底本としており、このことだけでも、本書が如何に幅広い人々によって愛読され、時代を超えて読み継がれたかがわかる。

なお本書は、一九八六(昭和六一)年、Andrew Fraser と Patricia Murray の訳出により、*Five Political Leaders of Modern Japan* として、東京大学出版会から英語訳が刊行された(1)。

岡は本書の「まえがき」で、「旧版」の「彼らの政治的生涯を辿りながら、曽ての日の彼らの面影を再現しようと試みた」という意図を引用しつつ、「政治家たちの性格に焦点を置きつつ、その当面した政治状況における彼らの行動・役割・運命を跡づけたい」と目標を改めて掲げ直した。「旧版」の「はしがき」で岡は本書を「伝記的エッセイ」と呼んでいたが、「新版」では、小伝でも人物評論でもなく、特定の理論や法則を当てはめた政治学的分析でもなく、リーダーシップに関して歴史的事実を基礎に帰納的に考察した独自の事例研究である旨を述べている。

元来、岡は政治理論や現実政治への強い関心を持っていた。岡の後継者の一人である篠原一によれば、政治学の理論に強い関心がありながら、同期の矢部貞治が先に政治学の助手に採用された結果、歴史の助手に回されたことからわかるように、岡には政治理論への目配りがあった。しかし、それを明確に押し出さないことが、岡の流儀であった。大学に残る際に南原繁から「歴史をやるときには理論をギラギラさせてはいけない」と言われた岡は、自分でもそのように考えていたという（篠原一・三谷太一郎「岡義武――人と学問――丸山真男氏に聞く」『岡義武著作集』第八巻付録、岩波書店、一九九三年、二七―三〇頁）。

岡は本書について、英訳者の一人であるフレーザーに対して何度も、「つまらない本ですが、自分ではなかなか気に入っているんですよ」と語ったという（萩原延壽「解説」『岡義武著作集』第四巻、二六九―二七〇頁）。岡は時間と手間を惜しまず、愛おしむように本書を完成させた。まず、「文春版」の刊行から三、四か月しか隔てていない「旧版」には、文章を整えただけではなく少なからぬ加筆を行った。また、萩原延壽によれば、「旧版」から「新版」までの一九年間に、四百字詰原稿用紙で約五〇枚分増えたという（萩原「解説」二六七頁）。私たちは、活字として残っている三つの版を比べることで、その進化を辿ることができるわけである。

しかし実は、「文春版」及び「旧版」の前に、後述するもう一つの「近代日本の政治家」があった。つまり、「近代日本の政治家」には、全部で四つのバージョンがあったということになる。

岡は、『近代日本の政治家』が完成するまでのこうしたプロセスを几帳面に整理し、封筒に分けて遺していた。あたかも、政治家が、将来自らの伝記が編まれる日のために、詳細に記された日記や公務記録、書簡類をすべてファイルに分類するかのように。「岡義武関係文書」(東京大学大学院法学政治学研究科附属近代日本法政史料センター原資料部所蔵。以下、「岡文書」と略記)に残されている、「近代日本の政治家」関係ファイルが、それである。例えば、「文春版」及び「旧版」(岡自身はこの二つを区別せず「旧版」と呼んでいたようである)を執筆する前には構成メモと資料、「新版」を刊行する前にも加筆修正メモを、それぞれ詳細に準備していた。岡が「新版」のための加筆に用意していた文案は、実際に「新版」に反映された長さに倍するものであった。この資料を紐解くことで、岡がどのような刻苦と吟味を行って理想に近い形に近づけようとしたのかを、私たちは知ることができる。

本解説では、岡が遺した厖大な資料を利用しつつ、本書成立の経緯から「新版」完成までを検討する。それを通じて、本書に反映された岡の人間観・政治観とは何だったのか、理論的研究とは一線を画する「歴史的事実を基礎として試みる」リーダーシップ論についてのケース・スタディとは何だったのか、岡の歴史叙述の流儀とは如何なるものだったのかに、迫っていきたい。

一　本書誕生の経緯

宮中からの依頼

「戦前を代表する五人の政治家」を選ぶとしたら、誰を挙げるだろうか。岡は『近代日本の政治家』に、なぜ、伊藤・大隈・原・犬養・西園寺の五人を選んだのか。それは、本書が誕生した経緯と深くかかわるものであった。岡自身が後年、次のように記している。

岩波新書『山県有朋』を公にした後小泉さんが右の梗概を皇太子殿下に進講するよう希望さる。協議の結果右の題目にて十回進講す。右は昭和三三・一〇・八〜一二・一七なり。これは、その後時々行った殿下への進講の最初である。[2] 又それが後の著『近代日本の政治家』をまとめる機縁となった。[3]

これは、「近代日本の政治家進講ノート」(岡文書Ⅱ-【1】-2)-15)と題する資料を入れた封筒の表書きに、岡が整理のために記したメモである。「小泉さん」とは、当時東宮御教育常時参与として明仁皇太子の御養育掛を務めていた小泉信三である。

岡と小泉は姻戚関係にあり、ごく親しい間柄であった。岡義武は、元商工官僚で大阪毎日新聞会長となった岡實と佐々木マサ(政子)の長男である。母マサは、二代目の第一銀行頭取として渋澤栄一を継いだ佐々木勇之助の長女で、弟に、謙一郎(大蔵省専売局長官、満鉄副総裁)と修二郎(第一銀行副頭取、渋澤倉庫会長)があった。岡の叔父佐々木修二郎は、小泉信吉(慶應義塾塾長、横浜正金銀行支配人)の三女ノブ(信子)と結婚しており、ノブの兄が小泉信三にあたる(『人事興信録』上巻、第一三版、人事興信所、一九四一年、同第二三版、人事興信所、一九六六年)。つまり、岡義武から見て、母方の叔父の義兄が小泉信三であった。

皇太子成婚前夜

一九五八年八月一五日、明仁皇太子と正田美智子との婚約が昭和天皇滞在中の葉山御用邸における会議で決定され、一一月二七日に発表された。皇太子妃の選考は、小泉を中心に、前宮内庁長官田島道治《みちじ》、宮内庁長官宇佐美《うさみ》毅《たけし》、侍従長三谷隆信、東宮大夫鈴木菊男、東宮侍従黒木従達らによって進められた(小川原正道『小泉信三』中央公論新社、二〇一八年、一四六―一五六頁)。皇太子の結婚の儀式は、五九年四月に行われた。岡による「近代日本の政治家」の皇太子に対する進講は、五八年一〇月から一二月にかけてであるから、まさにこうした渦中で行われた。

岡の後継者である三谷太一郎によれば、当初、岡には明治時代について、皇太子にではなく昭和天皇に進講して欲しいという要請があったという。敗戦後、日本や皇室のあり方が議論された際に、宮内庁長官の田島道治などが、日本はやはり明治に返るべきだという主張をしており、そうした意見に添う形で岡への依頼があったと考えることができる。しかし天皇の戦争責任について当時思うところのあった岡は、強い躊躇を感じて断わった。そしてその後、皇太子に進講を、という話があった時、直接の戦争責任のない皇太子にはそれなりの教育が必要ではないかと考え、引受けたのだという(三谷太一郎氏による解説者への談話、二〇一九年四月一三日)。

では、五八年五月に刊行された『山県有朋――明治日本の象徴』を読んだ小泉信三は、何を思って結婚前夜の皇太子に岡の講義を聞かせようとしたのだろうか。

この一年ほど後になるが、小泉信三は『読売新聞』五九年五月三一日付紙面で茅誠司《かやせいじ》東大総長との対談に登場した。「人間をつくる教育」に議論が及ぶと、小泉は、皇太子が魚学に興味を持つことに関連して、一般教養を広く学ぶと共に、表面の結論だけ学ぶのでなく一つの学問について深くつかむ体験を持つことが必要であると力説した。これに応じて茅が、教育への投資が将来非常に大きな利益をもたらすことを、政治家たちは知らないと慨嘆した。そして当時福澤諭吉についての伝記が多く出ていることに触れると、小泉は次のように応じた。

伝記は日本のはまだまだこれからじゃありませんかね。伝記としてすぐれたものはまだ少ないと思います。岡義武君が山県有朋を書いていましたがあれなんかはいいと思います。

しかしその後、手元に届いた読売新聞を見た小泉は驚き、対談記事のこの部分について、すぐ岡に葉書を書き送った。

読売(日曜)の茅学長と私との対談中、『山縣有朋』に言ひ及び、私が「あれなんかい丶と思ひます」とだけ言ったやうに出てゐますが、そんなお高くとまったことなどは申しません。また、茅さんとともどももっと貴兄の伝記業績について委しく相語り、現にその原稿も一閲したので、その通り掲載されること丶思ってゐると例の編集の暴力が勝手に削ってしまいました。その外にも本意に反する個所があり不満ですが右の一節は失礼なので御申訳いたします。(「小泉信三書簡　岡義武宛」一九五九年六月一日付、岡文書Ⅳ-【3】-1)-5)

小泉と岡との気の置けない関係を彷彿とさせる、打ち解けた文面である。

編集でカットされてしまった部分を読むことはできないが、「あれなんかはいいと思います」に続く紙面から、岡の『山県有朋』が取り上げられた文脈の一部を推し量ることはできる。茅が中華人民共和国を訪問した際、中国側が明治維新に驚嘆してこれを研究しており、「日本があの短時日の間にどうしてあれだけの国になったか」、「それを確かめるには、あの時代の代表的な人物はどうであったか知らなければいけない」と言っていたと、茅は語った。それを引き取って小泉が、福澤の影響下にある自分たちは、福澤を扱う際にはよほど厳密にやらなければならないと自戒しているとして、「厳正な学問的伝記を書く必要がありますね」と強調したのである。

小泉が、戦後日本が改めて進む指針として明治維新を学び直す際の「厳正な学問的伝記」として着目したのが、岡の『山県有朋』であった。『山県有朋』の梗概を皇太子に御進講するよう要望した小泉と岡との「協議」の結果、山県のみではなく近代日本の政治家を何人か取り上げて進講することとなった。その副産物が、五九年から六〇年にかけて『文藝春秋』に連載された五本の政治家論であり、踵を接して刊行された『近代日本の政治家』の「旧版」だったのである。五九年五月初旬に刊行された『文藝春秋』六月号を読んだ小泉は、「文春の「伊藤博文」拝見、実に結構です。先日のお話も重ねて憶ひ出しました。なほ引き続き御寄稿のほどを祈ります」という葉書を、岡に書き送っている(同上「小泉信三書簡　岡義武宛」一九五九年五月一五日付)。

皇太子への進講(一)——藩閥政治家たち

では、岡が結婚前夜の皇太子に行った進講とは、どのようなものだったのか。岡文書に残されている「近代日本の政治家進講ノート」をもとに、紹介しよう。『文藝春秋』連載以降の原稿が五人の政治家を扱うことになるのに対して、進講は、おそらく大学の講義案などをもとに幕末以降の代表的な政治家九人を順次取り上げ、それに即して政治の流れや特質を論じていくというスタイルであった。全一〇回の進講は、毎週水曜日に行われたようである。毎回一四枚前後の原稿が準備され、これをゆっくり読み上げてみると、一回が概ね六〇分程度で終わるようになっていたように思われる。

第一回目(一九五八年一〇月八日)に取り上げられたのは、大久保利通であった。冒頭、「大久保利通は薩摩出身である。同藩出身の西郷隆盛、長州藩出身の木戸孝允と共に、世上で長く「維新の三傑」と呼ばれた。その意味＝明治維新といふ巨大な政治上の変革を指導した代表的政治家」で始まっている。次に明治維新を、フランス革命、ナチ革命と比べて「民族革命」であると規定した上で、明治新政府の脆弱な構造と、近代化による民族の独立確保の課題、という岡の明治維新に関するテーゼを説明する。その基礎を固め近代化を推進する「危機の政治家」への時代的要請に応えて登場したのが、大久保だったというのである。

こうした前提の後に、大久保の性格を、「冷静・沈着。謹厳、寡黙。慎重であると共に、一旦信じたことはこれを断行する強靱な意志力をもってゐた」と述べる。大久保が激すると低い声になるのを西郷も恐れていたこと、威圧感と冷たい感じから福地源一郎に「北洋の氷塊」に譬えられたことなどのエピソードも紹介した。「維新の三傑」における、理論家で神経質・激情的な木戸、主義なきリアリストである大久保、勇気と情愛に溢れるが奔放な西郷、といった対比も行っている。

岡は大久保の業績について最後に、薩長を中心とした新政府の基礎強化、岩倉使節団参加以後の殖産興業推進、征韓論の抑止と日清戦争回避、士族反乱の鎮圧と西南戦争などを取り上げ、政策と人間関係との両面から説明した。そして暗殺される日の朝に、王政復古を三期に分けた第一期としての「創業の十年」を終えた今後は、国内整備・国力充実の重要な「第二期」に万難を排して奮闘すると語った有名な政治構想を紹介し、第一回の講義を締めくくった。

この回の原稿の最後には、原稿の黒インクによるペン書きとは別の、青鉛筆での書き込みがある。それは、「○質問」として、「西郷は西南戦争を止め得なかったか」「岩倉は保守的な人であったようだが、如何」「久光の地位」「新政府に藩主は入っていなかったか」「官営工場に刺激されて近代産業も始ったか」と記されたものである。安易な推測は慎むべきだが、進講後に皇太子が質問した内容を、岡が書き留めたことも考えられる。

第二回目(一〇月一五日)は、伊藤博文の前編であった。当初伊藤について記したノートは、大久保のそれに比べると整理が不十分で紙幅も膨らんでおり、中途で二回に分けることにしたようである。この日は、伊藤の時代環境、性格、趣味などが豊かなエピソードと共に説明された。詳細な性格描写は、「新版」にまでほぼ引き継がれている。この後、伊藤の内政面における業績が、大久保内務卿による重用、明治一四年政変以降の立憲政体導入、帝国憲法起草と内閣制度整備、天皇大権の強化と、順に説明された。超然主義による政治運用にまで話が及んだ時、終わりの時間が近付いたようである。そこからの後編は、第三回目となった。

第三回(一〇月二二日または二九日か)は、初期議会における藩閥政府と民党との衝突から伊藤による立憲政友会組織までの、伊藤を中心とする国内政局の動きが語られた。こうした流れの中で、後に「新版」で「内政における行動様式」としてまとめられる部分(本書四二―四六頁)に連なる説明がなされた。例えば、当初伊藤が、強大な天皇大権と超然主義の下で、早くからその必要性を感じていた立憲政を運用できると考えていたのは、強い自負心に支えられた楽天性によるものであり、その後それが難しいと考えるや、それを修正しようとしたのは現実への順応性ゆえであった。また、伊藤が組閣した四回のうち、第三次と第四次がそれぞれ約五か月半、約七か月半と短かったのは、彼の性格が淡泊で粘り強さに欠けており、議員買収や選挙干渉など手段を選ばずに政権維持をしようという執着がなかったためだという。

また、伊藤の慎重・細心な性格が外交に与えた影響も分析された。これは後に「新版」でも、「外交における行動様式」として詳しく述べられている(本書四六―四九頁)。日清戦争に際して伊藤が外交による平和的解決を極力主張し、日露戦争へ向かうなか日露協商論を唱え、韓国併合にも消極的であったことなどが、その例として説明された。そして岡は、伊藤が暗殺される前に、日清・日露の両戦争によって「民族の独立確保」という懸案が解決された結果、日本人が驕ることで国を誤るのではないかと憂慮していたことを紹介して、第三回を結んだ。

第四回(一一月五日)、第五回(一一月一二日か)、第六回(一一月一九日か)の三回にわたったのは、山県有朋についての分析である。すでに新書を刊行した山県について、明治・大正の政治史の流れに沿ってその政治行動は整理・分析されていたから、進講の準備はそれを改めて整理し直す作業にもなったと思われる。

進講ではまず、伊藤と山県との性格の対蹠が簡潔に整理された上で、山県の政治的生涯の経歴が語られた。第五回の進講では、山県の築いた山県閥を中心に語られた。陸軍における桂太郎・児玉源太郎・寺内正毅・田中義一、内務省方面における白根《しらね》専一《せんいち》・平田東助《とうすけ》・大浦兼武・清浦奎吾の四天王、司法省、貴族院、枢密院などにおける巨大人脈である。そして、山県閥と伊藤の政友会との競争、日露戦争、桂園体制までが語られた。第六回では、第一次山本権兵衛内閣から寺内内閣までの政治的経緯が述べられる。そして、『山県有朋』でも紹介されている晩年の山県の人物描写についての表現やエピソードの引用がいくつもなされ、山県の死が語られている。

皇太子への進講(二)——反藩閥政治家たち

第七回(一一月二六日か)は、反藩閥の政治家としての「板垣・大隈」と題する講であった。まず、薩長両藩の下級武士を中心に、藩閥がどのように形成されたかの整理がなされた。そして、薩長以外の伴食的存在であった土佐(板垣退助、後藤象二郎、佐佐木高行)と肥前(江藤新平、副島種臣《そえじまたねおみ》、大隈重信、大木《おおき》喬任《たかとう》)などが新政府から脱落し、薩長により独占された新政府の施政を藩閥専制として攻撃するようになったことが説明された。

一方、非藩閥出身者のうち、朝敵の烙印を押された佐幕派諸藩出身者の維新以降の進路について、岡は、三つに大別した。第一は、キリスト教宣教師や外交官などの特殊な職業に就いた人々。前者の例として、本多庸一、植村正久、井深《いぶか》梶之助《かじのすけ》、押川方義《おしかわまさよし》。後者の例として、珍田《ちんだ》捨巳《すてみ》、高平小五郎、林権助、佐藤愛麿。郵便報知新聞社の記者を経て外交官の道を選んだ盛岡藩出身の原敬も、若き日一時宣教師になろうとしたとされる。

第二は、藩閥に正面から挑戦した人々である。その一つは、旧幕臣が代表的な新聞社に入り筆を以て藩閥支配に挑戦した例であり、朝野新聞の成島柳北《なるしまりゅうほく》、郵便報知新聞の栗本鋤雲《じょうん》、東京日日新聞の福地《ふくち》源一郎、東京横浜毎日新聞の沼《ぬ》間《ま》守一《もりかず》らの名が挙げられた。もう一つは、西南戦争以後自由民権運動及びそれに関係を持つ政党生活に身を投じた人々で、その代表として取り上げられたのが、自由党の板垣と改進党の大隈であった。

第三は、後述する藩閥政治の中に入り込んで、内部から打倒しようとした人々である。

反藩閥勢力全体の第二の代表例としてまず岡は、板垣について論じる。大隈に先立って自由民権運動に身を投じ、終生にわたり自由民権論を信条として真摯に生き抜いた人物として、板垣を再評価した。しかし、岡は同時に、真面目過ぎる人柄ゆえに尊敬されても愛されず、政治家としても具体的な政策経綸に乏しかったために帝国議会開設と共に凋落し、寂しい晩年を送ったその人生を紹介している。この部分は「文春版」以降、大隈についての章で「大隈と板垣」という節にまとめられた(本書一一九―一二二頁)。

この板垣論に引き続き、岡は、一九〇七(明治四〇)年一月に憲政党総理を退き、七〇歳でいったん政界を引退するまでの大隈の軌跡を詳しく紹介した。そして、板垣も大隈も、それぞれ党員たちから見捨てられた「同じ運命」を語り、「何といっても、この二人の政治家の辿った途――それに政治の非情、政治の醜さが象徴されてゐる。しかし、こうして失脚した後大隈の政治家としての生活は板垣とは対蹠的」と結んだ。

第八回(一二月三日か)は、「大隈・陸奥・星」であった。第七回に引続き、一九一四(大正三)年元老の奏請により七七歳の大隈が七年ぶりに政界に復帰し、第二次大隈内閣を組織してから、逝去するまでの状況を解説している。

この後岡は、明治維新後の非藩閥出身者の辿った第三の道として、藩閥政治を中から変えようとした陸奥宗光と原敬に話を転じた。俊敏で犀利な頭脳を持ち、機略に富み野心的な自信家である陸奥は、立志社のクーデタ計画に参与したのみならず、薩摩閥排斥のため長州派に接近した。また、藩閥政治を切り崩し第二次松方内閣後に自らが政権を取るために自由党との連携を模索し、政党党首になることも考えていたという。なお岡は、後述する著作メモ「政治家　日本　伝記的研究の資料」では、竹越与三郎『萍聚絮散記』の「福沢は竹越に語って、明治初年から伊藤の才識は知られてゐたが、非藩閥で彼に拮抗し得るものは、陸奥のみであることも知られてゐた」という一節を紹介した。

それだけの器量の政治家として、岡は陸奥に注目していたのである。

非藩閥出身者として藩閥に挑戦した陸奥を継いだのは、星亨と原敬であった。岡は、傲岸・悪辣・背徳の批判を浴び続け腐敗政治家の汚名を着た星を、私生活では清廉で家族団欒と読書をこよなく愛した蔵書家として評価し、藩閥を内部から打破しようとする陸奥を自由民権側に引き入れようとした人物として位置付けた。

第九回(一二月一〇日か)の講義において、「前回述べたごとく、陸奥宗光は、星亨、原敬の前途に強い期待を寄せてゐた。星、原はその烈しい闘志、怜悧な頭脳、豊かな機略の点で、陸奥と共通するものをもってゐた」と述べた岡は、藩閥打倒に燃える東北出身者としての原敬を取り上げた。新聞記者の道に進んだものの、明治一四年の政変で大隈系の人々が郵便報知新聞に大挙して入社して来たのを嫌って、原は外務省に入った。そして井上馨という藩閥政治家に接近し、その後陸奥に傾倒したが、陸奥が外相を病気で辞すると韓国駐箚公使に転じた。その後外務省を辞め、大阪毎日新聞社長を経て、立憲政友会創設に加わりその初代幹事長となった。井上の推薦で、伊藤博文が原を招いたのである。星亨が東京市会疑獄事件で第四次伊藤内閣の逓信大臣を辞職すると、原はその後任として東北出身初の大臣となり、星が暗殺された後、政友会における中心となっていった。この後、星と共通する機略と、星の持たなかった緻密で几帳面な事務能力とによって、原が政友会の党勢を拡張して行った経緯が詳述される。そして岡はここで、伊藤博文の跡を継いで政友会二代目総裁となった西園寺公望に話を転じた。

第一〇回(一二月一七日)は、原の政友会総裁就任から始まり、藩閥の中心である山県有朋に接近して、ついに本格的な政党内閣とされる原内閣を成立させるまでが語られる。岡は、原が山県の支持をつなぐことに腐心し、民衆の支持を自らの背後に持とうとしなかったことを批判した。その後、第二次護憲運動以降、西園寺が最後の元老として政党内閣制の確立・発展を実現しようとしたことが語られた。そして満洲事変の勃発から三国軍事同盟成立までが駆け足で語られ、その後すぐに西園寺の死が語られて、岡による進講は最後となる。原稿の最後は、こう結ばれている。

十一月に入ると、この月二十日には皇居前広場では、天皇御親臨の下に二六〇〇年祭が挙行された。昭和六年の満州事変以来過去九年に亘る半戦時状態の中で、国内の生活水準は目立って下降し、消費物資の不足が著しく感ぜられ出してゐた。建国二六〇〇年の祝典はこうしてやうやく疲弊の色に彩られた、政治的自由も影を消そうとしてゐる国土において挙行された。元老西園寺公望が興津の静寂な坐漁荘で、憂悶の中にその生涯を閉ぢたのは、それから三日をへだてた十一月二四日のことであった。翌年太平洋戦争。

以上、冗長を厭わず紹介したが、皇太子への進講を貫くモチーフは、大久保・伊藤・山県らによる明治維新の達成と、藩閥対非藩閥の対立軸であった。進講では、政治家の人物を描写することが、一貫して追求された。但し、前半においては、政治家の性格と政治行動との関連性の説明や比較に重点が置かれ、第七回から後においては、非薩長藩閥出身の政治家による政党政治確立へのアプローチに重点が置かれた。

私見では、進講にのみ取り上げられた政治家で精彩を放つのは、非藩閥出身で藩閥打倒のために藩閥内部に入り込んだ人物として描かれた陸奥宗光である。この光を当てることで、陸奥から星亨、原敬という政党政治へとつながる糸が滑らかな光沢を帯び、その結果、陸奥像が明快かつダイナミックなものとなっている。

また、進講で語られながら「文春版」以降には引き継がれなかった部分のうち、非藩閥出身者の三つの明治維新後の類型は極めて興味深い。これらは、この頃並行して準備され一九六二年に刊行された『明治政治史(上)』の註などに部分的に記されているが(例えば、文庫版二五一―二五二、二六七―二六八頁)、こうして整理されると、成島柳北や栗本鋤雲などのジャーナリストも含む、岡の考える政治家の範疇が如何に広いかに、改めて気づかされる。

一方で、進講は、非藩閥勢力と藩閥勢力との妥協としての原政友会内閣の成立でほぼ終わっているために、政党内閣期を築いた加藤高明にはほとんど触れられていない。現在でも人気の高い浜口雄幸も、取り上げられていない。本書の一章となっている犬養も、進講では扱われていなかった。

進講案と並行した岡ゼミ

皇太子への進講原稿が、そのまま『近代日本の政治家』となったわけではない。当時岡ゼミに出席していた三谷太一郎は、公刊されたインタヴューの中でこう語っている。

岡先生のゼミでは『近代日本の政治家』(岩波書店、一九七九年)に出てくる人物を取り上げました。先生はこの内容で今の天皇陛下(明仁天皇、一九三三―)の皇太子時代にご進講をされており、私の学部学生時代に、ドイツ語で、「今、「クロンプリンツ(Kronprinz)」のところで講義をしている」といっておられました。当時の私には全く遠い存在であった皇太子のことを「クロンプリンツ」とドイツ語でいわれたので、一瞬理解できなかったことを記憶しています。その内容が最初に文藝春秋社から出た単行本です。ゼミでは先生から犬養毅(一八五五―一九三二)を担当せよと指示されて、報告しました。図書館に行き参考資料を読んでノートにとりました。そのときノートしたのは、鷲尾義直編『犬養木堂伝』(木堂先生伝記刊行会編、全三巻、東洋経済新報社、一九三八・三九年)、鵜崎(鷺城)熊吉『犬養毅伝』(誠文堂、一九三二年)などでした。私にとっては、そのときの犬養研究が政党政治家の研究のはじめです。(田澤晴子・平野敬和・藤村一郎「三谷太一郎氏インタヴュー記録――「大正デモクラシー」研究をふり返る」『社会科学』四八巻二号、二〇一八年、三〇九―三一〇頁)

一九五八年、皇太子への進講と並行して岡は、東京大学法学部のゼミでも同様のテーマを取り上げ、三谷を含む学生に政治家を一人ずつ割り当てて報告させていた。幕末政治史に関心を持ちこのゼミに出ていた佐藤誠三郎には、幕末外国奉行などを務め、明治時代には『朝野新聞』社長になった漢詩人でジャーナリストの成島柳北(一八三七―一八八四)が割り当てられたという(同上)。

なおその後も岡ゼミはこうした内容であったらしく、JR東海名誉会長の葛西敬之は『日本経済新聞』二〇一五年一〇月七日付の「私の履歴書」に、四年生で入った六二年度の岡ゼミについてこう記している。

学生が一人ずつ、明治以降の政治家や運動家の著書を与えられてリポートし、皆で議論する。私は黒龍会の内田良平と日本の中国大陸政策について報告したことを覚えている。

先生はエピソード主義に徹していた。「誰がどこで、どんな状況で、どう考えたか」を積み上げていく。私が小さいころから本を読んで抱いていた歴史のイメージとぴったり重なる。「歴史は思想や科学ではなく物語である」ということを改めて実感した。

岡ゼミがいつまで「近代日本の政治家」というテーマを扱っていたのかは、定かではないが、岡が長いことそれに関心を持ち、材料を蓄積し続けたことは確かである。「政治家　日本　伝記的研究の資料」(岡文書Ⅱ-【3】-14-17)と題するファイルには、ゼミで扱われたと思しき政治家たちについて、それぞれの性格や政治行動原理について整理し、詳細な編年的資料を記録したメモが残されている。それは、岩倉具視、大久保利通、西郷隆盛、木戸孝允、伊藤博文、桂太郎、陸奥宗光、小村寿太郎、清浦奎吾、井上馨、加藤高明、平田東助、中野正剛、星亨、幸徳秋水、松方正義、江木衷《えぎまこと》の計一七人についてのものである。

これらのメモがいつ、どのような経緯で作られたのかは明らかではないが、一九五九年の日付のある用紙の裏に書かれているものもある。そしてその最後に、ゼミで取り上げた政治家について岡自身がまとめたと思しき「近代日本の政治家(演習に於ける結論的説明)」というメモがある。これも想像の域を出ないが、皇太子への進講後に行われた五九年以降のある年の演習で、岡が出席者に一七人の政治家を割り当てて報告させ、ゼミを終えるに際して、分析を通じ得られた結論を岡から述べたのではないだろうか。

この「演習に於ける結論的説明」は、五つの点から成る。第一は、日本の政治権力の「脊柱」であり、マキャベリズム的に支配的地位を維持しようとした藩閥政治についてである。一九二二(大正一一)年の「権力意志(Wille zur Macht)の最もミリタントなものの持主」である山県有朋の死によって終わりを告げたが、昭和初期の政党内閣時代は床次《とこなみ》竹二郎《たけじろう》・樺山資英《かばやますけひで》・山之内一次《かずじ》ら「薩派」、太平洋戦争期には木戸幸一・松岡洋右ら「長州派」など、「藩閥勢力の亡霊がさまよった」。

第二に、藩閥政治が存続した理由は、維新の変革の原動力であったこと、薩長に一般的に人材の多かったこと、対立勢力の弱かったことなどである。

第三に、対立勢力について。反対勢力も薩長の権力意志に対抗し、これを突き崩さんと苛烈なるマキャベリズム的な権力闘争を行った。大隈、原、陸奥、大井憲太郎、犬養らがそれである。しかし反対勢力の側は、明治前期の自由民権運動が没落する士族層に立脚し、明治後期以降の反対勢力も大衆的基礎を持たず、脆弱であった。そのため人民から遊離し、政治の世界における寒々とした権力闘争に終わった。

第四に、なぜ、反対勢力は明治後期以降大衆的基礎に立ち得なかったか。その理由の一は、大衆の貧困である。それは、日本の資本主義が未発達で、農村の過剰人口から来る安価な労働力を特徴とし、社会の中心を占める農民階級が保守的傾向（近代精神の稀薄と封建的構造の残存）を持ったことによる。理由の二は、支配勢力たる藩閥勢力が人民大衆の民族意識を動員せしめ得たことと、天皇制の存在である。日本の民族意識と帝国主義は、近代精神の未発達にも支えられつつ、征韓論と台湾征討、甲申政変、日清戦争、日露戦争、第一次世界大戦という、一〇年ごとの戦争によって育った。岡は、日本の資本主義について、レーニンがロシアのツァーリズムを規定した「militär-Feudal Imperium 軍事的封建的帝国主義」という言葉を使い、「後進資本主義としての資本の脆弱、政治力のバランスを要求す、これブルジョアと軍を支配する藩閥との妥協の主要ファクター」と記している。社会経済構造と政治との関係に深い関心を持ちつつもマルクス主義歴史学に距離を置いた岡にしては、珍しい叙述である。

第五に、外交・内政ともに、brutal な権略的色彩を帯びた点である。その結果、藩閥勢力が温存される一方、権略的色彩の政治家を生んだ。例外は西園寺公望であったが、その役割は小さい。ブルジョア・デモクラシーや人民大衆などに権略を裏付ける大いなるものがないために、「寒々とした政治風景」が広がる。「荒野の木枯らしに中に残る声。犬養、善政論。麻生〔久〕、民衆はなぜめざめてくれぬか！」というのが、岡のメモ書きの最後であった。岡は、こうした藩閥と非藩閥との対立を軸とした政治気象図の上に、

「近代日本の政治家」たちを描こうと考えていた。(4)

二　五人の政治家論における叙述の変化

「近代政治家のストラテジー」

さて、『近代日本の政治家』が誕生する大きな学問的契機となったのは、丸山眞男の半ば強引な勧めによって一九五〇年に岡が書いた「近代政治家のストラテジー」(長浜政寿ほか編『近代国家論(第二部　機能)』弘文堂)であった。必要に迫られて政治学の関連文献を渉猟した岡は、元来政治学の理論研究を志望した経緯もあり、政治理論が歴史研究に非常に有用であることを痛感したが、同時に伝記的研究に強い興味を感じる機縁となったと、後に回想している(東京大学百年史法学部編集委員会『岡義武先生談話筆記録』一九八四年、八九—九〇頁)。また、この前後にパスカルやモンテーニュなどモラリストの書物を読み、「政治的人間」に関心を持つようになったという(同九四頁)。

「近代政治家のストラテジー」を読んでまず気づくのは、第一次世界大戦後表舞台に登場したヒトラーやスターリンなど、「大衆の勃興」を捉えてこれを動員した政治家のストラテジーに対する、岡の強い関心と警戒心である。自らに親近感を持たせることで大衆を掌握するか、秘密主義によって大衆に距離を感じさせることで動員するかで、政治家の方向性を分け、政治家のストラテジーと性格との関係、社会状況の動態と適合的な政治家の性格を考えようとしたところに(「近代政治家のストラテジー」六一―一六頁)、岡の特徴があった。

岡は、物理的強制力や理性によってではなく、宣伝や危機意識の煽揚、旗・肖像・音楽・制服・式典などのシンボルなどにより、大衆の感情に働きかけようとする方法を詳説した(同一八一―三四頁)。また、困難な状況の中では権力意志が重要であること(同三四―三八頁)、蔑称・歪曲による宣伝、大衆的示威など心理的圧迫による敗北主義への誘導(同三九―四二頁)、弁論、映画・ラジオ、ペンなどによるコミュニケーションの利用(同四三―五〇頁)などを紹介し、政治家のストラテジーを整理・解説した。その上で、こうしたストラテジーには、権力意志ではなく犠牲と献身の方が目的を達することがある、大衆の感情的要素は移ろい易い、ストラテジーだけでは結局は「歴史の方向」に勝てない、などの限界もあると指摘して結んでいる(同五四―五七頁)。

『近代日本の政治家』では、権力意志、他者との距離の取り方、演説やメディアなど、「近代政治家のストラテジー」で検討した概念が強く意識され、使われた。後述するように、政党内閣を実現し権力を掌握した原については、実際にストラテジーという言葉を使って分析が行われた。戦後の岡は、「大衆(mass)」の勃興に動かされることを警戒すると共に、ファシズムにもマルクシズムにも違和感を持ち(「岡義武――人と学問」二〇―二四頁)、オポチュニズムを批判し(同一八―二二頁)、理想主義に隠れたマキャベリズムを最も嫌悪した(同四一頁)。この見方は、大隈など政治家の描き方にも表れている。

それでは、実際に、政治家の性格と政治行動との関係は『近代日本の政治家』でどう分析され、その記述はどのように変わっていっただろうか。

「初代首相・伊藤博文」

岡は、伊藤についての章を執筆する前に、性格と政治行動との理論的関係を次のようないくつかの構成メモとしてまとめていた。

一つのメモには、「伊藤の性格の中、我々の心を動かしたものは、彼の愛国心である」、「さりながら其愛国心の後に潜みたる他の心あり、他なし、公の自負心なり、己で無ければ日本国の事は済まぬと云ふはたしかに公の自信なり」と記されている。伊藤を描く際の一つの軸が、「自負心」であった。そしてもう一つの軸が、公私の峻別である。それらは常に、ライバル山県有朋との対比において分析される。

伊藤の公人としての性格は、「強い自負心の持主」と「状況に対する豊かな判断能力

〔リアリズム〕」であった。前者の自負心の強さは、さらに三つの特徴に分けられる。まず、表面的な名誉を好むが、権力意志はさほど強くない。次に、自己の才能を誇り尊大で、他人を見下し他人に頼ることを好まない。人を測る基準は才能の有無で、役に立たなかったり用が済んだりしたら捨てて顧みない。このため派閥もできない。三つめは、接客態度に表れる淡泊さである。後者の、状況の変化に柔軟に対応し、すぐに妥協し調和を求めるリアリズムは、「慎重、ティミッド〔臆病〕、調和性」、「闘争心の不足、弱気、あわてる」などとまとめられるが、闘争心の乏しさや淡泊な性格の表れでもある。岡によれば、伊藤の自負心が強く、しかも強い現実感覚を備えていることは、結果として、強い者に弱く弱い者に強いという行動を生んだ。

一方、私人としての性格は淡泊、磊落、無造作であり、建築や造園への無関心、衣食への無頓着、骨董・盆栽・茶道・謡曲などの趣味のなさ、勝負事への無関心、金銭への淡泊などに表れる。性欲本位の悪名高い漁色についても、伊藤自身は「公徳に関係なき私難は気にする要なし」と批判を一切気にかけていなかったという。岡は、汽車賃は几帳面に必ず支払う、雑用のための侍女は執務に入ると一切使わないなど、伊藤が公私の別を厳しく守ったことを強調した。

岡がこのように伊藤の性格を詳しく分析したのは、内政・外交における彼の政治行動が、その性格によることを示すためであった。内政・外交両面における分析は、概ね進講の際になされていた通りに、「旧版」に反映された。メモでは、伊藤の「慎重、ティミッドな」性格が外交に大きく影を落とした例として、大津事件で伊藤が、ロシア皇太子ニコライに切りつけた津田三蔵を死刑にするよう強く働きかけたこと、韓国統監とな

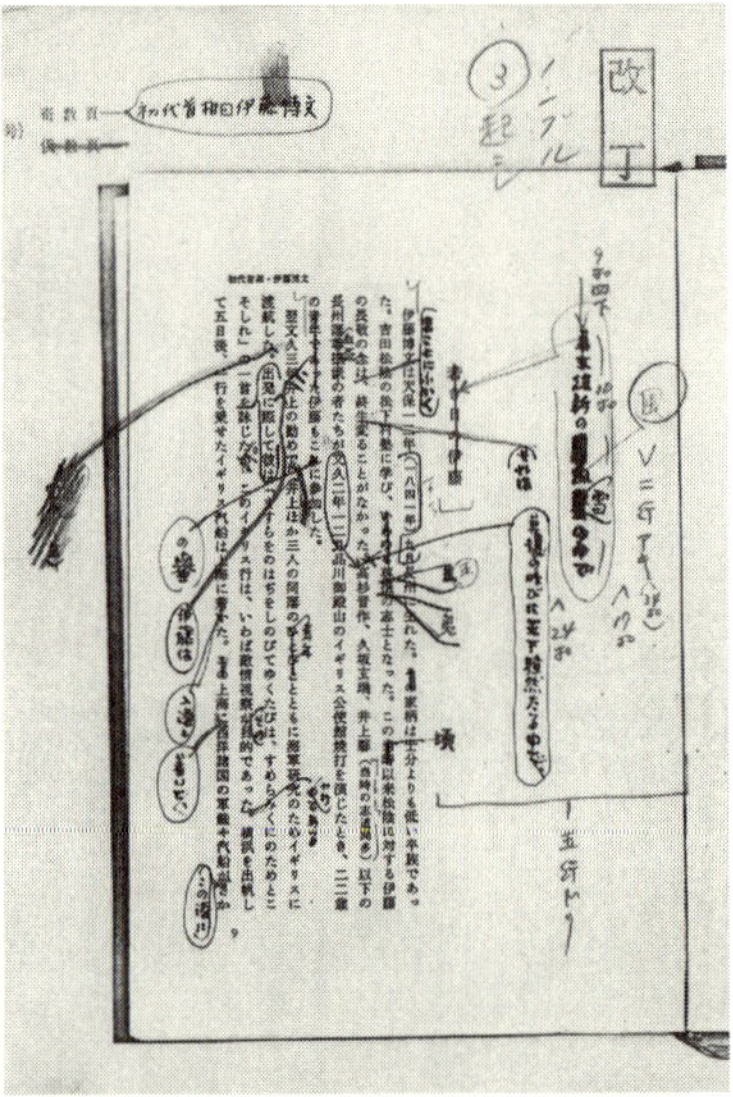

新版の刊行に際して行われた旧版の伊藤博文の章の冒頭への加筆・訂正（東京大学大学院法学政治学研究科附属近代日本法政史料センター原資料部所蔵「岡義武関係文書」Ⅱ-【3】-14)-7)．書き出しの小見出しが，「旧版」で「若き日の伊藤」となっていたものが，「幕末維新の風雪の中で」と直されている．この修正原稿をもとに組まれた「ゲラ」に岡はさらに手を加え，小見出しは「新版」では「その若き日」となった．

ってから各国領事に対して日本に韓国統合の意思なしと声明したことなども挙げられているが、これらは「文春版」以降には採用されなかった(以上、「伊藤博文小伝　資料、旧版ノ原稿粗書」岡文書Ⅱ-【3】-14)-1)。

「文春版」から「旧版」にかけても、伊藤の章にはほとんど大きな加筆はない。伊藤についてては、進講の段階ですでに、かなりの骨格ができあがっていたのであろう。

一方、「旧版」から「新版」にかけては、派閥のしがらみから比較的自由であった伊藤が薩摩の大久保利通やそれに近い岩倉具視に信任を受けたこと(本書一五一―一六頁)、手紙を書く際にも自意識に溢れた伊藤の姿(本書二七―二八頁)、伊藤が明治天皇の深い信任を受けた話(本書三六―三八頁)、住まいの装飾には全く関心がなく殺風景であったこと(本書五八―五九頁)など、多くのエピソードが加えられている。

岡が伊藤のために用意しながら使用しなかったエピソードも、いくつかある。例えば、一九〇二(明治三五)年の還暦祝いの宴で、死生を共にしてきた井上馨に感謝する演説の途中、感極まって咽び泣き、一座が感動に打たれた話(本書五一頁へ)などである(「『近代日本の政治家』新版　1伊藤博文」岡文書Ⅱ-【3】-14)-8)。

しかし伊藤の章は他の章に比べてよく整理されていた。「文春版」の時点ですでに念入りに作りこまれており、「新版」に至るまで、さほど大きな修正はなかった。

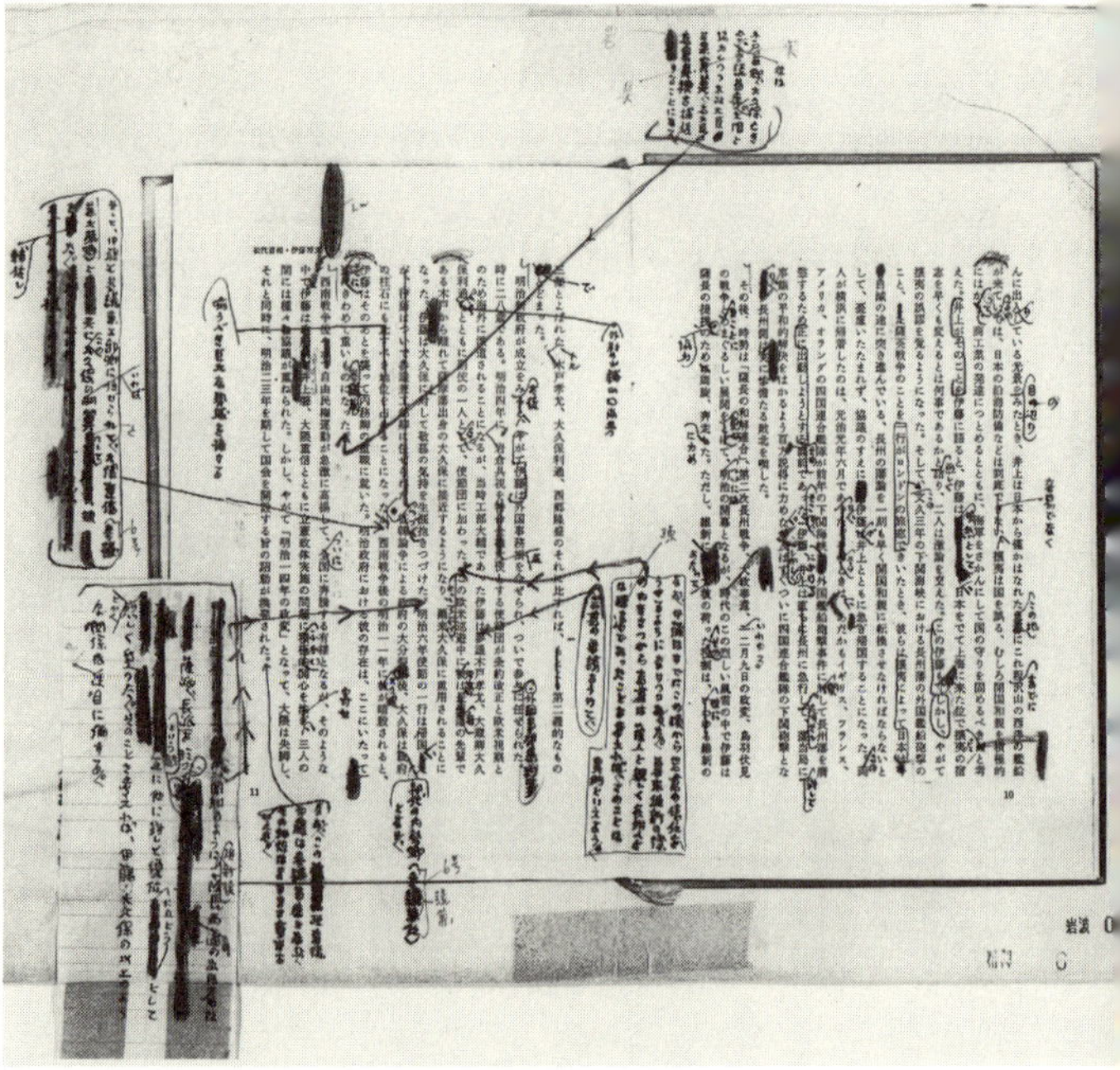

前掲の続きの部分

大隈を書くにあたっての粗書メモには「失意の政治家」とあり、第一に「不遇といってよい」と書かれている。薩長とのバランスで時々浮き上がっては沈むこと、闘争の源泉である峻烈な性格から叛逆性を示したが、苦難に揉まれて円満になるにつれ楽天性の成長もあったことなどが記され、鋭鋒(エネルギー)の事例は、勉強・教育・演説・旅行・生活振などに示される。第二に「世のすね者とならず、新天地を他にひらく、自らを慰めた」とあり、第三に「しかし、政治の世界を忘れたのではない」とされている。

大隈論においては、年齢による性格の変化も重要なモチーフであった。まず「明治二〇(一八八七)年代」の大隈は「親しみ難い峻烈な感じ、寡言論ずれば気鋭」。それ以降、一九一六(大正五)年に侯爵になるまで昇爵せず、一三年桂新党に着手するなどの記述と共に、「楽天主義(陽気な大名旅行、豪奢な生活振り、〔多額の〕茶代、懐旧談を好まず)」と書かれた。そして晩年は「如才なし、人の意見に反対せず、そこから誤解さる」としている(「大隈重信小伝　資料、旧版ノ原稿粗書」岡文書Ⅱ-【3】-14-2)。なお、岡は「旧版」でも「新版」メモでも、改進党結成(一八八二年)当時の大隈は近寄りがたかったという高田早苗の証言を記していた。しかし「新版」では高田の証言を削除し(本書九六頁)、「新版」メモにある、党首になってから段々愛想が良くなったという犬養の証言を重視してか(『近代日本の政治家』新版　2 大隈重信」岡文書Ⅱ-【3】-14-9)、大隈の対人態度軟化の時期を少し前倒しした。

「文春版」から「旧版」へと加筆された箇所は、開拓使官有物払下事件の詳しい経緯(本書八一―八二頁)、パリ平和会議での外交についての論評(本書一〇二頁)、囲碁の打ち方に見られる伊藤と大隈との違い(本書一一七―一一八頁)、一二五歳説と細心の摂生(本書一一八―一一九頁)、長い不遇を経た後に第二次大隈内閣組閣で得た人気(本書一二八頁)、権力を得たことによる意気の高揚(本書一三〇頁)、大隈が自ら「昔からデモクラシーなんである」と述べ「民衆政治家」を自認していたエピソード(本書一三四頁)などである。「新版」においては、強烈な自負心が露わで、「明治の政治家として所謂親分肌を発揮しない者は伊藤公と大隈侯である」というすでに「文春版」からなされていた伊藤との対比を、さらにいくつか補強し(本書九七―九八頁)、「平民主義」を標榜する大隈が早稲田大学構内に「正二位勲一等華族の伯爵」たる大礼服の銅像を建てたことをめぐる批判と大隈の「曖昧、不明瞭」な弁解の引用を加え(本書九四―九六頁)、「場当たり主義」で主義・信念に乏しいことの例証とした。オポチュニズムを最も嫌う岡の、大隈に対する筆致は容赦ない。第一次護憲運動で元老・閥族を激しく罵倒しながら、その後元老による後継首班奏薦を受けると臆面もなくこれを受入れたことを指摘した件では、元老を攻撃していた時の演説をこれでもかと引用した（本書一二三—一二六頁）。

また、大隈が政界引退後も常に「話題の人物」であり続けるべく、積極的に接客するなどして新聞・雑誌に取り上げられるよう心がけ、「自家広告の才に富む」と評されたことも付け加えた（本書一一九—一二〇頁）。「近代政治家のストラテジー」において、岡が警戒の目を向けた「大衆」動員の技法、特に演説などの分析を想起すれば、岡の意図は推察できる。

一方で、伊藤とは対照的に女性問題の噂もなかった大隈の恐妻家ぶりも、書き加えている（本書一一二—一一三頁）。岡は、採用はしなかったが、大隈についての微笑ましい材料も準備していた。筆頭参議時代の大隈が「覇気に溢れ、峻烈近寄りがたく、不愛想で沈黙勝であり、他人が何かいっても答えず、何を考えているのか判らないという風」であったことをすでに岡は記していた（本書七九頁）が、老年になってからは「吾輩は余り力があり過ぎて、所謂千里の才を百里の処に振ふから不可《いか》ぬ。余り遣り過ぎるから、やること為すこと悉く失敗する」と反省するようになった。それでも大隈は、愚痴は言わないと周囲に語ってみせた（本書九六頁へ。『大隈伯社会観』）。また大隈は、定員一名なのに与党立憲同志会と大隈伯後援会から立った二人の候補のどちらにも、当選せよと応援演説した(『安達謙蔵自叙伝』)。病気の時は極秘を旨としてきたが、死の床では傍らの女中に、「苦しくていかん。俺はこんなに苦しいのに、世間では知らぬのかしら」と寂しがった(「大隈侯国民葬記」『文明協会講演集』一九二二年、第一)。こうした親しみを感じさせるエピソードも、加筆リストに岡は入れていた(「『近代日本の政治家』新版　2 大隈重信」)。

「「平民宰相」原敬」

原敬についての章の執筆も、「近代政治家のストラテジー」の枠組みを意識したものであった。「旧版」原稿の綴りには、冒頭、こう記されている。

フェビアニズム的戦術をとったともいふことができる。彼のとったストラテジーは、こうして人民大衆に対して後を向き既成勢力を対象とした工作を試みたものである。しかし、それは又それなりに微妙、複雑な内容を伴ったものになった。今それを以下に幾分具体的に見てみよう。

フェビアニズムとは、一八八四年にイギリスで創立され議会主義に基づいて漸進的な社会改革を目ざしたフェビアン協会が掲げた政策で、その後イギリス労働党の理論的支柱となった。社会主義革命と藩閥打倒とを比較しようというのは、興味深い視点である。「原敬のストラテジー」というメモでは、原という「朝敵」東北出身の非藩閥出身者が、薩長出身者から受けた屈辱から藩閥に強く反発し（本書一四〇―一四一頁）、政権獲得に至った過程の戦略が分析される。原は長州閥系の御用新聞である大東日報社に入って主筆となり、井上に接近し、外務卿となった井上との関係で外務省に採用された（本書一四四頁）。岡はメモの中で、「藩閥に快からず、しかも藩閥と結んだ点、彼の庇護者陸奥と似る」「但し、陸奥ほど反藩閥の闘争意識はなかったのではないか」と記している。陸奥宗光が藩閥を倒すという目的を終生忘れない存在として高く評価されていたのに対して、岡の原に対する評価は低い。

伊藤の立憲政友会に参加すると、政友会の政治的比重を大きくすることが原の目的となり、原はそれに傾注した。岡によれば、原が「政友会の比重を大きくするためにとったストラテジー」とは、藩閥打倒へと突進するのではなく、また「民衆」を基礎とし圧力として用いることなく、恫喝と懐柔とにより既成勢力と取引することであった（「原敬小伝　資料、旧版ノ原稿粗書」岡文書Ⅱ-【3】-14-3）。

「文春版」から「旧版」への大きな変化は、まず、原と陸奥との篤い情誼の絆についての挿話が加えられた（本書一四五―一四八頁）ことである。皇太子への進講などを通じて、原と陸奥との関係の重要性に改めて気づいた岡が、補強したのであろうか。政友会総裁として党内を掌握するにつれ、それまで敵味方を峻別し烈しく自己主張をしてきた原が、自分を抑えて包容力を示し党員すべてを愛するようになった（本書一七〇―一七一頁）ことも書き加えられた。原は衆議院に籍を置いて「平民宰相」と呼ばれたが、若い頃は貴族院議員に任命するよう伊藤総裁に迫ったように戦略的なもので、別に民衆の立場に立っていたわけではないと指摘した部分（本書一八九―一九〇頁）も、紙幅をとって補足された。「旧版」から「新版」への加筆は、歳末に金策に来る党員を自宅で待っていた、自分は「寡欲清廉」で質素な生活をしているのに党員のために大胆に利権を斡旋した、などの政友会党員への献身ぶりである（本書一七二―一七六頁）。反対党との論戦で見せる闘志に溢れた姿も、挿入された（本書一七七―一七八頁）。山県との宥和に成功し山県から最上級の賞賛を与えられるようになったエピソード（本書一九七―一九八頁）は、原や政党が、もはや藩閥政治に挑戦し「国利民福を念とする団結」ではなく「政権を私する為めの朋党」となり果てたこと（本書二〇一―二〇二頁）を示すために加えられたのであろう。

「新版」のために岡が用意しながら使われなかった材料は、多くない。原が政友会の金庫に多額の残金を残した話（本書一七六頁へ。内田信也『風雪五十年』）、原が暗殺された時、総辞職を慰留した自分のせいだと山県が痛歎した話（本書二〇〇頁へ）くらいである（『近代日本の政治家』新版　3原敬」岡文書Ⅱ-【3】-14-10）。岡の原敬論は、「旧版」ですでに完成していた。

「挫折の政治家・犬養毅」(一)――犬養健からの手紙

犬養を扱った論文が『文藝春秋』に掲載されたのは、五人のなかで最後である。ではなぜ、進講の際には欠片《かけら》もなかった犬養が、五人目に加えられたのか。それを知るためにまず、「文春版」から「旧版」へどのような修正が加えられたのかを検討しよう。

「文春版」は犬養の生まれと漢学の素養について語られる「犬養の東洋趣味」で始まっていたが、「旧版」ではその前に、「犬養の経歴」(「新版」では「奇しき偶然」。本書二〇五―二〇六頁)という節が置かれ、なぜ犬養を扱うかの説明がなされた。政党内閣制を始めた原敬に対して、戦前における最後の政党内閣を組織したのが犬養であり、犬養は統計院権少書記官だった三か月を除き政党に生涯を送った、戦前の首相には珍しい生粋の党人であった、というのである。藩閥/非藩閥を軸に、内閣制度が始まってから首相となった政治家を論ずることにした岡は、藩閥(長州)出身の伊藤、藩閥非主流(肥前)出身で民権運動・政党に関わった大隈、非藩閥(盛岡)出身で藩閥政治と宥和した原、藩閥非主流(公卿)出身で最後の元老となった西園寺、という四人を選んだ。そして最後に、本来は政権の座に着くはずではなかった、非藩閥出身で民権運動の「純党人」犬養が加えられたのである。

「文春版」が刊行された後、かねて取材のために問い合わせをしていた犬養の嗣子健《たける》から、返事が届いた（一九六〇年五月二二日付岡義武宛犬養健書簡、「犬養毅小伝(1)」資料、旧版ノ原稿粗書」岡文書Ⅱ-【3】-14-4）。岡が問い合わせていたのは二点。一つは、五・一五事件での遭難の模様である。健は当日、食の細い父に栄養をつけさせるため、好物のポタージュスープと魚のフライを紀尾井町のレストランに調達に行っていたという。

首相官邸に品物を持って戻りますと、兇変の直後で、父は撃たれた場所に横臥して居りましたが、元気で平静であり、私に「その辺から撃ったのだから、下手でも弾はアタルさ」というような事を云って居りました。しかしごく普通の口ぶりで、射撃者の嘲〔ママ〕っている風はありませんでして、この言葉は、晩年に円熟した父の性格をあらわして居り、尊稿に御採用願ったらよいかと思います

父は御承知の如く大西郷の平然たる最期に深い尊敬を持って居りましたもしも憲政本党分裂騒ぎの当時の父であったならば、五・一五の射撃者を嘲笑したかも知れません

従って、勅使が陛下の代理として見舞に来られた時も、私は面接致し、「どうも元気ですから、弾は急所を外れている様に思います」と答へたくらいであります。

このように私も現場に戻って居りました。

犬養毅遭難の場面の描写は、他の四人の死と比べて不自然なほど詳しい。それは、この最期こそ、「東洋趣味」の犬養が「絶対無辺の心境」ゆえに崇拝していた西郷隆盛(本書二〇六―二〇七頁)の境地に達していたことを示すと、岡が考えたからであろうか。

なお、闘病中だった犬養健はその後さらに、騒然とする国会の合間を縫って、父の母校慶應義塾関係の雑誌『新文明』に掲載されたばかりの「山本条太郎と犬養毅・森恪」(『新文明』一〇巻七号、一九六〇年七月)を同封し、「ご参考の一助に」と届けて来た(一九六〇年六月一七日付岡義武宛犬養健書簡、同上)。そして二か月後、彼はこの世を去った。

「文春版」では「いまの若い者をもう一度呼んで来い。話して聞かせてやる」と三度言った後に、「それから四時間の後、犬養は絶命した。七十七歳であった。」と書かれていた。それが「旧版」以降になると、

事件後に外出先から首相官邸に帰って来た子息の健に、意識のまだ明瞭だった犬養はいった、「その辺から撃ったのだから、下手でもアタる」。平静な、普段と変らぬ口ぶりであった。けれども、それから六時間の後、犬養は絶命した。七八歳であった。(本書二七六頁)

と変えられた。負けず嫌いで圭角多く、敵に烈しい憎悪を剝き出しにした若い頃とは違う、悠揚たる最期を迎えた老熟の心境が、この数行に凝縮されている。修飾や技巧を省

き淡々とした記述は、一切の演技を抑えた映像の演出のようでもある。

さて、犬養健に岡が尋ねたもう一点は、毅が支援したアジアの革命家についてであった。これについて健はこう記した。

最大の一人は仏印(今のヴェトナム)のプリンス・コンテ(彊抵親王)であります。この人には二十余年間、毎月生活費をおとどけし、或る年の大晦日の日は夜、雨戸をたたいて親王を起し、歳末年越の金を手交しています。

親王は父の兇変の当日から四十九日迄、法事の日は必ず仏前に来て居ました。

この回答を受けた岡は、文章表現を多少直した他には、「安南独立運動」という言葉のみを書き足した(本書二六六―二六七頁)。

なお、犬養健からは、岡からの問い合わせ二件に対する回答に加えて、下記のような「文春版」への訂正要求もあった。

尊稿のp. 133に「三月には軍部の画策によって満洲建国が発せられた。犬養はこれには少からず困惑し、とりあえず満洲国を承認しない方針云々」とお書きになったのは、父の方針、父の性格に誤解を与へる恐れがあります。

父はそんな弱気な、消極的な態度でありませんでした。私は秘書官として一切の取り次ぎ、特殊な暗号電報の解読をやって居りましたが。

そもそも首相拝命の時に陛下より、「軍部を押えるように」との御言葉をいただき、どうしてもこれだけは貫く決心で居りました。満洲国については、宗主権を中国に返し、その代り排日をやめさせ、五分五分の平等の経済建設を実現する、そして張学良の代りに蔣介石とも父とも非常によい、居正司法院長を東三省(満洲)地方政務委員会の委員長に任命し、たいがいの日常の政務は居正にやらせるという方針で、孫文の親友で父の門下生の萱野長知氏を南京に密行させ、孫科(孫文の息)行政院長と折衝させた結果孫科もその案を承知したのです(勿論蔣介石軍事委員長とも打ち合わせの結果)

そこで日本からは山本条太郎、中国からは居正が正式大使として満洲で協定調印という事になりましたところ、満洲軍参謀池田純久(現在エチオピア国顧問)をはじめ乱暴者の将校たちが、「山本条太郎が来れるものなら来て見ろ、一刀のもと切り捨てて見せる」と豪語したところ、父は「よし、山本の死骸は首相官邸宛に送ってくれ、立派に受け取って見せる」と応酬しています。(決して「困惑し」どころではありません。)

ところが山条氏はあいにく癌にかかって帝大病院で手術をうけ、(翌年死亡)父も五月十五日に軍人に襲はれた次第で、兇変の直接原因は満洲返還と五月七日の横濱

政友会支部大会に於ける猛烈な軍部攻撃、議会政治擁護の演説にあります。（一九六〇年五月二二日付岡義武宛犬養健書簡）

これを読んだ岡は、「旧版」において、元老西園寺と昭和天皇が上海事変による日中全面戦争化に憂悶する文章の後に、「このような中で、犬養は満洲の事態の処理について苦慮した。」（「旧版」一九一頁。これと「新版」（本書二七三頁）では多少表現が異なる）以下に始まる萱野長知派遣による満洲事変解決の構想とその頓挫を、詳しく書き加えた。この部分の出典註として、犬養健から送られたエッセイ「山本条太郎と犬養毅・森恪」が記されているが、その中身はほぼ、書簡にも書かれていたものである。

なお、数か月しか間を置かない「文春版」から「旧版」への加筆修正には、寺内内閣の外交調査会参加における政策的理由（本書二四八頁）、革新倶楽部と政友会との合同に際しての経済的軍備論及び産業立国論（本書二六一―二六二頁）、政友会総裁就任にあたっての挨拶と演説（本書二六八―二六九頁）などの、政策に関わる箇所が多くを占めた。少数党を率いて熾烈な闘争を繰り広げた根っからの党人としての側面だけでなく、政策信条や経綸を実現しようとする理念の政治家としての側面を強調しようとしたためであろう。急ぎこうした犬養の政策的側面が付加された背景には、犬養健が岡に送った「山本条太郎と犬養毅・森恪」に、「人の悪口を云う点では一代の名人と称せられた」犬養毅が終生親愛と尊敬を寄せ「ベタ褒め」した山本条太郎との間に、政務調査会や産業立国策、対中政策を通じての濃密な交流が詳細に記されていたこともあったはずである。

これ以外で最も大きく「旧版」に加筆された箇所は、「新版」では「性格の両面」と名付けられた節のうち、憲政本党内部の対立を激化させた一因とされる犬養の性格についての描写(本書二二二頁「古島一雄は」以下二二五頁まで)であった。もともと進講案にもなかった犬養についての章は、性格付けのイメージや事例が蓄積されてきた他の四つに比べ、「文春版」の段階では準備不足であったことは否めない。

「挫折の政治家・犬養毅」(二)——「新版」で書かれたもの、書かれなかったもの

一方、「旧版」から「新版」の間に加筆した主な部分は、次のような部分である。

まず、尾崎行雄と犬養との対比の事例を、三点にわたって補強した(本書二一四頁、二二〇頁の最後の文章、二五九頁)。なかでも「一たび壇上に登ると、その態度は甚だ厳粛荘重で、威圧的であり、大きなジェステュアを交えつつとかく激語、痛論した」(本書二二〇頁)尾崎とは対照的に、犬養が「声に抑揚をつけたり、ジェステュアを交えたり、卓を叩いたりする演説を甚だ嫌った」(本書二一四頁)という指摘は、「近代政治家のストラテジー」との関係でも興味深い。

次に、好悪愛憎の激しかった犬養が、孫娘の道子に教訓として「恕」の一字を書き与え、家人・召使などに対しては温容かつ慈愛深かったことを記した部分(本書二二五頁)である。弱者への共感という観点からは、犬養がアジア諸地域の民族解放運動を支援した理由(本書二六七頁)も、加筆されている。また、生涯を通じ貧窮することの多かった犬養が、高利貸からは平気で借金する一方、「権力者はもとより自分より目上の者から借金すること」を忌避し、自己の政治的自由を守ったという部分(本書二二七―二二八頁)は、「士として」の節操を示すべく加えられた。

最も長い加筆部分は、一九二二(大正一一)年夏に犬養が知人たちに語ったという、労働問題解決のための普通選挙制度実現の主張であった。犬養は、第一次世界大戦後における労働運動・社会主義運動の高揚に対して、「資本家専制」の弊害を是正し、「レーニン流の思想」発生を防ぐためにも国家による所得再分配が必要で、そのためにも国民すべての政治参加が必要だという(本書二五二―二五三頁)。普選論者犬養の面目躍如たる議論であり、一九三六(昭和一一)年に学生の質問に答えて「ぼくはイギリス労働党の立場です」と明言した岡が(「岡義武――人と学問」一二一―一二四頁)、犬養に共感するところでもあったと考えられる。

岡が「新版」のために用意しながら実際には入れなかったエピソードも、いくつか紹介したい。まず、「弱きもの」や動物に対する犬養の愛情深さを示す挿話である。首相時代、犬養は人から贈られた金魚への餌遣りを楽しみにしていたが、時間に追われ女中に餌遣りを命じて外出し、女中もそれを忘れたことがあった。これを知った犬養は、「誰もひもじいのは同じことだ」と独り言を言いながら餌遣りをした。またある時、よその猫が金魚を狙っているのを見た犬養はこれを追い払わず、「コリヤ猫の方から先にやらねばならぬ」と言いながら、妻に猫の食事を用意させた(引用部分は、古島一雄『一老政治家の回想』中央公論新社、二〇一五年、二八八頁)。犬養が女中や書生に丁寧な言葉遣いをし、相手を尊重したエピソードもいくつか準備された。しかし結局岡は、「このような彼は家人・召使などに対してもつねに温容をもって接し、思いやりがきわめて深かった。」という一文を残したのみであった(本書二二五頁)。犬養の味方や身内、弱者に対する心優しさや情愛深さは、狷介とされる度量の狭さや、敵とみなすものへの憎悪の激しさ、非妥協性といったものと不可分のものであった。

加筆を見送られた部分には、犬養という政治家の真骨頂を表すように思われるものもある。生涯にわたり民党合同による藩閥打破を夢見続けた犬養は、一九二五(大正一四)年、革新倶楽部を長年対立してきた政友会に合同させた後、一度政界を引退した。しかし選挙区からの懇請により補欠選挙で再選され、さらに田中義一内閣下における第一回普通選挙でも当選した。その際、政友会所属でありながら、犬養が普選の結果で最も気にかけていたのは、「労働党」即ち無産政党が成長できるかどうか、政党システム全体が政策中心の緊張感あるものになるかどうか、であった。しかし岡は、この話を採用しなかった。政治家引退を発表し、八ケ岳山麓で庭いじりに清閑な暮らしを楽しむ犬養の日常風景を残したのである(本書二六三―二六五頁)。

岡が、政策的にも人格的にも犬養に思い入れを持っていたことは、文章の端々から伝わって来る。漢学と洋学とに長じ、ジャーナリストとして身を起こし、その後長い間在野の謀将として藩閥と正面から対決し続けた犬養は、少なくとも政友会総裁となるまで、岡の最も好みの政治家であったであろう。しかし犬養が政友会総裁になったところで(本書二六八頁へ)、加筆しようとして岡が止めた文章は、次のようであった。

犬養のように甚だ俊敏、犀利であるとともに、他を律することきわめてきびしく、不寛容な性格の持主が、これまでと全く異なってともかくも大政党である政友会を率いて政局にいかに処し得るであろうか。それは、一つの問題であったであろう。

岡は、ここまで読んできた読者には、「旧版」以来の「突如として奇しき運命が見舞うことになった」(本書二六七頁)という叙述で十分だと判断した。

解説者の目からは、準備した部分を入れておいて欲しかったところもある。それは、なぜ五・一五事件でこれほどあっけなく犬養が殺されてしまったのかについて(暗殺者に犬養個人への殺意はなかったという説もあるが)、古島一雄が書き残した下記の指摘である。

犬養は、上海事変の背後に、陸軍部内の下克上の風潮があることを知っていたという。このため、「陸軍の若い連中を三十人位首切ってしまえば統制は回復できる。それには自分が参謀総長の御諒解を得て、それを陛下に申上げる」と芳沢謙吉に語り、この言葉は陸軍に伝わった。「これは僕も犬養から直接聞かされたことがある」と述懐した古島一雄は、「原ならばこんなことを考えもすまいが、たとえ、考えてもオクビにも出しはすまい。それを僕にもいい、芳沢にもいい、森にもいうに至っては、どうにもならない。芳沢はそれで殺されたと思ったといったが、とにかく、犬養という人は、左様な点、極めて無造作なものだった」というのである(以上、「『近代日本の政治家』新版　4 犬養毅」岡文書Ⅱ-【3】-14-11の加筆用メモを参照。資料の引用部分は、古島一雄『一老政治家の回想』二七七―二七八頁に従った)。

しかし先述したように、すでに犬養の最期の場面は、かなり長くなっていた。バランスと簡潔を大事にした岡は、鋏を入れた。

「最後の元老・西園寺公望」

『近代日本の政治家』を締めくくる西園寺について、他の場合と同様、岡は何種類もの構成メモを作り直した。「西公の性格1」というメモには、政治家であるにも拘わらず西園寺は功名心がない、貴族主義的でありつつ平民主義でもあり、理知的で冷静、気性は烈しく正邪の判断が潔癖で不可と考えたら妥協せず、逆らう者あれば癇癖を炸裂させる、と書かれている。西園寺の嫌いなものは「策士、偽善家、御用商人の類」で、政治に淡々としつつも「策なき人に非ず、故に陸奥を評価」という(「西園寺公望小伝　資料、旧版ノ原稿粗書」岡文書II【3】-14-6)。

権力意志と闘争心に溢れた他の政治家と比べて、西園寺の性格と政治行動との関係を分析してもあまりドラマティックにはなりそうもない。この章では洒脱で高雅な彼の生活や多趣味を幅広く紹介すると共に、リベラルで国際的視野を持ち皇室を尊重する思想を中心に、東洋自由新聞社長、文相、政友会総裁、首相、講和会議全権、最後の元老という西園寺の履歴を軸に、破局に向かう日本政治の変遷を語ることとなった。

「文春版」が刊行された後に「旧版」で岡が補ったものは、西園寺と皇室との極めて親しい関係(本書二九二—二九三頁)、西園寺の好んだ俳句(本書三〇〇—三〇一頁)のほか、八四歳の西園寺が「テロの時代」に強い危機感をもった際の昭和天皇への奏上(本書三二七—三二九頁)、日中戦争期に要は国民の水準が低すぎると嘆いたこと(本書三三七頁と重複するからか「新版」で削除)、そして三国軍事同盟を締結した松岡洋右への冷笑(本書三五〇―三五一頁)であった。

「旧版」から「新版」にかけての加筆は、まず、西園寺の「自己を他からの拘束をうけない自由な状態につねに保とうとする生活態度」を意味する貴族気質についての記述(本書二八九頁)であった。岡は、この五行を定めるために、何度も書き直している(「『近代日本の政治家』新版　5西園寺公望」岡文書Ⅱ-【3】-14)-12)。それは、同じく「新版」で最後に加えた「軍ファシズム」への「彼の毅然たる抵抗は、実に前述のような彼の貴族気質と内面的にふかく固く結びついたものであったといえよう」(本書三五四頁)という部分と対応したものである。

これこそ、岡が「新版」で、西園寺の性格による政治行動として、また近代日本政治の特徴として、強調したかったものであった。戦争に迎合せず自由を守ろうとしたものが、政党でも民衆でもなく、結局は「天皇制のモラル」に支えられる貴族気質の「宮中リベラル」であったことを、岡は「正に逆説的」(本書三五三頁)と表現した。西園寺が晩年、自分は明治天皇と激論したことがあり、大臣のみならず次官でも局長でも進んで謁見して、熱心な昭和天皇と共に政務を研究すべきであり、大臣らも自説を堂々と述べるべきであると語った箇所(本書二九三頁)も加えられた。西園寺が国務に熱心な昭和天皇に期待をかけ、天皇を中心に自由な議論のできる政治を望んだことを、岡は明確にしたかったのである。

その他に書き加えたものには、パリ講和会議後、新朝鮮総督斎藤実に「閣下、文明の政治を願ひます」と大きな声を掛けた挿話(本書三一〇頁)、山県の死後老齢の松方正義と共に最後の元老となった際の使命感(本書三一二頁)、岡田内閣成立の際に天皇に対して憲法違反・条約違反はできないと述べたこと(本書三三二頁)など、西園寺の覇気を示すエピソードがあった。また、二・二六事件以後軍部に追随する広田弘毅を「オッポチュニスト」として批判し人材難を嘆いたこと(本書三三五―三三六頁)、自重を求めてきた首相候補近衛文麿に賭けるしかない状況に立ち至ったこと(本書三三九―三四一頁)、第一次近衛内閣末期に小山完吾に漏らした時局への失望(本書三四五頁)、日独防共協定強化への反対(本書三四七―三四八頁)なども、補充されている。

岡が「新版」のために用意していたものは、概ね活かされた(「『近代日本の政治家』新版　5西園寺公望」)。その結果、「軍ファシズムの怒濤」という抗いがたい「時代の暴風雨」に対する、最後の橋頭堡としての天皇ならびに元老西園寺の抵抗の試みを書き記すことで、「近代日本そのものの悲劇」を描くという視点が一層明確になった。「軍ファシズム」に抗った西園寺の「運命」という視点は、岡の戦後における到達点と限界を示すものであったと言えよう。

早過ぎた歴史家としての岡

もちろん、「宮中リベラル」や代表的な政治家の何人かを取り上げるだけで、戦争を含む近代日本の政治すべてを説明することができないのは、岡も十分承知していたはずである。それは岡に続く世代の課題であり、その後多くの視点から日本近代史は解明されてきた。

一方、本書には、近年台頭してきた新たな研究動向に通じる論点が豊富に胚胎されていた。元来政治史と社会経済史との関係に強い関心を持ちながらマルクス主義歴史学と距離を置いた岡は、それとは全く異なる政治経済史を発展させる可能性を持っていた。例えば、長崎在勤以来得た財政経済における識見を武器に、薩長の後ろ盾なく新政府で台頭した大隈（本書七五―七七頁）が、三菱や根津嘉一郎などの経済権力との関係をどのように築いたのかといった興味深い視点を示唆した（本書一一三―一一四頁）時、岡は確かな鉱脈を感じていたはずである。

構造決定論に懐疑的であった岡が広く掘り起こしたトピックは、ポスト構造主義やカルチュラル・スタディーズにも通じる沃野であったように思われる。例えば、大隈が飼犬を「イヌ」とのみ呼んだ逸話(本書一一六頁)は、山県や原、犬養のように濃密な情誼に支えられた人間関係を政治に転化させた政治家と違い、ペットに対しても即物的・機能的な視点しか持たなかった大隈を表す一例である。動物と人間との関わりに着目する研究が流行する今なら、多くの歴史家が興味を示すであろう。[5]

また、建築や造園にも政治との関係で言及した岡は、楽しみながらこのトピックに関わるスケッチを描いた。建築や造園に凝り自ら設計に関わった山県と実用本位で殺風景にも頓着しない伊藤(本書五四—五六頁)、「大名趣味」で豪壮な邸宅を作った大隈(本書一〇九頁)、借地の質素な小宅に住んだ原(本書一七五頁)、引退後高原の山荘で庭木いじりを楽しんだ犬養(本書二六四—二六五頁)、「大邸宅」を礼賛し大森邸と大磯邸は自ら図面を引き大工を指揮して建てた西園寺(本書二九一、二九五、三〇〇頁)。古代ローマより建築や開発は権力活動と密接な関係を持っており、建物や別荘地などと政治との関係を分析することは、近年の政治学における流行のテーマでもある。[6]

このほか、金銭感覚、骨董・盆栽、囲碁・将棋などの勝負事、茶道、謡曲・義太夫・清元・都々逸などの音曲、書、位階や勲章、衣食、飲酒、異性関係や家族関係、旧君主への忠誠(封建的紐帯の近代社会への発展)、旅行といった多様なものについても、余すところなく岡は触れている。多かれ少なかれ、政治と関わらないものはないと言えよう。

ジャーナリズムと政治の関係、(7) 政治における文筆や演説に注目したのも、「近代政治家のストラテジー」以来の岡の重要な着眼点であった。本書の五人のうち犬養は新聞記者から出発しているし、御用新聞を操縦し(本書一四四頁)、韓国統監として京城日報を創刊させた伊藤も含め、犬養以外の四人はすべて新聞経営に携わっている。五人はいずれも漢学と洋学とに深く通じ、当代一流の教養人でもあった。「文章は経国の大業なり」。政治家が国民に意見を訴えるのは専ら言葉によってであり、文章や演説を重んじたのは当然のことであった。

理論や数量化は、人間を説明し尽せるものではない。岡はしばしば、「エピソード主義」であると言われた。一見細部のように見える多様なエピソードを、できるだけ解釈なしに、しかもバランスよく淡々と残すことに努め、後は読む人の理解に任せた。人間は多面性を持ち、善と悪とに明快に分けられるわけではないし、相手との関係性によって意味も評価も大きく変わる。欠点があるからこそ美点は輝き、人間像にリアリティと深みと重みが増す。どんな政治家でも、判断ミスや間違いを犯さないはずはなく、人格円満で誰からも好かれるなどということはない。こうした人間観・政治家観ゆえに岡は、人物のデッサンに陰翳をつけ輪郭を整え際立たせることにこだわり、どの政治家に対しても両面性を指摘し、多面的でバランスのとれた簡潔な記述を心がけた。

同じものを読んでも、読む側の年齢、経験、感性、力量によって、置かれた状況によって、見え方や感じ方、理解の深さは変わるものである。本書を、知らず知らずのうちに、今の政治と重ね合わせながら読む人もあろう。何度読んでも、その度に新たな発見がある書である。

（1）　これに対する英文の主な書評としては、下記のようなものがある。James Huffman (Wittenberg University), *Monumenta Nipponica*, Vol. 41, No. 3, Autumn 1986, pp. 369–371, M. William Steele (International Christian University, Tokyo), *Japan Quarterly*, Vol. 34, No. 1, January 1987, pp. 97–99, Sharon Minichiello (University of Hawaii at Manoa), *The Journal of Asian Studies*, Vol. 46, Issue 3, August 1987, pp. 666–667, Sheldon Garon (Princeton University), *The American Historical Review*, Vol. 93, No. 2, 1988, pp. 481–482. スティール以外は、「政治的リーダーシップ political leadership」「軍ファシズム military fascism」など概念の説明や分析がないことなど、理論的分析に乏しいことを批判した。ギャロンの書評については、前田亮介「解説」(岡義武『明治政治史(上)』岩波書店、二〇一九年)四六八―四六九頁も触れている。

（2）　岡が「近代日本の政治家」の後に明仁皇太子に対して行った進講や天皇への進講、岡が評価した「天皇制のモラル」などについては、松浦正孝「岡義武と明仁皇太子」

（『思想』第一一五三号、二〇二〇年五月）を参照。

（3）岡文書において岡は、漢字カタカナ交じり文と漢字平仮名交じり文、旧仮名遣いと新仮名遣いを使い分けている。しかし本解説では、読者の読みやすさを考えて、原則として漢字平仮名交じり文によるものに改め、句読点についても適宜改めた。

（4）「近代日本の政治家　著書において取り上げなかった政治家の中、代表的な人々」（岡文書Ⅱ-【3】-14-16）には、「桂太郎及びその『処世訓』」という詳細な資料ノートが残っている。桂の口述筆記『処世訓』を見出した岡は、桂の「ニコポン主義」を含む振舞いや性格と彼の政治的行動との関係を解説するのに絶好の資料と考えたのであろう。

（5）例えば、林良博・佐藤英明編『アニマルサイエンス』全五巻（東京大学出版会、二〇〇一年）、アーロン・スキャブランド『犬の帝国――幕末ニッポンから現代まで』（岩波書店、二〇〇九年、本橋哲也訳）、Ian Jared Miller, *The Nature of the Beasts: Empire and Exhibition at the Tokyo Imperial Zoo*, California, University of California Press, 2013.

（6）例えば、御厨貴『権力の館を歩く』（毎日新聞社、二〇一〇年）。

（7）近年では、佐藤卓己・河崎吉紀編『近代日本のメディア議員――〈政治のメディア化〉の歴史社会学』（創元社、二〇一八年）が、近現代日本の政治における新聞などメディアと政治家との関係を初めて数量的に可視化し話題となった。

索　引

〔編集付記〕

一、本書は、岡義武著『近代日本の政治家』(岩波現代文庫、二〇〇一年八月刊)を底本とした。初出は、『近代日本の政治家』(岩波書店、一九七九年八月刊)である。

一、初出につけられていた索引を巻末に付した。事項の選択は初出のままである。

一、読みやすさを考慮し、新たに振り仮名を付した。

一、明らかな誤記・誤植は訂正した。

(岩波文庫編集部)

近代《きんだい》日本《にほん》の政治家《せいじか》

2019年10月16日　第1刷発行
2022年10月25日　第2刷発行

著　者　岡《おか》　義武《よしたけ》

発行者　坂本政謙

発行所　株式会社　岩波書店
〒101-8002 東京都千代田区一ツ橋2-5-5
案内 03-5210-4000　営業部 03-5210-4111
文庫編集部 03-5210-4051
https://www.iwanami.co.jp/

印刷・精興社　製本・牧製本

ISBN 978-4-00-381265-5　　Printed in Japan

読書子に寄す

――岩波文庫発刊に際して――

岩波茂雄

真理は万人によって求められることを自ら欲し、芸術は万人によって愛されることを自ら望む。かつては民を愚昧ならしめるために学芸が最も狭き堂宇に閉鎖されたことがあった。今や知識と美とを特権階級の独占より奪い返すことはつねに進取的なる民衆の切実なる要求である。岩波文庫はこの要求に応じそれに励まされて生まれた。それは生命ある不朽の書を少数者の書斎と研究室とより解放して街頭にくまなく立たしめ民衆に伍せしめるであろう。近時大量生産予約出版の流行を見る。その広告宣伝の狂態はしばらくおくも、後代にのこすと誇称する全集がその編集に万全の用意をなしたるか。千古の典籍の翻訳企図に敬虔の態度を欠かざりしか。さらに分売を許さず読者を繫縛して数十冊を強うるがごとき、はたしてその揚言する学芸解放のゆえんなりや。吾人は天下の名士の声に和してこれを推挙するに躊躇するものである。このときにあたって、岩波書店は自己の責務のいよいよ重大なるを思い、従来の方針の徹底を期するため、すでに十数年以前より志して来た計画を慎重審議この際断然実行することにした。吾人は範をかのレクラム文庫にとり、古今東西にわたって文芸・哲学・社会科学・自然科学等種類のいかんを問わず、いやしくも万人の必読すべき真に古典的価値ある書をきわめて簡易なる形式において逐次刊行し、あらゆる人間に須要なる生活向上の資料、生活批判の原理を提供せんと欲する。この文庫は予約出版の方法を排したるがゆえに、読者は自己の欲する時に自己の欲する書物を各個に自由に選択することができる。携帯に便にして価格の低きを最主とするがゆえに、外観を顧みざるも内容に至っては厳選最も力を尽くし、従来の岩波出版物の特色をますます発揮せしめようとする。この計画たるや世間の一時の投機的なるものと異なり、永遠の事業として吾人は微力を傾倒し、あらゆる犠牲を忍んで今後永久に継続発展せしめ、もって文庫の使命を遺憾なく果たさしめることを期する。芸術を愛し知識を求むる士の自ら進んでこの挙に参加し、希望と忠言とを寄せられることは吾人の熱望するところである。その性質上経済的には最も困難多きこの事業にあえて当たらんとする吾人の志を諒として、その達成のため世の読書子とのうるわしき共同を期待する。

昭和二年七月